KB253975

경제는 어떻게 조작되는가

Econospinning
Copyright©2006 by Gene Epstein
All Rights Reserved

Korean translation copyright©2012 by AGORA Publishing Co.
The Korean translation rights arranged with John Wiley&Sons, NJ, U.S.A. through
EntersKorea Co., Ltd., Seoul, Korea

이 책의 한국어판 저작권은 (주)엔터스코리아를 통한
저작권자와의 독점계약으로 도서출판 아고라가 소유합니다.
저작권법에 의하여 한국 내에서 보호를 받는 저작물이므로
무단전재와 복제를 금합니다.

경제는 어떻게 조작되는가

경제와 미디어, 그 새빨간 거짓말

진 엡스타인 지음 | 김현정 옮김

AGORA

차 례

지난 십여 년 동안, 언론의 정보 왜곡에 관한 수많은 이야기가 알려졌다. 진보주의자들은 보수적인 세력의 정보 왜곡을 비난했고 보수주의자들은 진보 세력의 정보 왜곡을 비난했다. 물론 양측의 주장은 모두 어느 정도 일리가 있다. 하지만 정쟁에 가려져 정작 경제와 비즈니스에 관한 언론의 보도, 분석, 논평 등의 질에 대한 논의는 전혀 이루어지지 않았다. 경제와 관련된 수치는 해석하는 방식에 따라 개개인 및 전문가들의 경제 정책, 비즈니스와 관련된 의사결정, 투자 계획, 거래 전략 등에 다양한 영향을 미치게 된다. 그러나 이미 많은 분야에서 경제와 관련된 수치를 조작하는 일이 너무도 빈번하게 일어나고 있다. 이 책은 내가 경제 조작이라고 부르는 행위들을 파헤치고, 경제를 조작하기 위한 노력들이 어떻게 실패했는지 낱낱이 드러내기 위해 만들어졌다. 독자 여러분들이 무엇이 잘못되었는지 찾아낼 수 있게 된다면 왜곡되지 않은 분석 및 보도 자료를 식별할 수 있게 될 것이다.

이 책에 등장하는 **경제조작**이라는 용어는 데이터를 기반으로 구성된 이야기를 보도하는 대신 이미 어떤 이야기를 할지 결정한 후 그에 걸맞은 데이터를 보여주는 경제기사 보도 방식을 뜻한다. 누가 경제조작을 감행해온 걸까? 슬프긴 하지만 《뉴욕 타임스》, 《이코노미스트》, 《월스트리트 저널》(내가 재직 중인 《배런스》의 모기업인 다우존스의 자회사)에 이르는 사실상 모든 대형 미디어 업체들로부터 헤리티지 재단, 미국 기업연구소, 예산정책우선순위위원회에 이르는 각종 연구소들이 조작에 가담해왔다. 나 자신을 포함해서 언론인이라면 그 누구도 경제를 조작했다는 혐의로부터 완전히 자유로울 수 없다.

잘못된 언론의 보도가 횡행하는 것과 같은 이유로 경제조작이 만연한다. 다시 말해서 언론은 본질을 중시하기보다 자극적인 소재를 선택하며, 이에 인간의 책임 유기, 나태함, 감정주의, 기회주의 등이 더해져 잘못된 관행은 더욱 악화된다. 게다가 경제 보도는 다른 분야의 언론 보도에 비해 훨씬 복잡하다. 따라서 경제조작이 예외적인 현상이기는커녕 오히려 경제기사 보도의 표준이 되어버린 것은 그다지 놀라운 일도 아니다.

비근한 예를 들어보자. 정부 기관에서는 경제와 관련된 특정 데이터에 대해 통계오차 범위 내에 있는 수치라며 언론에 보도되지 않도록 노력을 하는데도 언론에서는 해당 데이터를 헤드라인으로 삼곤 한다. 이는 뉴스를 지어내는 전형적인 경우라고 할 수 있으며 숫자가 사람의 심리에 미치는 엄청난 영향력 때문에 나타나는 보도 행태다. 이 책의 12장에서는 한 언론인이 통계적으로 유의하지 않은 데이터를 지속적으로 보도한 이유에 대해서 당사자와 노동통계청 청장이 나눈 대화를 인용하고 있다. 그 언론인의 대답을 보면 그 동안 통계청장이 말하고자 하는 바를 제대로 이해하지 못했음을 알 수 있다. 뿐만 아니라, 시의성 있는 데이터에 대한 시장의 수요는 줄어들지 않으며 심지어 불합리한 지경에 이른 상황에서 통계적으로 무의미한 데이터가 언론에 보도되지 않을 수 있는 유일한 방법은 바로 최초로 데이터를 발표하는 기관에서 데이터 자체를 공개하지 않는 방법밖에 없다는 사실도 알 수 있다.

　파벌정치도 경제조작의 중요한 동기가 될 수 있다. 가령 《월스트리트 저널》 편집부는 공화당 집권이라는 뚜렷한 목적을 위해 경제조작을 한다. 반면 《뉴욕 타임스》의 폴 크루그먼은 공화당 집권을 막기 위해 고군분투한다. 기자들이나 칼럼 기고자들이 마음 깊숙한 곳에서 어떤 생각을 하는지 나에게 알려주지 않기 때문에 나는 이들이 자신들의 신념에 따라 글을 쓴다고 가정할 수밖에 없다. 그러나 이들이 다른 사람들을 설득하려고 노력하는 것은 옳지 않다고 생각한다.

　그 동안 경제조작에 가담해온 사람들이 '목적이 수단을 정당화시키는 것'이라고 솔직하게 털어놓는다면 어떨까? 대의를 위한다는 이름으로 승리를 위해 조작을 해왔다니 괜찮은 거 같기도 하고 심지어 존경스럽지 않은가? 물론 진정한 대의를 위해 이런 일을 하는 사람은 단 한 명도 없지만 말이다. 의사가 "첫째, 해치지 말라"라고 맹세를 한다면 언론인들은 "첫째, 거짓말하지 말라"라고 맹세해야 한다. 특히 경제에 전문적인 지식을 갖고 있지 않은 일반인들이 복잡한 통계수치와 경제용어들로 가득한 경제 관련 기사를 올바로 이해하기란 쉬운 일이 아니기 때문에 결코 거짓말을 해서는 안 된다.

　사실, 처음 이 책을 기획할 당시에도 내용에 문제가 있는 기사를 보도하는 관행이 언론계에 만연해 있었기에 나는 예상보다 훨씬 많은 자료를 발견하고서도 그다지 놀라지 않았다. 내가 생각하는 것처럼 과거에 비해 경제조작 행위가 더욱 빈번하게 나타나고 있다면 그 원인을 찾는 것은 그리 어렵지 않을 터였다. 그 원인으로는 지나치게 파벌적인 성향이 강한 정치 환경과 경제에 대한 언론의 폭발적인 관심(1992년 대선 무렵 빌 클린턴의 선거운동본부에 "중요한 건 경제야. 이 얼간이들아"라는 슬로건이 내걸린 후부터 경제에 대한 언론의 관심은 지속적으로 증가하고 있다) 등을 꼽을 수 있으며, 활발한 블로그 활동도 경제조작을 더욱 부추겼다. 사람들은 경제에 대한 보도가 늘어나면 경제에 대해 더 많은 지식을 얻을 수 있을 거라고 기대하게 된다. 하지만 정보의 양이 지나치게 많으면 판단이 흐려질 수밖에 없다. 게다가 전통적으로 언론인이라고 여겨지는 사람들만 경제조작에 참여하는 것은 아니다. 미디어라 함은 기자, 교수, 정책 분석가, 정치인, 지식인 등 직업을 막론하고 대중에게 경제에 대한 의견을 얘기하는 사람들을 모두 포함한다.

이 책에 어떤 내용을 넣을지 결정하는 것만큼이나 어려웠던 일이 바로 어떤 내용을 넣지 않을지 결정하는 작업이었다. 예를 들어, 저널리즘이 역사의 초안이라면 역사는 틀림없이 저널리즘의 완성작 중 일부라 할 수 있다. 이 시대의 일부 저명한 역사가들 사이에서 '경제의 역사'라고 통하는 작고한 경제학자 조지 스티글러의 간담이 서늘해지는 글을 처음 접한 이후, 나는 지금까지도 이어져오고 있는 지식 관련 스캔들에 많은 관심을 갖게 되었다.[1] 스티글러의 폭로 이후 내가 꾸준히 수집해온 자료들은 지면이 부족해서 이 책에 싣지 못했다. 최근의 경제 흐름에 관한 내용을 담고 있는 스티븐 레빗과 스티븐 더브너의 공동 저작 『괴짜경제학』과 바바라 에렌라이히의 『빈곤의 경제』에 관한 분석도 이 책의 후반부에 들어 있다.

방대한 자료를 잘 활용하기 위해 내가 선택한 한 가지 전략은 지식인들을 리드하는 주요 언론을 중심으로 이야기를 끌어나가는 것이었다. 그러나 내가 언급한 매체에는 심각한 문제가 있고 언급되지 않은 매체에는 문제가 없는 것은 아니다. 이 책에서 《뉴욕 타임스》는 줄곧 비난의 대상이 되고 있고 《USA 투데이》는 거의 언급되지 않지만, 두 매체는 서로 더 나을 것도, 더 나쁠 것도 없이 엇비슷한 문제들을 갖고 있다. 많은 사람들이 상당량의 경제 소식을 접하는 주요 통로인 케이블 텔레비전에 대해 언급하기 위해 주요 매체에 대한 비평을 뒷전으로 미루기도 했다. 책의 후반부에서 CNBC의 경제 프로그램 〈스쿼크 박스〉의 문제점을 지적하기 위해 많은 지면을 할애하였으며 CNN의 앵커 루 답스의 방송 내용을 지적하기 위해 무려 한 장의 지면을 따로 마련했다.

이 책에서 가장 많은 부분을 차지한 주제는 바로 고용과 실업에 관한 데이터다. 대부분의 매체들이 일자리에 대한 보도를 쏟아내고 있으며 이 책의 독자들 또한 지대한 관심을 갖고 있는 문제가 바로 일자리이기 때문에, 일자리 관련 보도를 심층적으로 다루었다. 물론, 나 역시 이 문제에 가장 관심이 많다.

크루그먼을 신봉하는 사람들

독자 여러분께 '경제 기사나 책을 쓰는 사람의 이름을 한 명만 대보라'고 한다면 많은 이들이 폴 크루그먼의 이름을 언급할 것이다. 구름 같은 청중을 몰고 다니며 매번 그들로부터 기립 박수를 받는 인기 경제학자, 프린스턴 대학의 교수이자 교과서 저자, 40세 이하 최고의 경제학자에게 수여되는 존 베이츠 클라크 메달의 1991년 수상자이자 노벨경제학상 수상자인 크루그먼은 2000년 1월부터 《뉴욕 타임스》에 정기적으로 칼럼을 기고해오고 있다. 크루그먼이 직접 얘기한 것처럼 크루그먼은 "일주일에 두 번씩 100만 가구를 찾아간다."[2] 크루그먼은 글을 쓰는 데 조예가 깊은 사람이다. 《뉴욕 타임스》에 글을 기고하기 전에도 《슬레이트》라는 온라인 잡지에 매달 글을 기고하였으며 《포춘》에도 두 달에 한 번씩 얼굴을 내밀었다. 크루그먼이 《뉴욕 타임스》에 기고한 글을 모아 발표한 저서 『대폭로』는 《뉴욕 타임스》 선정 베스트셀러가 되었다. 2004년에 재판되어 나온 책의 표지에는 정치평론가이자 『진실』의 저자인 알 프랑켄의 추천사가 인쇄되어 있다. "폴 크루그먼은 나의 영웅입니다. 이 책을 읽으세요."[3]

폴 크루그먼에 대한 다른 의견을 들어보자. "칼럼니스트 크루그먼은 수치를 바꾸어놓고 자신이 원하는 수치만 언급한다. 이런 방식을 통해 크루그먼은 추종자들을 만족시킬 수는 있겠지만 스스로를 엄청난 비난의 포화에 노출시키게 된다."[4]

《뉴욕 타임스》의 옴부즈맨 대니얼 오크렌트(그의 직함은 퍼블릭 에디터로 회사의 입장이나 주장과 상관 없이 독자를 대표하는 역할을 한다)가 《뉴욕 타임스》에 마지막으로 기고한 글에서 위와 같은 주장을 펼칠 당시 그는 블로거들이 자신들의 영웅을 옹호하기 위해 거세게 항의해올 것을 미처 예상치 못했는지도 모른다.

《배런스》에서 함께 일하는 나의 동료 조너선 라잉이 오크렌트와 친분을 쌓아둔 덕에 나는 몇 달 전에 오크렌트와 연락을 할 기회가 있었다. 오크렌트가 《뉴욕 타임스》의 또 다른 경제 전문 기자 데이비드 레온하트를 몹시 마음에 들어한다는 걸 알고 있었던 라잉은 내가 예전에 기고했던 한 칼럼에서 레온하트의 중대한 실수를 언급한 적이 있다는 사실을 기억해내고선 오크렌트에게 그 칼럼을 보내볼 것을 권유했다.

나는 오크렌트에게 칼럼을 보내는 대신 《뉴욕 타임스》의 경제 보도에서 나타나는 문제들은 레온하트와는 아무런 관련이 없으며 크루그먼과 관련이 있다는 내용을 적어 보냈다. 오크렌트의 요청을 받아 몇 가지 증거도 보냈다. 오크렌트가 자신에 대한 비판적인 내용을 신문에 기고한 것을 본 크루그먼은 오크렌트에게 자신에 대한 비판의 근거를 좀더 자세히 일러주거나 공식적으로 비판을 철회할 것을 요청했다. 오크렌트는 나와 함께 논의한 적이 있었던 내용들을 포함해 크루그먼의 보도에 대한 강도 높은 비난으로 응답했다. 크루그먼에 대한 오크렌트의 신랄한 비판을 모두 부정한 사람은 크루그먼 혼자가 아니었다. U.C.버클리의 브래드 드롱 교수도 크루그먼을 옹호하기에 급급했다. 내 눈에는 마치 오크렌트 가 O.J. 심슨을 기소한 검사와 같아 보였다. 고객을 보호하기 위해 무슨 말이든 할 준비가 되어 있는 환상의 변호팀에게 압도당하고 있는 검사.

《뉴 리퍼블릭》(각 잡지에 실린 정치, 문화 관련 기사들을 제공하는 온라인 저 널-옮긴이)의 편집자이자 크루그먼의 열렬한 옹호자인 조너선 체이트는 크루그먼과 관련해 좀더 근본적인 대답을 내놓았다.

지나치게 관념적이거나 특정 정당에 치우치는 것은 현자들에게서 자주 드 러나는 특성이며, 보는 사람에 따라 다르게 판단할 수 있는 문제다. 데이터 를 조작하는 것은 이와는 달리 훨씬 더 심각한 문제다. 만일 크루그먼이 진 보적인 성향을 갖고 있다면 독자들은 스스로 판단을 내릴 수 있다. 하지만 크루그먼이 정직하지 않은 방식으로 데이터를 사용하고 있다면 독자들이 판 단을 내릴 수 없다. 따라서 크루그먼이 데이터를 조작한다고 말하는 것은 독 자들에게 크루그먼을 신뢰해선 안 된다고 말하는 것과 같다.[5]

바로 그랬다.

오크렌트의 비판에 대해 크루그먼은 다음과 같이 응수했다. "100개 남 짓한 칼럼을 주의 깊게 살펴보면 잘못이나 실수가 있을 수밖에 없다. 저 자가 누구든 마찬가지다."[6]

맞는 말이다. 그래서 이 책에서는 다음과 같은 사례만 인용하기로 한 다. (1) 한 개 이상의 칼럼에서 반복적으로 나타나는 실수, (2) 오크렌트 의 비판에 응수해 크루그먼이 반박한 내용, (3) 크루그먼의 저서 『대폭 로』에 기재되어 있는 내용.

물론, 세 개의 경우가 서로 무관하지는 않다.

자격에 대한 맹목적인 믿음의 오류

이 책에서 자세히 다룰 인물 중에는 크루그먼 말고도 존 베이츠 클라크 메달 수상자가 한 명 더 있다. 베스트셀러 『괴짜경제학』의 저자이자 시카고 대학에서 경제학을 가르치고 있는 스티븐 레빗이 바로 그 인물이다. 우리에게 그들을 비판할 자격이 있느냐고 말할 사람도 있을 것이다. 그렇다면 루이스 캐럴의 『실비와 브루노』의 한 대목을 떠올려보기 바란다.

"지금 키가 1인치 남짓한 이 난쟁이들이 나와 **논쟁을** 벌이려 한다는 얘길 하려는 건가요?"

뮤리엘의 말을 듣고서 얼은 이렇게 얘기한다.

"그럼요. 그럼요. 논리적으로 생각했을 때 논쟁이라는 건 상대방의 키와는 상관 없는 거잖아요."

뮤리엘은 화가 나서 얼의 머리를 쳤다. "나는 키가 6인치도 안 되는 사람과는 절대 논쟁을 하지 않아!"[7]

진보주의 성향을 띠고 있는 에릭 알터만의 저서 『진보 언론이란 무엇인가?』에는 위의 대화 못지않은 오류가 등장한다. 이 책의 서문에서 알터만은 "사회적 통념을 완전히 깨는" 작품을 쓰겠다는 포부를 밝히고 있으며 "이런 시도는 나의 천성이다"라고 인정하기에 이르렀다.[8] 그러나 알터만은 천성대로 글을 쓰기는커녕 "경제학자도 아닌 사람"이 자타가 인정하는 경제학자의 의견에 반대했다며 비난의 목소리를 높였다.

다음 내용은 『진보 언론이란 무엇인가?』의 일부다.

콜롬비아 대학의 조셉 스티글리츠 교수는 빌 클린턴 대통령의 경제자문위원회의 의장을 역임하였으며 세계은행의 수석 경제학자이자 2001년 노벨경제학상 수상자이기도 하다. 《뉴욕 타임스》의 경제 전문 칼럼니스트 폴 크루그먼을 제외하면, 생존해 있는 기자 중에 스티글리츠의 아성에 도전할 만한 사람이 단 한 명도 없다.[9]

그런 후에 알터만은 스티글리츠 교수의 신간 『세계화와 그 불만』이 마치 신성하게 씌어진 글귀이기라도 한 양 책 속에 등장하는 몇몇 중요한 내용을 인용했다.

스티글리츠 교수와 같은 분이 이 같은 관점을 지지한다면 충분히 그럴 수 있다고 생각하겠지만, 사실 이런 주장은 미국 내의 엘리트 언론에서 이 주제에 대해 보도하고 논평하는 사람들이 내놓는 숨김없는 불평에 지나지 않는다. 예를 들어 2002년 7월 7일자 《워싱턴 포스트》에 실린 서평은 스티글리츠 교수의 책을 두고 **경제학자도** 아닌 **사람**이 적은 간단한 읽을거리 정도일 뿐이다.[10]

알터만은 경제학자도 아닌 사람이 스티글리츠 교수 같은 사람을 두고 뭐라고 했는지는 읽어볼 만한 가치도 없다고 생각했던 것 같다. 《워싱턴 포스트》의 서평을 보면 스티글리츠 교수의 글을 폄하하기는커녕 오히려 극찬하고 있는데도 말이다.

이 책의 구성

이 책의 각 장은 언론의 왜곡된 보도와 대조되는 단순한 경제 현상 및

14

데이터로 구성되어 있다. 언론의 왜곡된 보도 행태는 슬프리만치 심각한 수준이기 때문에 언론의 잘못된 논리를 하나하나 자세히 파헤치는 것에 대해 미안함을 느낄 필요는 전혀 없다.

1장은 실업과 고용에 대한 내용을 다루고 있다. 크루그먼이 정치적인 목적으로 가계조사와 기업조사의 데이터를 섞어서 사용했다는 오크렌트의 비난을 살펴보고 노동통계청에서 매달 발표하는 고용 동향 보고서의 일부인 가계조사와 기업조사에 대해 살펴볼 것이다. 두 종류의 데이터를 섞어서 썼다는 비난에 대한 크루그먼의 반박[11]과 오크렌트의 비난으로부터 크루그먼을 감싸주기 위한 U.C.버클리 대학의 브래드 드롱 교수의 노력에도 불구하고, 실업 및 고용 데이터를 주기적으로 보도하는 기자들이 보기에 크루그먼의 실수는 너무도 명백하다.

2장에서는 가계조사와 기업조사가 고용 현황을 조사하는 방식에 어떤 차이가 있는지 살펴보기 위해서 두 조사 방식을 좀더 심도 있게 다루고 있다. 이 장에서는 헤리티지 재단, 미국기업연구소, 《월스트리트 저널》 논설위원회 등에서 정치적인 이유로 숫자를 조작한 사례도 살펴볼 것이다.

3장에서 6장까지의 내용을 통틀어 제목을 붙인다면 '실업률을 위한 변론'이라고 할 수 있을 것 같다. 실업률은 더 이상 실업을 측정하기 위한 적절한 방법이 아니라는 잘못된 주장에 대해서도 살펴볼 것이다.

7장에서 9장까지는 노동 임금을 측정하는 방법에 관한 내용을 다루고 있다. 우선 7장에서는 노동 임금 데이터를 발표하는 기관인 노동통계청에서 가장 자주 인용되는 노동 임금 지표를 사실상 인정하지 않고 있는 현 상황에 대해 짚고 넘어갈 것이다. 8장에서는 같은 기관에서 발표하는 또 다른 지표가 실업률을 바탕으로 노동시장 경직성을 얼마나 잘 추적하고 있는지 살펴볼 것이다. 9장에서는 같은 지표가 생산성의 장기 증가율을 얼마나 잘 추적하고 있는지도 설명하고자 한다.

10장에서는 기업의 이윤과 수익성에 대한 최근의 흐름을 다룰 것이다. 영국의 주간지인 《이코노미스트》에 실린 관련 기사의 내용을 반박하는 데 많은 지면을 할애할 것이다.

11장과 12장에서는 언론이 아닌 금융권에 대한 내용을 다룰 것이며 경제 전문 채널 CNBC의 아침 프로그램인 〈스쿼크 박스〉에 대해서도 간략하게 짚고 넘어가고자 한다. 월간 수치는 정확성이 떨어져서 항상 수정 과정을 거치게 되며, 변동성 또한 크다. 11장에서는 이 부분에 대해 설명하기 위해 경제학자들이 실시간 데이터와 혼동하곤 하는 수정 데이터가 아닌 임금 고용에 대한 실시간 데이터, 즉 당시에 알려져 있던 데이터를 사용할 것이다. 월간 데이터뿐 아니라 3개월 및 6개월간의 추세를 나타내는 데이터조차도 잘못된 신호를 보내서 경제 흐름을 정확하게 보여주기는커녕 혼란을 가중시킨다. 시의성과 정확성이라는 두 가지 측면을 고려해볼 때 연간 추세를 나타내는 데이터를 사용하는 것이 가장 바람직하다. 실업률과 같은 몇 가지 예외를 제외한 월간 데이터는 모두 마찬가지다.

노동통계청에서 매달 발표하는 고용 동향 보고서는 시장에 가장 커다란 영향력을 끼친다. 따라서 12장에서는 잘못된 신호에 대한 설명을 바탕으로 '매달 발표하는 고용 동향 보고서가 과연 채권시장을 올바른 방향으로 이끌고 있는가?'라는 근본적인 질문을 던진다. 두 가지 추세를 추적한 결과 내가 내린 잠정적인 결론은 '그렇지 않다'다. 그러나 고용 데이터 자체의 잘못은 아니다. 문제는 오히려 데이터를 해석하는 방식에 있다. 시장에서 임금 고용 동향에 관한 연간 추세 및 반기 추세에만 관심을 보인다면, 잘못된 신호는 저절로 사라질 것이다.

12장의 말미에서는 세간에 알려지지 않은 리처드 닉슨 대통령의 유대인 직원 해고 사건에 대한 이야기를 들려줄까 한다. 닉슨 대통령은 노동통계청에서 근무하는 일부 유대인 직원들이 실업률을 적절하게 측정하지 않는다고 생각하여 해고한 바 있다.

13장에서는 《월스트리트 저널》의 그레그 입 기자가 보도한 앨런 그린스펀을 우상화하는 기사와 대조하여 앨런 그린스펀 연방준비위원회 전 의장에 대한 각종 기록을 바로잡으려는 시도를 할 것이다. 14장과 15장에서는 각각 공전의 베스트셀러인 『괴짜경제학』과 이제 거의 고전이 되어버린 『빈곤의 경제』에서 나타나는 문제점을 파헤칠 것이다. 16장에서는 CNN의 앵커 루 답스의 아웃소싱 및 세계화에 대한 입장을 살펴보고 답스가 호전적 애국주의 성향을 갖고 있다는 결론을 도출한다.

마지막으로 에필로그에서는 소득 불균형에 대해 간략하게 설명할 것이다. 이 주제에 대해 충분한 설명을 하려면 한 권 분량의 책을 써도 부족하다.

이 책에 대한 나의 설명

이 책을 쓰면서 셀 수 없이 많은 관련 내용들을 인용했다. 사실, 일부러 많은 글을 직접 인용했다. 누군가의 글에 대한 비평문을 읽다 보면 비평에 앞서 비평의 대상이 되는 글에 대해서는 충분한 정보가 주어지지 않는다는 사실 때문에 좌절감을 느끼는 경우가 많다. 독자들이 인용문을 좀더 쉽게 이해할 수 있도록 특히 주의를 기울여야 할 부문은 고딕체로 표시해두었다. 따라서 '고딕체로 표기된 단어는 원문 표기 방식을 따랐음'이라는 별도의 언급이 없는 경우는 내가 독자들을 위해 고딕체로 표시한 것이다.

또한 경제 관련 서적, 그래프, 도표 등이 올바른 정보를 주기보다 오히려 잘못된 정보를 주는 경우가 허다하다는 점을 짚고 넘어가고 싶다. 세심하게 제목과 설명을 곁들여놓은 도표와 그래프에 얼마나 많은 문제가 있는지 직접 그 증거를 보기 전에는 내 말을 믿기 힘들 수도 있다.

모든 종류의 경제조작 행위를 뿌리뽑는 데 결정적인 역할을 할 수 있는 책을 쓰는 것이 나의 오랜 소망이었다. 그러나 백과사전만큼 두꺼운 책을 쓴다 하더라도 모든 문제를 일시에 해결하는 것은 불가능하다. 따라서 가장 심각한 주제, 가장 영향력 있는 언론 매체 및 기자, 작가 등에 대해 글을 쓰는 쪽을 택했다. 독자들이 이 책이 경제에 대한 몇 가지 잘못된 생각을 바꾸는 데 도움이 된다고 생각해준다면, 그걸로 그 동안의 노력이 충분히 보상받는 셈이다. 만일 이 책이 경제에 대한 올바른 보도와 나쁜 보도를 구별할 능력을 키우는 데 도움이 되었다면, 그건 정말로 기뻐할 만한 일이다. 이 책이 독자 여러분들로 하여금 데이터를 제대로 사용하고 잘못 사용하는 방법에 대해 좀더 알아보고자 하는 호기심이 들게 하였거나, 경제 보도에 몸담고 싶은 욕구를 자극하였다면, 그보다 더 큰 기쁨은 없을 것이다.

1장

실업률을 측정하는
두 가지 방법

2004년 5월 25일자 칼럼에서 크루그먼은 일자리 증가에 대한 공화당의 평가를 비웃으며 "클린턴 대통령 시절"의 "지속적인 고용 성장"과 "부시 행정부 집권하"의 "암울한 고용 현황"을 비교했다.[1] 크루그먼이 인용한 수치들에는 전혀 결함이 없다. 그리고 크투그먼은 미국의 노동통계청에서 발행하는 고용 동향 보고서에서 매달 업데이트하는 기업조사에서 이 수치들을 인용했다.

그러나 같은 칼럼에서 크루그먼이 "단지 클린턴 시대 수준으로 고용률이 증가"하는 것만으로는 "충분치" 않다며 어느 정도의 고용 증가가 "충분"한지 직접 "계산해 보이겠다"고 약속하면서 문제가 시작되었다. 크루그먼은 기업조사와 마찬가지로 노동통계청에서 발표하는 고용 동향 보고서에서 매달 업데이트하는 가계조사의 내용을 언급하며 "인구 증가 수준을 고려해볼 때 매월 14만 개의 일자리가 늘어나야 한다"고 설명했다. 크루그먼이 계산을 통해 얻어낸 결론, 즉 향후 4년 동안 계속해서 지난달 수준으로 일자리가 증가해야 한다는 결론을 볼 때 크루그먼은 가계조사에 나오는 14만이라는 수치와 기업조사의 데이터를 혼동한 것이 틀림없다.[2]

가계조사와 기업조사가 무엇인지 잘 알지 못하는 사람이라면 크루그먼의 계산이 옳다고 생각할 수도 있다. 그러나 위 두 가지 조사방법의 기본적인 차이점만 숙지한다면 크루그먼이 무엇을 혼동한 것인지 알 수 있다. 뿐만 아니라, 두 조사 방법의 차이점을 알게 된다면 크루그먼이 자신의 실수를 계속 인정하지 않는 이유를 납득하기가 더욱 어려울 것이다.

대니얼 오크렌트는 폴 크루그먼이 2004년 5월 25일자 칼럼에서 "부시 대통령에 대한 정치적 견해를 표출하기 위해 그 어떤 설명도 없이 전혀 성격이 다른 가계조사와 기업조사의 데이터를 뒤섞어버렸다"고 비난했다.[3] 그러자 크루그먼은 다음과 같이 응수했다. "나는 일관성 있는 데이터를 사용했다. 나는 무엇이 문제인지 모르겠다." 이후 크루그먼은 《뉴욕타임스》의 논설위원장 게일 콜린스에게 오크렌트가 "틀렸다"고 얘기하며 "2004년 5월 25일자 칼럼에서 사용한 수치들은 모두 기업조사에서 가져온 것들이다"라고 밝혔다.[4]

오크렌트는 출처가 가계조사인 수치가 무엇인지 밝혀냈다. 그 수치는 바로 해당 칼럼에서 크루그먼이 "인구 증가 수준을 고려해볼 때" 필요한 일자리 증가분이라고 밝힌 "14만"이라는 숫자다.[5] 크루그먼의 대답을 들어보자. "오크렌트는 매월 임금 노동자의 일자리 수가 14만 개 늘어나야 한다는 내 주장에 대해서만 이야기를 하고 있다. 이유는 모르겠지만 오크렌트는 사실은 그렇지 않음에도 불구하고 14만이라는 숫자가 가계조사에서 나온 수치라고 믿고 있다."[6]

가계조사의 공식 명칭은 '인구동향조사'다. 크루그먼은 "인구 증가 수준을 고려해볼 때 매월 14만 개의 일자리가 늘어나야 한다"[7]고 얘기함으로써 숫자의 출처에 대해 여러 가지 의문을 가질 수 있는 여지를 남겼다. 《뉴욕 타임스》의 논설위원장 게일 콜린스는 노동통계청 노동통계부에서 근무하는 경제학자들에게 크루그먼의 칼럼을 읽어보고 14만이라는 숫자의 출처를 알려달라고 했을 수도 있다.

U.C.버클리 대학에서 경제학을 가르치고 있는 브래드 드롱 교수는 자신의 웹사이트에 오크렌트와 크루그먼의 논쟁의 일부를 게재했다. 드롱의 글을 읽으면 크루그먼을 옹호하려는 노력이 보이기는 하지만 사실상 크루그먼과 의견을 함께한다기보다 제3의 견해를 내놓았다고 볼 수 있다. 드롱 교수에 대해서는 뒷부분에서 다시 다루도록 하겠다.

이 장의 명제는 매우 간단한 것들이다. 크루그먼의 칼럼으로 인한 혼란을 풀기 위해, 모든 종류의 경제 보고서의 근간이 되며 노동통계청에서 매달 발표하는 고용 동향 보고서에 포함되어 있는 가계조사와 기업조사에서 발표하는 데이터의 차이점에 대허 설명하려고 한다. 이 보고서는 다른 경제 보고서들을 모두 합친 것보다 더 많이 언론에서 인용되며 시장을 움직이는 거대한 힘을 지니고 있다. 따라서 이 보고서의 이름하에 만들어진 근거 없는 이야기들과 오류에 대해서 앞으로 12장에 걸쳐 이야기를 이어갈 것이다. 크루그먼은 매주 수백만 명의 독자들이 그의 글을 읽을 정도로 영향력이 큰 경제학자이니만큼 다른 경제학자들에 비해 자주 등장할 것이다.

기업조사와 가계조사

고용 동향을 조사하는 방법에는 두 가지가 있다. 그 중 하나는 사람들에게 물어보는 방법이고 다른 하나는 고용주에게 물어보는 방법이다. 노동통계청에서는 두 가지 방법을 모두 사용한다. 노동통계청은 매달 실시하는 가계조사를 통해 6만 개의 표본 가구를 뽑아서 16세 이상 주민들의 고용 현황을 조사한다.[8] 마찬가지로 매달 실시하는 기업조사를 통해 40만 개에 달하는 정부기관 및 민간기업을 뽑아(농장은 제외) 현재 급여를 받고 있는 직원의 수를 조사한다.[9] 범위는 좁지만 내용이 좀더 상세한 기업조사는 2004년 4월 노동통계청에서 발표한 고용 동향 보고서의 앞부분에 등장했다. "4월 한 달 동안 비농업 부문의 고용이 28만 8,000명 증가했다."[10] 가계조사는 일반적으로 이 보고서의 후반부에 등장한다. 2004년 4월의 가계조사는 "실업률이 5.6퍼센트 수준을 유지했다"[11]고 기록하고 있다.

가계조사는 고용주가 아니라 피고용인에게 고용 현황을 물어보는 것이기 때문에 기업조사에 비해 범위가 좀더 넓은 편이다. "14만"이라는 수치가 언급된 문장 전체를 보면 다음과 같다. "고용의 목표치가 변화하고 있다. 인구 증가 수준을 고려해볼 때 매월 14만 개의 일자리가 늘어나야 한다."[12] 이 수치는 가계조사에서만 사용되는 방법에 대해 직간접적으로 언급하고 있으며, 14만이라는 수치는 이 방법의 기초가 되는 동향을 반영하는 수치기 때문에 가계조사에서 가져온 것이라고 볼 수밖에 없다.

이 글에서 간접적으로 언급된 방법이라는 것은 "실업"과 "인구 증가" 간의 관계를 설명해주는 것으로 **실업, 노동인구, 비노동인구**를 포함하고 있다.

일반인을 대상으로 고용 동향을 조사하려면 기업조사에서 발표하는 **비농업 부문의 고용** 이외의 새로운 범주가 생겨나게 된다. 우선 고용에 적합한 인구, 즉 **민간비속박인구**에서부터 시작하게 된다. 여기서 **민간인구**란 군인을 제외한 인구를 지칭하며 **비속박인구**란 감옥, 정신병원, 병원, 양로원 등에 있는 사람을 제외한 인구를 지칭한다. 물론 모든 부류의 인구는 16세 **이상**을 뜻한다. (과거에는 14세를 기준으로 삼았다.)

　고용에 적합한 인구의 표본을 조사하면 두 개의 새로운 범주가 생겨난다. 그 중 하나는 **고용자**로 자영업자를 비롯해 직업이 있다고 응답한 사람들을 뜻한다. 다른 하나는 **실업자**로 취직을 원하며 구직활동을 하고 있는 사람들을 뜻한다. 고용자와 실업자를 노동인구라는 하나의 범주로 묶을 수 있다. 남은 사람들은 현재 직업이 없지만 구직활동을 거의 하지 않는 사람으로 이들은 비노동인구에 포함된다.

　따라서 16세 이상의 **민간비속박인구**는 **노동인구**와 **비노동인구**로 이루어져 있으며 노동인구는 **고용자**와 **실업자**로 이루어진다. "인구 증가 수준을 고려해볼 때 매월 14만 개의 일자리가 늘어나야 한다"[13]는 크루그먼의 주장에는 이 모든 개념이 다 포함되어 있다. 크루그먼의 주장은 다음과 같이 요약된다. 1) 고용에 적합한 인구, 즉 **16세 이상의 민간비속박인구**가 증가하면 노동인구와 비노동인구가 모두 증가한다. 2) 노동인구가 매월 14만 명씩 증가한다는 것은, 고용자나 실업자, 또는 고용자와 실업자를 더한 숫자가 매월 14만 명씩 증가해야 한다는 뜻이다. 3) 따라서 실업자가 증가하지 않도록 하려면 매월 고용이 14만 개 증가해야 한다.

　왜 14만일까? 만일 **민간비속박인구**가 매년 250만 명씩 증가한다면 이는 곧 매달 21만 명이 늘어난다는 뜻이다. 21만 명 중 노동인구가 되기를 원하는 사람의 비중을 뜻하는 **노동인구 참여율**은 3분의 2 정도 될 것이다. 21만 명의 3분의 2는 14만 명이다. 그러나 노동인구가 된다고 해서 무조건 취업이 되는 것은 아니다. 노동인구가 되었음에도 불구하고 실업자가 될 수도 있다. 따라서 노동인구 내에서 **고용**이 14만 명이 늘어나지 않는다면 실업자가 증가하게 된다.

　14만이라는 숫자는 정확한 수치가 아니라 다음과 같은 가정하에서 개괄적으로 산정한 수치일 뿐이다. 1) 고용에 적합한 인구가 매년 250만 명 또는 매월 21만 명씩 증가한다. 2) 고용에 적합한 인구 중 3분의 2가 노동인구가 되는 쪽을 선택한다. 3) 따라서 노동인구는 전체 증가분 중 3분의 2에 해당하는 수준, 즉 매월 14만 명씩 증가할 것으로 예상된다.

여기서 우리는 크루그먼이 자신이 언급한 수치가 가계조사와 관련 있다는 사실을 극구 부인했다는 사실을 기억해야 한다. 따라서 크루그먼이 이름을 밝히지 않은 다른 출처에서 수치를 인용했다고 가정할 수밖에 없다(그 출처가 크루그먼보다 많은 정보를 가지고 있었을 것으로 추정하는 수밖에). 크루그먼이 인용한 출처는 최근의 고용 동향 및 미래 흐름을 바탕으로 가정을 세운 것이 틀림없다. 크루그먼이 칼럼을 발표했던 2004년 5월 25일 무렵 노동통계청에서는 16세 이하의 민간비속박인구가 지난 12개월 동안 220만 명 증가했으며 향후 12개월 동안 270만 명 가량 증가할 것이라는 가계조사를 발표했다. 24개월의 기간을 평균 내면 연간 증가 수준이 250만 명에 조금 못 미친다.[14] 노동인구 참여율은 2004년 4월 65.9퍼센트에서 12개월 후인 2005년 5월에는 66.0퍼센트로 증가했다. 그러나 여전히 3분의 2 수준인 66.7퍼센트에는 미치지 못한다.[15] 그러나 1990년대에는 노동인구 참여율이 주로 66.7퍼센트 수준이었기 때문에 노동인구 참여율이 이 수준을 회복할 것으로 기대된다.

따라서 크루그먼이 수치를 인용한 출처는 고용에 적합한 인구가 매년 250만 명 또는 매월 21만 명씩 증가하고, 노동인구 참여율이 3분의 2 수준에 이를 것이라는 가정하에 매월 노동인구가 14만 명씩 증가해야 한다는 계산을 한 것이 아닐까.

자, 이제 크루그먼의 글을 다시 한 번 읽어보자. "고용의 목표치가 변화하고 있다. 인구 증가 수준을 고려해볼 때 매월 14만 개의 일자리가 늘어나야 한다." 가계조사의 개념을 활용하여 이 주장이 의미하는 바를 좀 더 자세히 살펴보자. 여기서 목표치가 변화한다는 뜻은 인구의 증가를 의미한다. 인구의 증가는 곧 14만이라는 노동인구의 증가를 의미하기 때문에, 고용이 실업자의 증가를 **막을 수 있을 만큼** 증가해야만 한다. 즉 고용자가 10만 명 증가한다면 실업자가 4만 명 증가하게 된다. 고용자가 16만 명 증가하면 실업자가 2만 명 줄어들게 된다. 하지만 고용자가 14만 명 증가하면 실업자 수는 변화하지 않는다.

이 부분은 그리 어렵지 않다. 한 가지 이해하기 어려운 부분은 왜 기업 조사 수치를 다루던 중에 이 문장이 등장하는가 하는 점이다.

앞에서 언급한 바와 마찬가지로, 가계조사에서 가장 중요한 수치가 바로 실업률이다. 여기서 실업률이란 노동인구 중 실업자의 비중을 뜻한다. 실업자 수 820만 명, 전체 노동인구 1억 4,680만 명이었던 지난 2004년 4월의 실업률은 5.6퍼센트다.[16]

$$\frac{8.2}{146.8} = 5.6퍼센트$$

전체 노동인구 1억 4,680만 명을 아래와 같이 나눌 수 있다.

고용자	138.6
실업자	+8.2
노동인구	146.8

주:숫자 단위는 백만

고용 가능 인구(2억 2,280만 명)는 다음과 같이 나누어질 수 있다.

노동인구	146.8
비노동인구	+76.0
고용 가능 인구	222.8

주:숫자 단위는 백만

고용 가능 인구 중 노동인구가 되는 쪽을 택한 사람의 비중을 나타내는 노동인구 **참여율**은 65.9퍼센트다.

$$\frac{146.8}{222.8} = 65.9퍼센트$$

가계조사와 기업조사에서 나온 데이터를 섞어서 사용하는 것이 항상 잘못된 것일까? 전혀 그렇지 않다. 3장에서는 노동통계청에서 가계조사와 기업조사를 활용해 비농업 부문 고용 현황을 비교한 자료를 다루고 있다. 또한 이 책의 후반부에서는 기업조사에서 얻은 고용 증가 데이터와 가계조사에서 얻은 실업률 하락 데이터를 인용하여 구직 시장 현황을 살펴보기도 한다. 이와 같이 두 조사의 데이터를 섞어 쓰는 것 자체가 문제가 있는 것은 아니지만 성격이 다른 두 개의 조사를 통해 얻은 데이터를 섞으려는 크루그먼의 노력은 통계적으로 전혀 이해할 수 없는 결과를 낳고야 말았다.

2004년 4월 노동통계청에서 발표한 고용 동향 보고서에는 '산업 부문 고용(기업조사)'이라는 제목이 붙어 있었다. (이 보고서가 바로 크루그먼이 칼럼에서 인용한 보고서다). 이 보고서는 "전체 비농업 부문 고용이 4월 한 달 동안 28만 8,000명 증가하여 1억 3,090만 명이 되었다"는 문장으로 시작한다.[17]

노동통계청은 2004년 4월 비농업 부문의 고용자의 수를 반올림하여 1억 3,090만 명으로 기록하여, 28만 8,000명이라는 수치가 한 치의 오차도 없이 정확한 것처럼 보이게 했다. 그러나 이와 같은 사소한 수치의 변화도 참아넘기지 못하는 사람들은 다음의 표를 보면 천 자리까지 계산했을 때 4월의 비농업 부문의 고용이 3월에 비해 정확하게 28만 8,000명 증가했다는 것을 알 수 있다.[18]

전체 비농업 부문 고용

2004년 4월	130,902
2004년 3월	−130,614
차이	288

주:숫자 단위는 천, 출처:노동통계청

계산해보기

이제 독자 여러분들도 크루그먼의 설명을 들을 준비가 되었을 것이다. 최소한 이런 종류의 데이터에 익숙한 사람만큼은 준비가 되었을 것이다. 우리는 2004년 5월 25일자 칼럼의 일부를 살펴볼 것이다. 크루그먼은 기업조사만을 인용했다고 주장하고 있다. 다시 한 번 정리하자면, 기업조사에서는 4월 한 달 동안 일자리가 28만 8,000개 증가하여 총 취업자 수가 1억 3,090만 명에 달했다고 기록하고 있다. 크루그먼은 최근의 취업률 증가와 "클린턴 시절"의 취업률 증가를 비교하며 다음과 같이 기록하고 있다.

단지 클린턴 시대 수준으로 고용률이 증가하는 것만으로는 충분치 않다. 지난 몇 년 동안 충분한 일자리가 창출되지 않았던 만큼, 좀더 빠른 속도로 고용률이 증가해야 한다.

현재의 일자리 성장률 수준에 대해 이렇게 생각해보자. 2002년에 발표한 대통령 경제보고서에서는 2004년 무렵이 되면 미국 경제가 2001년부터 시작된 불황으로부터 완전히 회복할 것이라고 내다보았다. 정부 공식 발표 자료를 볼 때, 경제가 완전히 회복되었다면 올해의 고용자 수는 실제 2004년 수치보다 700만 명 높은 1억 3,800만 명 수준이어야 한다. 결론적으로 700만 개의 일자리가 더 필요한 것이다.

또한 고용의 목표치가 변화하고 있다. 인구 증가 수준을 고려해볼 때 매월 14만 개의 일자리가 늘어나야 한다. 4월 한 달 동안 미국 내에서 28만 8,000개의 일자리가 늘어났다. 독자 여러분들이 간단한 계산만 하더라도, 경제학자들이 완전고용 상태라고 일컫는 수준에 도달하기 위해서는 지난 4월 수준으로 향후 4년간 일자리가 지속적으로 늘어나야 한다는 사실을 알 수 있다.[19]

여기서 궁금한 점은 어떤 "계산"을 통해서 "4년"이라는 수치가 나오는가 하는 것이다. 크루그먼이 언급한 14만 개의 일자리라는 계산은 기업조사가 아닌 가계조사에서 비롯된 것이다. 뿐만 아니라 크루그먼은 느닷없이 "완전고용"이라는 용어를 사용했는데, 이 용어 또한 가계조사에서 사용되는 개념이다. 폴 사뮤엘슨이 집필한 경제학 교과서 『경제학』에서는 완전고용이란 "비자발적 실업이 없거나 극히 미미한 수준의 상태"라고 정의하고 있다.[20]

물론 조금 양보해서 크루그먼의 주장대로 칼럼에서 사용한 "모든 수치"가 기업조사에서 나온 것이라고 생각할 수도 있다. "완전고용"이라는 단어는 무시해버리고 14만이라는 숫자는 크루그먼의 주장과는 아무런 상관이 없는 숫자라고 넘겨버리면 된다. 그러나 그러기 위해서는 크루그먼이 칼럼에서 인용했다고 밝힌 기업조사만을 이용해서 "4년"이라는 수치를 얻을 수 있어야 한다.

그러나 이것은 불가능하다. 무언가를 계산해내려고 하면 주어진 숫자만을 이용해야 한다. 앞서 얘기했던 노동통계청의 발표 수치를 보면 "4월 한 달 동안 일자리가 28만 8,000개 증가하여 총 취업자 수가 1억

3,090만 명에 달했다"고 기록하고 있으며, 28만 8,000개의 일자리가 증가했다는 내용이 전부였다. 따라서 크루그먼이 주장하는 대로 4월 수준으로 향후 4년 동안 일자리가 증가한다는 뜻은 곧 매월 28만 8,000개의 일자리가 늘어나야 한다는 뜻이다. 그리고 노동통계청에서 발표한 1억 3,090만 개의 일자리가 "공식 전망"치인 1억 3,800만 개로 늘어나려면 710만 개의 일자리가 증가해야 한다(크루그먼의 칼럼에서 언급했던 700만이라는 수치보다 약간 높은 수준이다). 그러나 매월 28만 8,000개의 일자리가 증가한다면 2년이 조금 넘는 24.7개월이면 위 수준에 도달할 수 있다.

콜로라도에 위치한 벤덜리 이코노믹스에서 경제학자로 활동하고 있으며 데이터 분석 능력이 뛰어난 제이슨 벤덜리에게 크루그먼의 칼럼을 보여주고 세 번째 단락에 나오는 수치의 출처를 밝혀달라고 하자, 벤덜리는 너무도 당연하다는 듯이 28만 8,000개라는 수치를 포함한 **모든** 수치가 가계조사에서 나온 것이라고 설명했다. 자, 그럼 크루그먼의 칼럼을 다시 한 번 읽어보자.

고용의 목표치가 변화하고 있다. 인구 증가 수준을 고려해볼 때 **매월 14만 개의 일자리가 늘어나야 한다. 4월 한 달 동안 미국 내에서 28만 8,000개의 일자리가 늘어났다. 독자 여러분들이 간단한 계산만 하더라도, 경제학자들이 완전고용 상태라고 일컫는 수준에 도달하기 위해서는 지난 4월 수준으로 향후 4년간 일자리가 지속적으로 늘어나야 한다는** 사실을 알 수 있다.

"완전고용"상태에 이르기 위해서는 "인구 증가 수준을 고려하여" 매월 일자리가 14만 개 늘어나야 한다고 즈장할 때에 가계조사 외에 무엇을 인용했다고 볼 수 있을까?

벤덜리는 10초 만에 답을 찾아냈다. "실업률이요. 0에 가까워지겠군요." 왜 그런지 살펴보자.

자, 노동인구가 14만 명 증가할 때 고용자가 16만 명 증가한다면 실업자가 2만 명이 줄어든다고 설명했던 부분을 떠올려보자. 노동인구가 14만 명 증가할 때 고용자가 28만 8,000명 증가하면 실업자가 14만 8,000명 줄어들 것이다. 크루그먼이 주장하는 대로 4년(48개월) 동안 이런 추세가 지속된다면 전체 실업자 수가 710만 명 감소할 것이다.

자, 앞서 얘기한 것처럼 2004년 4월 현재 실업자 수는 820만 명이었다. 매달 고용자가 28만 8,000명씩 증가한다면 2008년 4월이 되면 820만 명의 실업 자 중 710만 명은 고용이 되고 110만 명만이 일자리를 구하지 못하고 있을 것이다. 이 경우, 실업률은 역사상 최저 수준인 0.7퍼센트가 된다. 이와 같은 "완전고용" 상태가 실현될 것이라고 꿈에서나마 기대할 경제학자는 없을 것이다. 그러나 실업률 4퍼센트 수준을 완전고용 상태로 정의한다면 2004년 4월부터 15개월이면 완전고용을 달성할 수 있다. (다음 상자 안의 내용 참조.)

그 어떤 계산 방법으로도 크루그먼과 같은 결과를 얻을 수 없다. 그렇다면 크루그먼은 어떻게 4년이라는 수치를 얻어낼 수 있었을까? 크루그먼이 "그 어떤 설명도 없이 데이터를 뒤섞어버렸다"는 오크렌트의 주장이 충분한 답이 될 수 있을 것 같다. 매달 증가하는 고용자의 수 28만 8,000명에서 매달 증가하는 노동인구의 수 14만 명을 빼면, 매달 실업 인구가 14만 8,000명씩 줄어들고 4년 동안 줄어드는 실업 인구의 수는 710만 명에 이르게 된다. 710만이라는 숫자에 2004년 4월의 비농업 부문 고용자 수 1억 3,090만 명을 더하면 1억 3,800만 명이 된다.

크루그먼의 방식대로 수치를 계산하는 것은 아무런 의미가 없다. 비농업 부문의 고용자 수가 28만 8,000명 증가했다는 사실은 있는 그대로 받아들여야 한다. 이 수치에서 14만 명을 빼는 것은 오크렌트가 주장하는 것처럼 "사과"에서 "귤"을 빼는 것이나 다름없다. 그러나 어쨌든 기업조사와 가계조사에서 나온 수치들을 섞으면 크루그먼과 같은 결과를 얻을 수 있다. 크루그먼이 "공식적인 전망치"라고 일컫는 "1억 3,800만"이라는 수치에 도달하려면 4년 동안 "700만 개"의 일자리가 늘어나야 한다.

크루그먼이 인용한 수치가 모두 가계조사에서 나온 것이라면 어떨까?

크루그먼이 주장하는 내용의 문제점을 쉽게 이해할 수 있도록 좀 더 자세히 계산해보자.

노동인구는 매달 14만 명 또는 48개월 동안 총 670만 명이 증가한다. 고용자는 매달 28만 8,000명 또는 48개월 동안 총 1억 3,800만 명 증가한다.

	노동인구	고용자
2004년 4월	146.8	138.6
	+6.7	+13.8
2008년 4월	153.5	152.4

주:숫자 단위는 백만

고용자와 노동인구 간의 차이가 얼마나 즐어들었는지 살펴보기 바란다. 실업자의 수가 급격하게 줄어들지 않았는가.

노동인구에서 고용자를 뺀 것이 바로 실업자의 수를 나타낸다.

	노동인구	−	고용자	=	실업자
2004년 4월	146.8	−	138.6	=	8.2
2008년 4월	153.5	−	152.4	=	1.1

주:숫자 단위는 백만

실업자 수가 110만으로 떨어지면, 실업률은 역사상 최저치인 0.7 퍼센트를 기록하게 된다.

그러나 4퍼센트 수준의 실업률을 "완전고용"으로 정의한다면 15개월만 지나면 완전고용 상태에 도달할 수 있다.

노동인구는 매달 14만 명 또는 15개월 동안 총 210만 명 증가한다. 고용자는 매달 28만 8,000명 또는 15개월 동안 총 430만 명 증가한다.

	노동인구	고용자
2004년 4월	146.8	138.6
	+2.1	+4.3
2005년 7월	148.9	142.9

주:숫자 단위는 백만

노동인구에서 고용자를 빼면, 실업자 수가 600만 명이 된다.

$$148.9 - 142.9 = 6.0$$

실업자 수를 전체 노동인구로 나누면 실업률이 4.0퍼센트 수준이 된다.

$$\frac{6.0}{148.9} = 4.0퍼센트$$

드롱 교수의 혼란

U.C.버클리 대학의 브래드 드롱 교수는 자신이 운영하는 홈페이지에 오크렌트와 크루그먼 사이의 논쟁 중 일부를 게재하며 "매달 14만 명"이라는 수치에 대해 다음과 같이 언급했다.

주: 내가 갖고 있는 지식을 바탕으로 생각해볼 때, 14만이라는 숫자의 출처는 **가계조사도 기업조사도** 아닌 것 같다. 이 수치는 인구 증가율을 바탕으로 고용자 증가율을 추정한 수치로 보인다.[21]

브래드 드롱 교수는 신망받는 교수이며 자신의 지식을 바탕으로 한 의견이라는 점을 밝히고 있기 때문에 이 글을 자세히 살펴보지 않을 수 없다.

우선 가계조사도 아니고 기업조사도 아니라면, 이 수치의 출처는 어디인가? 드롱 교수는 출처를 밝히는 대신 "인구 증가율을 바탕으로 고용자 증가율을 추정한 수치"로 보인다고 설명했다.[22] 만일 "인구 증가로 인한 노동인구의 증가 추세를 추정한 수치"라고 했더라면 크루그먼의 주장과 일맥상통하게 된다. 그러나 어떤 경우든 드롱 교수는 사실상 14만이라는 수치의 출처가 가계조사와 기업조사 둘 다이거나, 가계조사라는 사실을 시인한 셈이 되었다.

"인구 증가"에 대한 수치가 미국 통계국에서 노동통계청에게 제공할 목적으로 공식적으로 시행하는 가계조사(공식 명칭 "인구동향조사")에서 나온 것이 아니라면 어디에서 나온 것일까? 이 수치는 단순한 인구를 나타내는 수치가 아니라 **가계조사의 정의를 바탕으로 하는 고용에 적합한 인구**를 나타내는 것이 아닌가.[23] 가령 2005년 당시 16세 이상의 민간비속박인구는 2억 9,240만 명, 미국 전체 인구는 2억 9,760만 명으로 추정되었다.[24] 증가한 인구 중 구직활동을 하는 사람들의 수 또한 가계조사에서 내놓는 노동인구 참여율을 바탕으로 하는 것이라고 볼 수밖에 없다. 14만이라는 수치는 인구 및 노동인구 참여율의 증가를 보여주는 수치를 바탕으로 한다.

게다가 드롱 교수는 인구의 증가와 노동인구의 증가를 연결지어 설명하는 대신, 고용자 증가와의 관계에 대해 언급함으로써 두 가지 의문점을 남겼다. 왜 드롱 교수는 자영업자 등 모든 형태의 고용 증가가 아닌 고용자의 증가만을 언급했을까? 고용자란 비농업 부문에 종사하며 임금을 받는 노동자로 기업조사의 대상이 되며, 가계조사는 자영업자를 포함하여 모든 고용 형태를 조사의 대상으로 삼는다. 두 번째는 좀더 심각한 의문점이다. 왜 드롱 교수는 **오직** 인구의 증가가 고용의 증가로 이어진다고 가정하는 것일까? 노동인구가 되어 구직활동을 한다고 해서 반드시 **실업**을 면할 수 있는 것은 아니지 않은가?

"인구 증가 수준을 고려해볼 때 매월 14만 개의 일자리가 **늘어나야 한다**"[25]는 크루그먼의 주장은 인구 증가가 반드시 고용의 증가로 이어진다는 의미는 아닐 수도 있다. 결국 크루그먼은 미국의 고용 현황을 긍정적으로 바라보지 않고 있는 것이다.

1년 후 자신의 칼럼을 둘러싼 논쟁에 불이 붙자 크루그먼은 다음과 같은 글을 발표했다. "오크렌트는 매달 임금근로자가 14만 명 **늘어나야 한다**는 내 주장에 대해서만 이야기를 하고 있다. 이유는 모르겠지만 오크렌트는 사실은 그렇지 않음에도 불구하고 14만이라는 숫자가 가계조사에서 나타난 수치라고 믿고 있다."[26]

"**임금근로자**"라는 부분은 그냥 무시하고 넘어간다 하더라도 왜 매달 14만 개의 일자리가 **증가해야 하는지**는 여전히 의문이다. 드롱 교수의 말을 조금 변형하여 설명하자면, 인구 증가율을 바탕으로 **노동인구 증가**

율을 추정한 수치가 바로 14만이기 때문에 실업률이 증가하지 않도록 하려면 일자리가 매달 14만 개씩 늘어나야 한다는 것이다.

내가 던지고 싶은 마지막 질문은 바로 "오크렌트가 정확한 이유도 없이 14만이라는 숫자가 가계조사에서 나온 것이라고 주장하는가?"이다 (14만이라는 숫자는 분명히 가계조사에서 나온 것이다).

2장
보수주의자들의 경제학

2004년 10월 11일자 《월스트리트 저널》의 칼럼은 이렇게 시작되었다. "대통령 선거가 실시되기 전 마지막으로 미국의 고용 현황에 대한 보도가 있었다. 존 케리 후보가 이 데이터를 보고 '실망스러운 수준'이라며 깎아내릴 것은 불 보듯 뻔한 일이다. 이 정도의 고용 현황이 실망스러운 수준이라면, 대부분의 사람들이 지금과 같은 시기를 4년쯤 더 보내고 싶어 하지 않을까."[1]

《월스트리트 저널》의 편집자들이 만만치 않은 일을 벌인 것이다. 대부분의 사람들이 지난해 수준의 고용 증가율이 4년 정도 지속되기를 바랄 수도 있다. 그러나 부시 대통령 집권 이후 3년 9개월을 망라한 실적을 돌아봤을 때, 그 기간을 똑같이 되풀이하기를 원하는 사람이 얼마나 될까?

《월스트리트 저널》의 편집자들은 이쯤에서 그치지 않고 아예 한 술 더 뜨고 나섰다. 케리 후보가 기업조사 데이터만을 인용하여 미국의 고용 현황이 '실망스러운 수준'이라고 깎아내릴 것이라고 주장하고 나선 것이다. 그러나 《월스트리트 저널》의 편집자들이 믿기 어려운 주장을 내놓으면서 출처로 거론했던 가계조사를 살펴보면 오히려 이들의 주장이 얼마나 잘못된 것인지 금방 알 수 있다.

1장에서 설명했듯이 노동인구는 고용자와 실업자로 이루어지며 노동인구의 증가 수준이 고용자의 증가 수준보다 높다면, 이는 곧 실업의 증가를 의미한다. 따라서 특정한 기간의 고용 증가를 높이 평가하기 전에, 적어도 노동인구의 증가와 비슷한 수준으로 고용이 증가했는지 살펴볼 필요가 있다. 실업률이 증가했다면, 고용의 증가가 충분치 않다는 뜻으로 해석할 수 있다. 제1기 부시 행정부 집권 기간 동안 노동인구의 증가 속도가 더딘 편이어서 고용 성장에 대한 부담이 적었다. 그러나 노동인구 증가 둔화에도 불구하고 실업률은 꾸준히 증가하여 2001년 1분기 4.2퍼센트 수준에서 2003년 3분기에는 6퍼센트로 증가했다. 《월스트리트 저널》에서 칼럼을 발표할 무렵에는 실업률이 5.4퍼센트 수준으로 떨어졌다. 그러나 이전의 저조한 실적을 상계하기에는 여전히 부족한 수준이었다.[2]

집권 초기의 부진한 고용 지표를 모두 부시 행정부의 탓으로 돌리는 것은 최근 고용 지표의 개선의 원인을 부시 행정부로 지목하는 것만큼이나 이치에 맞지 않다. 대통령이 누구냐에 따라 노동시장의 움직임이 크게 달라지기를 원하는 사람은 아무도 없다. 《월스트리트 저널》의 편집자들이야말로 대통령이 노동시장을 좌지우지하는 것을 가장 원치 않을 사람들이다. 그러나 주위로부터의 압력 및 정당 정치를 향한 열정으로 인해 우리 모두는 결국 경제 관련 데이터를 조작하게 된다.

《월스트리트 저널》의 편집자들과는 다른 정치적인 성향을 갖고 있는 폴 크루그먼의 글을 읽어보자. 2000년 8월 6일에 발표된 이 글에는 정치적인 색채가 배제된 합리적인 내용이 담겨 있다. "경기 사이클은 어떤 행정부가 집권하고 있느냐와는 상관이 없다."[3] 그러나 몇 년이 지난 2004

년 8월 16일 칼럼을 발표하면서 크루그먼은 공격적인 태도를 취한다. "많은 사람들이 대통령이 경제를 통제하는 것은 아니라고 변명한다. 이런 주장은 부시 행정부가 감세를 주장할 때와는 사뭇 다른 것이다."[4] 이 글을 발표하기 몇 달 전, 크루그먼은 좀더 은유적인 표현으로 부시 행정부를 비난했다. "부시 행정부의 관료들은 대중들로 하여금 몇 년 동안 노동시장의 상황이 좋지 않았다 하더라도, 클린턴 행정부 시절의 8년 평균치에도 못 미치는 수준으로 1년간만 일자리를 창출해내면 경제에 큰 도움이 된다고 믿도록 하기 위해 노력하고 있다."[5]

크루그먼이 비난을 쏟아부은 지 약 1년이 지난 후, 《월스트리트 저널》의 편집자들은 부시 대통령의 집권 기간 동안의 고용 증가 수준은 계속해서 반복하고 싶을 만큼 뛰어난 성과라고 주장하고 나섰다.

이 장에서는 고용 현황을 파악하는 방법에 중점을 두고 가계조사와 기업조사의 차이점을 자세히 살펴보도록 하겠다. (고용 현황 파악은 기업조사에서 전문적으로 시행하는 조사 방법이다.) 《월스트리트 저널》에서 미심쩍은 칼럼을 발표할 무렵, 기업조사에서 추적한 비농업 부문의 임금 고용자 수는 부시 집권 초기인 2001년 1분기보다 낮은 수준이었다. 《뉴욕 타임스》의 표현을 빌리자면 "부시 대통령은 1932년 대선에 출마한 허버트 후버 대통령 이후 첫 임기 동안 전체 일자리 수가 줄어든 상황에서 재선에 출마하는 최초의 대통령"이 되었다.[6] 부시 대통령을 옹호하는 언론매체에서는 다양한 주장을 내놓았다. 그러나 이들 친부시 언론이 주장하는 핵심 내용은 한결같았다. 즉 기업조사 내용은 생각만큼 좋지 않지만 가계조사 내용을 보면 미국 내의 고용 현황이 저평가되고 있다는 사실을 알 수 있다는 것이다.

이런 주장이 과연 사실일까? 잘못된 믿음과 왜곡된 사실을 빼고 나면 남는 것은 거의 없다. 가계조사 결과에 더 많은 의미를 둔다 하더라도 부시 행정부 집권 이후의 고용 증가 수준은 기대 이하다. 그러나 미국의 고용 현황을 둘러싼 논란으로 인해 노동통계청에서는 가계조사와 기업조사의 데이터를 비교하기에 이르렀다.

3장에서는 데이터 조작에 관한 다양한 사례를 살펴볼 예정이다. 물론 《월스트리트 저널》의 칼럼이야말로 데이터 조작의 최고봉이라 할 수 있다. 기업조사와 가계조사에 대해 좀더 자세히 살펴보자.

자영업에 대한 잘못된 생각

이미 설명한 것처럼, 기업조사는 비농업 부둔의 임금 노동자 수를 집계하는 조사 방법인 반면 가계조사는 농업 부문, 자영업 등 모든 종류의 노동자 수를 집계하는 방식이다. 그런데 친부시 언론은 기업조사에서는 드러나지 않는 고용 현황을 들춰내기 위해 가계조사를 들먹인다. 임업, 어업, 수렵을 모두 포함하는 농업 부문의 경우, 몇 년 동안 고용이 증가하지 않았다. (2001년 230만 명에서 2005년 220만 명으로 줄어들었다.)[7] 반면 자영업 부문의 고용은 증가세를 보이고 있었다.

고용자 수를 헤아리는 방식에 관심이 있는 사람이라면 누구나 **자영업**에 대한 노동통계청의 정의를 잘 알고 있을 것이다. 자영업이라는 것은 가계조사뿐 아니라 기업조사에도 영향을 미친다. 자영업자로 분류가 되려면, 사업체가 법인이 아니어야만 한다. 가계조사의 설문지를 보면 좀더 분명하게 알 수 있다. 현재 피고용 상태라고 대답하는 응답자에게는 다음과 같은 질문이 주어진다. "정부기관이나 민간기업 또는 비영리단체에 고용되어 있습니까? 아니면, 자영업을 운영하고 있습니까?" 정부기관, 민간기업 또는 비영리단체에서 일하는 사람은 임금 노동자로 분류된다. "자영업"을 운영한다고 답한 사람에게는 다음 질문이 주어진다. "당신이 운영하는 기업은 법인입니까?" "예"라고 대답하는 사람 **또한** 임금 노동자로 분류된다. 위 질문에 "아니오"라고 대답하는 사람만 자영업자로 분류된다.[8]

법인에서 근무하는 사람의 경우 소유권 보유 여부와는 관계 없이 모두 해당 기업으로부터 급여를 받기 때문에 법인을 운영하는 사람도 임금 노동자로 분류하는 것이다. 기업조사에서도 자영업자를 분류할 때 같은 방식을 사용한다. 기업조사에서 활용하는 질문지에서는 기업에서 일하는 직원의 수를 헤아릴 때에는 "**법인이 아닌 기업**의 경영자, 소유주 또는 공동 경영자"는 제외하고 "**법인에서 급여를 받고 일하는** 임원은" 포함한다고 밝히고 있다.[9]

따라서 가계조사의 대상은 되지만 기업조사에서는 인식하지 못하는 유일한 부류가 바로 **법인이 아닌 기업**을 운영하는 자영업자다. 물론 부정적인 시각으로 세상을 바라보는 사람이라면 이런 형태의 "자영업"이란 실업의 완곡한 표현이라고 생각할 수도 있다. 경제가 불황일 때 프리랜서 작가나 독립 컨설턴트로 활동하는 사람도 이런 의견에 동의할 것이다. 이런 부류의 자영업자들은 정기적으로 월급을 줄 수 있는 업체로부터 제안을 받기만 하면 당장 자영업을 관둘 것이다. 1990년대 말 경제가 호황을 누리던 때, 자영업이 증가하지 않은 이유도 바로 그것이다. 부시 집권 이후 창업 붐이 살아나 고용이 증가했다 하더라도, 자영업 증가가 전체 노동시장에 미치는 영향은 미미한 수준이다.

2003년 12월 1일자 《월스트리트 저널》에 게재된 존 E. 힐센라스 기자의 "자영업자들이 경제 회복을 가속화시킨다"라는 제목의 기사는 이러한 사실을 올바르게 전달하지 않고 있다. 다음은 기사 내용 일부이다. "지난 18개월 동안, 점점 더 많은 미국인들이 직접 사업을 꾸려나가는 쪽을 택했다. 노동부에서 실시한 월간 가계조사에 의하면, 지난 한 해에만 자영업 종사자 수가 40만 명이나 늘어났다.”[10]

힐센라스 기자가 언급한 자료는 가계조사에서 실시하는 비농업 부문의 자영업자에 대한 조사 결과다. 그러나 장기적인 관점에서 자영업자들이 경제 회복에 미치는 영향을 평가하고자 하였다면 힐센라스는 왜 “지난 한 해” 또는 “18개월”을 언급한 것일까? 기사 내용을 계속 살펴보자. “자영업을 운영하는 사람들이 늘어나고 있다. 정부의 조사에 의하면 2001년 3월부터 시작된 불황으로 인해 기업의 수가 240만 개나 줄어들었다. 기업의 수는 줄어들고, 자영업자의 수는 늘어났지만 기업을 대상으로 실시하는 고용 현황 조사에서는 자영업자들이 나타나지 않는 경우가 많다.”[11]

마지막 문장은 기업조사에서 인용한 내용이다. 그러나 부시가 집권한 지 2개월이 지난 2001년 3월을 기준으로 삼는다면 비농업 부문 자영업자의 증가 수준이 현저하게 낮아진다. 2001년 3월 940만 명이던 비농업 부문 자영업자 수가 겨우 10만 명 늘어난 950만 명에 그치게 된다. 변동성을 고려해 2001년 1분기 이후 비농업 부문 자영업자 수가 20만 명 증가했다손 치더라도, 기업조사 결과에서 나타난 임금 노동자 수 200만 명 하락이라는 결과와는 비교할 수 없이 미미한 수준이다.

2004년 3월, 헤리티지 재단에서 발표한 연구보고서를 보면 2001년 11월을 기준으로 자영업자 수가 65만 명 늘어난 것으로 집계하고 있다. 그러나 헤리티지 재단에서 2001년 11월을 기준으로 삼은 것도 납득하기 어렵다. 헤리티지 재단의 팀 케인 연구원은 “부시 대통령 집권 이후 220만 개의 일자리가 사라졌다”고 믿는 것은 잘못된 생각이라는 자신의 입장을 분명히 밝히고 있다.[12] 케인이 이 글을 발표할 무렵, 부시 집권 이후 증가한 자영업자 수는 기껏해야 30만 수준이었다.

그러나 케인은 가계조사에서 추적하지 못한 자영업자 수도 수십만 명에 달한다는 주장을 내놓았다.

인구동향조사(가계조사)에서 자영업자를 계산하는 방식의 **문제점**은 바로 전체 노동인구가 변화한다는 점이다. **미국 국민들이 자영업**에 대해서 **정부와** 이해를 같이하는지는 **생각해볼** 문제다. 가령 A라는 사람이 IBM의 임금 지불 명부에서는 **빠지게** 되었지만 IBM을 위해 풀타임으로 컨설팅 업무를 진행한다고 생각해보자. A는 스스로를 IBM의 직원으로 생각할 가능성이 크다. 물론 A의 가족도 A가 자영업자라고 생각하는 대신 IBM에 고용되어 있다고 생각할 것이다. 마찬가지로, 유한책임회사에서 공동 경영자로 일하는 사람들도 스스로를 기업에 고용되어 있는 직원이라고 생각하는 경우가 많다.[13]

어쩌면 케인은 유한책임회사가 기업체이기 때문에 가계조사에서는 유한책임회사에 근무하는 사람들을 임금 노동자로 정의한다는 사실을 모를 수도 있다. 또한 한 기업에서 일을 하다가 독립 컨설턴트가 되었지만 여전히 해당 기업의 직원이라고 생각하는 사람들도 임금 노동자로 분류된다. 이런 부류의 사람들이 자영업자로 분류되지 않는다고 해서 아예 조사에서 누락될 것이라는 생각은 잘못된 것이다.

기업조사, 공격의 대상이 되다!

2003년 9월 26일자 《월스트리트 저널》에는 기업조사 자체를 공격하는 내용을 담고 있는 기사가 실렸다. 카네기 멜론 대학의 앨런 멜처 교수는 기업조사의 결과는 경기 사이클에 따라 달라지는데 지금과 같은 시기에는 일자리 수가 실제보다 훨씬 적게 집계되기 때문에 임금 노동자 수가 줄어들었다는 기업조사 결과를 믿으면 안 된다고 주장했다. 멜처 교수에 의하면, 기업조사는 신생업체에서 창출된 수백만에 달하는 신규 일자리를 반영하지 않는 반면, 가계조사는 신생업체에 대한 최근 자료까지 포함하기 때문에 가계조사가 기업조사보다 더욱 정확하다.[14]

한 귀부인이 자신의 실수를 꼬집자 변명을 하는 대신 "무지해서, 완벽하게 무지해서" 실수를 했다고 대답한 영국의 시인 새뮤얼 존슨의 일화는 너무도 유명하다. 멜처 교수의 경우, 언급한 내용 중 사실에 어긋나지 않는 내용도 일부 있으니 98퍼센트 정도 무지하다고 해두자. 그러나 새뮤얼 존슨은 사전적 정의를 잘못 내린 것뿐이었지만 멜처 교수는 국가적으로 중대한 문제를 혼동한 것이다.

멜처 교수의 주장 중 왜곡되지 않은 부분부터 살펴보자. 멜처 교수는 다음과 같이 말했다. "지금과 같이 경제가 역동적으로 움직일 때에는 오래된 기업은 사라지고 새로운 기업이 생겨난다. 기업조사는 사라지는 기업에 대해서는 빨리 파악할 수 있지만, 신생기업을 파악하는 데에는 좀 더 많은 시간이 걸린다."[15] 이 주장에는 전혀 무리가 없다. 사실 기업조사는 많은 수의 기업체를 표본으로 삼고 조사를 시행하기 때문에 표본을 추출할 당시 존재하지 않았던 신생기업의 존재에 대해서는 파악하지 못한다. 따라서 신생기업에서 창출되는 일자리 수는 미처 인식하지 못하게 되어 결국 전체 고용자 수를 실제보다 적게 집계한다. 이런 이유로 가계조사가 기업조사보다 좀더 정확하다는 주장에도 문제가 없다. 가계조사는 기업체가 아니라 사람을 대상으로 하는 방법인 만큼, 기업조사가 신생기업을 파악하는 것보다 가계조사가 신생기업에서 일하는 근로자를 파악하는 것이 훨씬 빠를 수밖에 없다.

독자 여러분이 알고 있는 내용이 여기까지라면, 멜처 교수의 생각에서 별다른 문제점을 발견할 수 없을 것이다. 즉, 가계조사는 기업조사에서 파악하지 못하는 고용 현황을 추적하여 기업조사의 부족한 점을 보완하는 것 이상의 역할을 한다. 가계조사는 기업조사와 조사 범위가 겹치는 부분에서도 기업조사보다 뛰어나다. 가계조사는 신생기업에서 창출된 일자리에 관한 최근 자료까지 추적하는 유일한 조사 방법이기 때문에 경기 사이클이 오늘날과 같은 단계에 머물러 있을 때에는 비농업 부문 임금 노동자 수를 측정하는 데에 있어서도 가계조사의 결과가 더욱 정확하다. 기업조사는 신생기업에서 최근 창출된 신규 일자리를 파악하지 못하기 때문에 비농업 부문의 임금 노동자가 줄어들었다는 기업조사 결과를 지금은 중요치 않게 여길 수 있다.

멜처 교수가 옳다고 가정한다면, 그 다음으로 해야 할 일은 가계조사의 결과가 무엇을 보여주는지 꼼꼼하게 살펴보는 것이다. 그러나 멜처 교수의 주장은 틀렸다. 비농업 부문 임금 노동자에 대한 조사 결과는 여전히 같은 부문에 대한 가계조사 결과보다 더욱 믿을 만하다. 멜처 교수는 기업조사 결과가 도출되는 중요한 과정의 일부를 무시한 채 기업조사의 중요성을 폄하했다.

매년 1월이 되면 노동통계청은 지난해 3월에 실시한 기업조사의 고용 현황 수치와 같은 달에 실시한 분기별 고용 현황 조사를 통해 얻은 수치를 비교한다. 그런 다음, **벤치마킹**이라는 과정을 통해 기업조사 데이터를 수정한다. 분기별 고용 현황 조사는 각 주의 실직 보험 제도를 통해 집계한 행정 기록을 바탕으로 하기 때문에 모든 임금 노동자가 조사 대상이 되는 셈이다. 모든 종류의 기업이 반드시 실직 보험에 등록되어야 한다고 법으로 규정하고 있는 만큼, 분기별 고용 현황 조사 결과의 경우 신생업체에서 창출한 신규 일자리마저도 빠뜨리지 않고 집계한다고 볼 수 있다.

따라서 과거의 기업조사 결과를 살펴볼 때 우리에게 주어지는 데이터는 일부 표본을 대상으로 한 조사 결과가 아니라 매년 3월을 기준으로 임금 노동자를 거의 정확하게 집계한 결과물이다(지하경제에서 창출되어 국가의 공식적인 조사방법으로는 집계할 수 없는 일자리는 별개의 문제다). 3월 이외의 달은 3월을 기준으로 수치를 조정하기 때문어 정확한 수치는 아니지만 좀더 실제 고용 현황에 가까운 수치를 얻어낼 수 있다. 가령 지난해 3월 고용자 수가 1억 3,000만 명이었고 올해 3월 고용자 수가 1억 3,200만이라면, 고용 추세의 변동은 있었겠지만 중간에 낀 11달 동안 전체 고용자 수가 200만 명 증가한 것으로 추정할 수 있다.

기업조사의 결과를 수정하기 위해 벤치마킹이라는 과정이 진행된다는 사실을 외면한 채 멜처 교수는 지난 40년 동안 가계조사와 기업조사가 어떻게 움직여왔는지를 보여주는 도표를 제시했다. 멜처 교수는 두 조사 결과에 차이가 나타나는 이유가 바로 신생기업 때문이라며 다음과 같이 기술했다. "불황이 끝나면 신생기업이 많이 생겨나기 때문에 기업조사와 가계조사 간의 격차가 벌어진다. 1960년대와 1990년대와 같이 호황이 장기간 지속되었을 때에는 신생기업에서 창출된 신규 일자리가 노동부의 조사에 잘 반영되었기 때문에 두 조사간의 격차가 줄어들었다."[16] 그러나 기업조사의 과거 데이터는 조사 당시에 표본으로 삼았던 기업뿐 아니라 분기별 고용 현황 조사를 통해 얻은 데이터를 기준으로 수치를 조정하기 때문에 멜처 교수가 예시로 든 1960년더 및 1990년대의 수치는 기업조사의 과거 데이터와 일치하지 않는다.

멜처 교수가 2003년 9월 26일에 칼럼을 발표했을 무렵 기업조사의 데이터는 얼마나 신속하게 발표가 되고 있었을까? 사실, 멜처 교수가 칼럼을 발표한 시기가 문제라면 문제이지 기업조사 데이터의 발표 시기에는 아무런 문제가 없었다. 멜처 교수가 한 주만 늦게 칼럼을 발표했더라면

2003년 3월을 기준으로 수정된 데이터를 입수할 수 있었을 것이다. 물론, 앞서 설명한 것처럼 기업조사를 통해 얻어낸 3월의 고용 수치를 분기별 고용 동향에 맞추어 재조정한 결과가 공식적으로는 이듬해 1월에 발표되지만, 노동통계청에서는 9월에 발표하는 고용 동향 보고서에서 수정치를 미리 알려줘왔고, 해당 보고서는 10월 3일에 발표될 예정이었다. 멜처 교수가 조금만 기다렸더라면 2003년 3월의 고용자 수가 하향 조정되었다는 사실을 알 수 있었을 것이다. 고용자 수의 **하향조정**이 의미하는 바는 노동통계청이 기업조사를 실시할 당시 신생기업에서 창출된 일자리 수를 지나치게 **높게 잡았었다**는 뜻이다.

위 사실은 기업조사의 실제 조사 방법에 대한 중요한 사실을 보여준다. 노동통계청은 오랜 기간 동안 기업조사 방식을 이용했을 때 신생기업을 정확하게 파악하기 힘들다는 사실을 인지하고 있었다. 어쩌면 기업조사를 처음 실시하던 순간부터 이미 그 사실을 알고 있었는지도 모른다. 기업조사 방법을 이용했을 때 실제보다 임금 노동자 수가 적게 나타나는 것을 감안하여 노동통계청에서는 매달 임금 노동자 수를 높여서 발표해왔다. 기업조사 결과보다 수치를 높여서 발표하는 이 방식을 '오류 조정'이라고 부른다. 채권 거래에서는 이 같은 조정 방식을 '플러그 요인'이라 부른다. 기업조사 결과가 실제 고용자 수보다 적다는 판단하에 필요 이상으로 고용자 수를 높게 잡는 경우가 있다. 앞서 설명한 2003년 3월의 경우가 바로 그것이다.

2003년 9월 6일자 《월스트리트 저널》에 칼럼을 발표한 지 몇 주가 지난 후, 멜처 교수는 미국기업연구소에서 똑같은 글을 발표했다. 처음 칼럼을 발표한 지 몇 주가 지난 후라면, 멜처 교수에게는 자신이 처음 발표한 수치들을 바로잡을 충분한 기회가 있었을 것이다. 2003년 9월 고용 동향 보고서 내용을 보면, 멜처 교수가 기업조사에 의문을 제기할 타당한 이유가 없다.

기업조사의 임금 노동자 조사 결과를 보면 2001년 1분기에 비해 여전히 250만 명이 낮은 수준이다. 상식을 뛰어넘는 가설을 만들어내지 않고서는 노동자 수가 적게 집계된 이유를 신성기업에서 창출된 일자리 일부를 제대로 파악하지 못한 탓으로 돌리기는 힘들다. 노동통계청에서는 신생기업 동향을 완벽하게 반영하고 있는 분기별 고용 동향 조사의 결과와 비교해봤을 때 기업조사에서 발표한 임금 노동자의 수가 많기 때문에 2003년 3월 임금 노동자 수치를 좀더 낮게 잡기로 했다는 발표를 내놓았다. 따라서 신생기업 동향을 제대로 반영하지 못하기 때문에 기업조사에서 전체 임금 노동자의 수가 실제보다 낮게 나타난다면 이는 전적으로 기업조사와 분기별 고용 동향 조사 간의 차이를 조정하는 벤치마킹이 이루어지지 않는 6개월의 기간—2003년 4월부터 9월까지—탓이다.

앞서 설명했듯이, 노동통계청에서는 실제보다 임금 노동자 수가 낮게 집계되는 것을 막기 위해 매달 실시하는 기업조사 결과를 자동적으로 원래 조사된 수치보다 높게 잡는다. 그렇다면, 기업조사 결과가 실제보다 임금 노동자 수를 낮게 파악하고 있다는 가정하에 6개월에 해당하는 데이터를 수정한다면 어떻게 될까? 벤치마킹 과정을 통한 월별 데이터 최고 상승치는 4만 명이었다. 지난 6개월간의 수치를 매달 4만 명씩 높게 잡으면, 전체 임금 노동자 숫자가 약 25만 명 정도 증가한다. 이 수치를 두 배로 잡아 지난 1년간의 데이터를 조정한다 하더라도 고작 50만 명이 증가할 뿐이다(여전히 250만 명과는 큰 차이가 있다).

조금이라도 생각이 있었더라면, 멜처 교수는 미국기업연구소에 연락해 기고를 취소했어야 마땅하다.

가계조사와 기업조사 비교

지금까지 가계조사가 정말로 고용 현황에 대해 보다 정확한 정보를 제공하는지 살펴보았으며, 가계조사와 기업조사의 결과에 차이가 나타나는 원인은 신생기업이 아닐 수도 있다는 사실을 알게 되었다. 또한 가계조사의 조사 대상이지만 기업조사에는 포함되지 않는 자영업자로 인해 발생하는 차이도 상대적으로 크지 않다는 사실도 알게 되었다. 자, 이제 남은 한 가지 질문은 가계조사와 기업조사는 둘 다 비농업 부문 임금 노동자 수를 추적하는 것인데 이 부문의 수치가 왜 다르게 나타나는가 하는 것이다.

2004년 초, 미국 노동통계청에서는 두 가지 조사 방법을 비교한 결과를 내놓았다. 이 비교 방식을 보면 마지막 한 가지 질문에 대한 답을 명확하게 알 수 있다. 노동통계청에서 두 가지 조사 방법을 비교할 때 한 가지 어려움에 직면했다. 그것은 바로 기업조사는 사람이 아니라 일자리를 헤아리는 방식이고 가계조사는 일자리가 아니라 사람을 헤아리는 방식을 채택한다는 점이었다.[17] 기업조사 방식은 기업체에 자사의 임금 지불 명부에 올라와 있는 일자리가 몇 개인지 물어보는 방식인데, 한 사람이 두 개의 회사에 몸담고 있는 경우가 있을 수 있다. 가계조사는 사람들에게 직접 일자리가 있냐고 물어보는 조사 방식으로, 한 개 이상의 일자리를 갖고 있는 응답자가 있을 수 있다.

그러나 1994년 이후 가계조사 방식이 바뀌어 여러 개의 직업을 갖고 있는 사람들에 대한 별도의 분석이 이루어지기 시작했다. 이후 노동통계청에서는 전체 비농업 부문 임금 노동자 수에 여러 개의 직업을 갖고 있는 사람의 수를 더했다. 노동통계청에서 가계조사와 기업조사를 비교한 결과는 그림 3-1에 나와 있다.

우선 두 조사간의 차이가 얼마나 큰지 살펴보기 전에 두 조사 결과가 일치하는 시기를 먼저 살펴보자. 1995년부터 1997년까지의 기간을 보면, 두 조사의 결과에 사실상 차이가 없다. 2003년 중반부터 2004년까지의 기간에도, 두 조사의 결과가 거의 일치한다. 두 조사 방법간의 차이가 나타나기는커녕 놀라우리만치 결과가 일치하고 있다. 그래프를 살펴보면 특정한 해에 두 조사의 결과가 다르게 나타난다기보다는 격차가 벌어지는 시기가 있다. 1997년 이후 가계조사와 기업조사가 각각 어떻게 움직였는지 살펴보자. 우선 1990년대 말 이후 기업조사 수치가 가계조사의 수치보다 빠르게 올라가고 있다. 2001년 1분기 무렵에는, 기업조사와 가계조사 간에 200만 이상 차이가 난다. 그러나 미국 경제의 거품이 터지고 나자 기업조사 수치가 가계조사 수치보다 빠른 속도로 **떨어져** 2003년 중반에는 두 수치가 다시 일치하게 되었다.

그림 2-1 가계조사 및 기업조사 동향

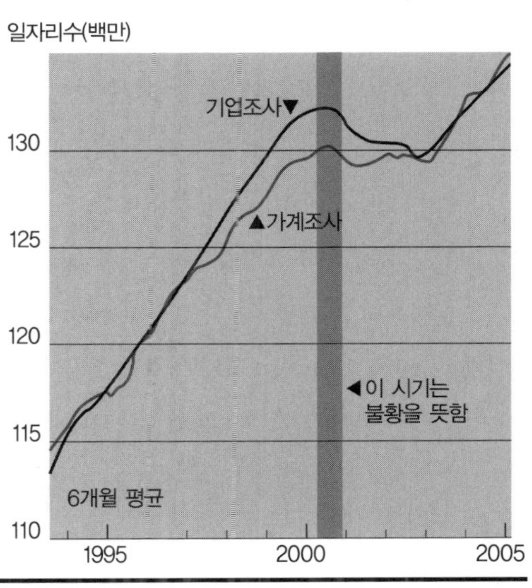

출처 : 노동통계청

두 조사의 격차가 벌어지는 시기에 대해 의문을 제기하고 싶다면 최근 기업조사 결과가 가계조사보다 높게 나타나는 원인에 대해서도 똑같은 의문을 제기해야 한다. 앞서 설명했듯이, 기업조사의 과거 데이터는 매년 3월을 기준으로 전체 노동인구를 대상으로 하는 분기별 고용 동향 조사의 결과에 맞추어 수정된다. 그러나 가계조사는 이와 같은 과정을 거치지 않기 때문에 표본을 기준으로 한 조사 결과가 영구히 남게 된다.

노동통계청의 전문가들은 가계조사와 기업조사의 수치 사이에 차이가 발생하는 이유를 생각해보았지만 마땅한 대답을 찾지 못했다.

선거를 위한 경제 조작

이번에는 2004년 10월 11일자 《월스트리트 저널》에 실린 칼럼을 살펴보자. 칼럼의 내용을 자세히 살펴보기 전에 우선 당시에 발표되었던 가계조사와 기업조사의 결과를 보자.

노동통계청은 2004년 9월에 발표한 보고서를 통해 2004년 3월의 기업조사 결과를 23만 6,000명만큼 상향 조정할 것이라고 밝혔다. 자, 이제 앞서 멜처 교수의 칼럼을 다룬 부분에서 설명했던 것처럼 기업조사 결과가 2004년 3월 이후 6개월 동안 신규 창출된 일자리를 약 50만 개 정도 적게 집계했다고 가정해보자. 두 수치를 더하면 2004년 9월 현재의 일자리 수가 모두 70만 개 가량 늘어나게 된다. 부시 대통령 집권 이후 어느 시기를 기준으로 두더라도, 70만이라는 수치는 큰 의미가 없다.

그림 2-1에서 보듯이, 가계조사와 기업조사에서 각각 발표한 비농업 부문 임금 노동자 수는 2004년 9월 무렵 거의 같은 수준이다. 그러나 두 그래프의 추세는 매우 다르다. 부시 집권 이후 하락세를 걷고 있는 기업

조사 그래프와는 달리 가계조사의 그래프는 부시 집권 이후 약 200만 정도 늘어났다. 같은 기간 동안 법인이 아닌 기업을 운영하는 자영업자가 40만 명 늘어났다는 가계조사 결과를 바탕으로 200만 명에 40만 명을 더하면 부시 집권 이후 늘어난 일자리 수는 240만 개다. 월 평균으로 환산하면 매달 6만 개의 일자리가 늘어난 셈이다. 어떤 기준으로 보더라도 기대에 한참 못 미치는 결과가 아닐 수 없다.

일자리 증가에 관한 이야기는 이쯤 허두고 칼럼을 발표할 무렵 이미 잘 알려져 있었을 중요한 사실에 대해 얘기해보자. 노동통계청에서는 기업조사의 수치를 수정할 때 기준이 되는 분기별 고용 동향 조사를 통해 신생기업에서 창출하는 신규 일자리가 제대로 파악되고 있는지 알아보기 위한 조사를 실시했다. 어쩌면 멜처 교수의 칼럼으로 인해 이런 조사가 진행되었을 수도 있다. 노동통계청에서는 연구 결과 "분기별 고용 현황 조사 방법은 신생 기업에서 창출된 일자리를 제때에 파악하는 데 아무런 문제가 없으며 기업조사 결과를 수정하는 방식 또한 전혀 문제가 없다"고 밝혔다.[18]

자, 이제 여느 신문 구독자와 마찬가지로 2004년 10월 11일자 《월스트리트 저널》에 실린 다음 칼럼을 처음부터 끝까지 읽어보자. 앞서 설명했던 문제점들을 포함해 아직 다루지 않은 문제줌들도 찾아내보기 바란다. 단 한 단어도 생략하지 않은 원문 그대로다. 잘못된 주장이나 혼란을 야기할 수 있다고 생각되는 부분은 고딕체로 표시해두었다. 뒷부분에서 좀 더 쉽게 내용을 설명하기 위해 각 단락에 번호를 붙였다.

1) 금요일에 발표된 고용 동향 데이터를 보면 대표적인 수치 자체보다 **훨씬 재미있는 사실**을 알 수 있다. 노동통계청에서는 마침내 **우리가 믿어왔던 것처럼** '기업조사'를 통해 집계한 2003년 3월부터 2004년까지 신규 창출된

일자리 수가 실제보다 저평가되었다는 사실을 확인시켜주었다. 정부의 분석가들이 내놓은 **예비 상향 조정 수치**는 23만 6,000명이다. 일각에서는 내년 초에 발표될 최종 상향 조정 수치가 30만에서 40만 사이일 것이라고 믿고 있다.

2) 현재의 경기 확장은 과거의 그것과는 다르다는 사실이 밝혀졌다. 그러나 많은 사람들이 생각하는 식의 차이는 아니다. 언제나처럼 **새로운 일자리**가 만들어지고 있지만 일자리의 종류가 **달라졌다**. 대기업에서 근무하는 대신 **자영업**을 택하거나 **공동 창업**을 하는 경우가 늘어나고 있어 미국 경제는 구조적 변화를 맞고 있다.

3) 이와 같은 변화로 인해 약 40만에 달하는 기존 기업을 대상으로 직원 수를 조사하던 정부의 조사원들은 어려움을 겪고 있다. 기업조사를 통해 얻어진 수치는 지난해에 **각 주에서 운영하는 실직 보험료를 납부했던** 근로자의 수와 비교되게 된다. 같은 수의 근로자가 **기존의 기업**에서 계속해서 일을 하는 **한**에서 이와 같은 조사 방식을 통해 고용 현황을 정확하게 알 수 있다.

4) 그러나 예전에 자신이 고용되어 있었던 기업을 대상으로 **독립 컨설턴트**로 일을 하거나 **인터넷 쇼핑몰에서 물건을 팔아 많은 수입을 올리는** 사람이 늘어난다 하더라도 이 수치는 가장 널리 사용되는 고용 현황 지표인 기업조사에 잡히지 않는다(물론 기업조사 결과가 발표된 지 **한참**이 지나고 나면 조정 수치가 수정된다).

5) 그러나 '가계조사'는 기업이 아니라 개인을 대상으로 데이터를 수집하기 때문에 이런 변화를 금방 잡아낼 수 있다. 가계조사가 표본으로 삼는 가구 수가 6만에 불과하기 때문에 월별 변화가 크기는 하지만 **지난 3년 동안** 조사 결과를 보았을 때 **무언가 이상한 일이 벌어지고 있다**는 사실을 알 수 있다. **기업조사 결과를 기준으로 보면**, 미국 경제에 불황이 닥치기 전인 2001년 수준에 이르기 위해서는 **70만 개의 일자리**가 더 필요하다. 그러나

미국 국민들의 이야기는 다르다. 이들은 이미 2001년 수준보다 일자리가 200만 개나 많다고 얘기한다.

　6) 건강 보험료 및 기타 복지 비용 증가로 인해 고용주들이 직원 채용을 꺼린다는 데에는 의심의 여지가 없다. 이는 곧 기업들이 기업조사에서는 드러나지 않는 기업가나 **자영업자들에게 하도급을** 주는 이유이기도 하다.[19]

이 칼럼을 잘 읽어보면 과연 편집자들이 기업조사와 가계조사에 대해 조금이라도 알고 있는 것인지 의문을 일으키게 하는 커다란 실수가 눈에 띈다. 우선 3번 단락에서 "기업조사를 통해 얻어진 수치는 지난해에 각 주에서 운영하는 실직 보험료를 납부했던 근로자의 수와 비교되게 된다"라는 대목을 보면 벤치마킹 과정에 대해 얘기하고 있다는 사실을 잊어버린 듯하다. 또한 "같은 수의 근로자가 기존의 기업에서 계속해서 일을 하는 **한에서** 이와 같은 조사 방식을 통해 고용 현황을 정확하게 알 수 있다"라는 대목에서는 '과연 이들이 무슨 뜻인지 알고 글을 쓰는 것인가'라는 의문이 생기기까지 한다. 노동통계청에서 모든 신생기업의 탄생을 제 때 파악하고 있다는 사실을 증명하기 위해 조사를 실시하기에 이르렀다는 사실은 차치하고라도, 신생 기업 중 대부분이 실직 보험 데이터에 잡힌다는 사실을 상상하기조차 어려운 것일까?

마찬가지로 1번 단락에서 언급한 "예비 상향 조정 수치는 23만 6,000명"이라는 부분을 보면 예비 상향 조정 수치라는 것은 벤치마킹 과정을 통해 조정된 수치를 미리 발표한 것이라는 사실을 모르는 듯하다. 4번 단락에서는 "기업조사 결과가 발표된 지 한참이 지나고 나면 조정 수치가 수정된다"고 하는데 사실 기업조사가 발표된 후 수정치가 발표되기까지 그리 긴 시간이 걸리는 건 아니다.

1번 단락에서는 23만 6,000이라는 수치에 대한 혼란을 더욱 가중시키고 있다. "정부의 분석가들이" "우리가 믿어왔던 것처럼" 일자리 수가 저평가되었다는 사실을 "마침내" 확인시켜주었다는 글을 읽은 《월스트리트 저널》의 독자들은 '고지식하기 이를 데 없는 통계 담당 관료들이 특정한 사실을 인정할 수밖에 없었다'고 받아들였을 수도 있다. 일반 독자들은 대부분 매년 9월 고용 동향 보고서가 발표될 때마다 기업조사 결과의 수정치를 발표하는 관례가 있으며, 23만 6,000이라는 상향 조정치는 상대적으로 미미한 수준일 뿐이고, 기업조사 결과가 하향 조정된 적도 있다는 사실에 대해 잘 모른다.

"일각에서는 내년 초에 발표될 최종 상향 조정 수치가 (23만 6,000보다 높은) 30만에서 40만 사이일 것"이라는 내용도 편집자들의 무지를 드러낼 뿐이다. 23만 6,000이라는 수치는 분기별 고용 동향 조사 결과를 바탕으로 하고, 고용 동향 조사는 이미 공표된 실직 보험 데이터를 기반으로 한다. 그렇기 때문에 9월에 발표되는 예비 조정 수치와 최종 수치가 크게 차이 나는 경우는 없다(물론 이 경우도 마찬가지였다).

4번 단락에 나오는 "조정 수치가 수정된다"와 같은 어휘 선택을 보아도 이 칼럼의 집필진이 고용 현황 통계 자료에 익숙하지 않다는 사실을 잘 알 수 있다. 수치가 조정된다는 것은 수정되었다는 뜻이다. 이 칼럼의 집필진은 예전과는 다른 직업, 자영업, 공동 창업(단락 2), 독립 컨설턴트, 인터넷 쇼핑몰에서 많은 수입을 올리는 사람(단락 4), 기업가나 자영업자(단락 6) 등 다양한 직업군에 대해 언급하고 있다. 그러나 앞서 설명한 것처럼 이 사람들이 법인에서 일을 한다면 가계조사와 기업조사에서 집계하는 임금 노동자에 포함된다. 이들의 직장이 법인이 아닌 경우, 가계조사에서는 이들을 자영업자로 집계한다. 어떤 경우든, 이들은 조사 결과에 포함되어 있다.

마지막으로 5번 단락에서 등장하는 "기업조사 결과를 기준으로 보면,

미국 경제에 불황이 닥치기 전인 2001년 수준에 이르기 위해서는 70만 개의 일자리가 더 필요하"지만 가계조사를 기준으로 하면 "이미 2001년 수준보다 일자리가 200만 개나 많다"는 주장은 옳지 않을 뿐 아니라 독자들을 혼란스럽게 할 수도 있다. 이 칼럼을 읽은 독자들은 가계조사의 결과가 기업조사에서 발표한 불황 전 최고치 수준보다 200만이나 높다고 생각할 수도 있다. 그러나 이것은 사실이 아니다. 2004년 당시 가계조사에서 발표한 수치를 불황 전 최고치 수준과 비교했을 때 200만이라는 차이가 발생한다. (가계조사 기준 최고 수치는 기업조사 기준 최고 수치보다 훨씬 낮은 수준이었다.)

뿐만 아니라, 가계조사와 기업조사의 결과가 거의 비슷하게 나오고 있음에도 불구하고 독자들은 가계조사 결과가 기업조사 결과보다 훨씬 앞서나가고 있다고 오해할 수도 있다.

《월스트리트 저널》에 실린 칼럼에서 지적한 사항 중 단 하나 옳은 것이 있다면 바로 2004년 9월 실업률이 5.4퍼센트로 "장기 평균보다 낮은" 수준이라는 내용이다. 이 내용에 대해서는 차후에 다루도록 하겠다.

다음 장에서 자세히 살펴보자.

3장
장기 실업에 대한
오해

대니얼 오크렌트로부터 실업이 장기화되고 있다는 주장을 뒷받침하기 위해 잘못된 데이터를 사용했다는 비난을 받게 되자, 폴 크루그먼은 "지난 20년 동안의 장기 실업 비교 결과를 사용한 것을 두고 데이터를 잘못 사용했다"고 비난을 받게 되어 "깜짝 놀랐다"며 자신이 "장기 실업률 데이터를 사용한 방식은 정석"이라고 얘기했다.[1]

데이터 사용 방식에 잘못이 없다는 크루그먼의 주장은 옳다. 크루그먼을 비롯한 일부 경제학자들은 실업 기간의 장기화가 실업률이 낮아지고 있다는 주장이 거짓임을 증명해 보인다고 주장해왔다. 크루그먼이 《뉴욕 타임스》에 발표한 칼럼들을 인용해보겠다.[2]

5.9퍼센트라는 실업률은 과거의 기록과 비교해보았을 때 결코 높은 편이 아니다. 그러나 이 수치와 관련된 한 가지 재미있는 사실이 있다. 해고된 노동자가 새로운 일자리를 구할 때까지 걸리는 기간을 나타내는 지표를 보면

미국의 노동시장은 20년 만에 최악의 상태에 놓여 있다.[3] (2003년 12월 30일)

그나마 긍정적인 내용을 담고 있는 유일한 지표가 바로 실업률이다. 최근 실업률이 2001년 11월과 같은 수준인 5.6퍼센트로 하락했다. 그러나 어떻게 이런 일이 일어날 수 있을까? 실업률을 제외한 다른 지표는 모두 한결같이 미국의 노동시장의 여건이 좋지 않다는 사실을 암시하고 있다. 지난 3개월 동안 전체 실업자의 40퍼센트 이상이 15주 이상 실업 상태에 놓여 있었다. 이는 1983년 이후 가장 높은 수치이며 **일자리를 찾기가 얼마나 어려운지를** 보여주는 단적인 예라고 할 수 있다.[4] (2004년 2월 10일)

그러나 지난 여름 이후 실업률이 계속해서 하락하지 않았던가? 물론 그렇다. 하지만 전체 실업자 중 15주 이상 실업 상태에 놓여 있는 실업자 수가 차지하는 비중이 40퍼센트를 넘어서면서 20년 만의 최고치를 기록하게 되었다.[5] (2004년 3월 12일)

공식 실업률은 클린턴 행정부 시절의 평균치와 거의 맞먹는 5.2퍼센트다. 그러나 다른 지표들을 보면 미국의 노동시장이 1990년대에 비해 노동자들에게 훨씬 불리하다는 것을 알 수 있다. **해고된 노동자가 새로운 일자리를 구할 때까지 걸리는 기간을 뜻하는 평균 실업** 기간이 1990년대보다 훨씬 길다.[6] (2005년 4월 18일)

3장부터 6장까지 총 네 개의 장에 걸쳐 설명할 내용의 핵심은 바로 크루그먼을 비롯한 일부 경제학자들이 주장하는 것과는 반대로 지난 몇 년 동안 실업률이 상대적으로 낮은 수준을 유지해왔다는 기록은 대체적으로 정확한 것이며 이런 수치들을 통해 그 이상의 정확한 정보는 얻을 수 없다는 것이다. 3장에서는 실업의 장기화를 나타내는 데이터에 대해 살펴보고, 실업이 장기화되는 것처럼 보이는 원인 중 일부는 왜곡된 추세선(20년 동안의 장기 실업 결과를 비교한 데이터는 없다)에 기인하며 주된 원인은 바로 인구구성 때문이라는 사실을 밝힐 것이다. 경제 전문 기자들은 기사를 작성할 때 인구구성이 실업의 장기화에 미치는 영향에 대해 언급할 필요가 있다. 이 두 가지 요인에 대해 충분히 이해를 하고 나면 실업률의 신뢰성에 대한 의문을 제기하지 않게 될 것이다.

또한 3장에서는 실업 기간의 장기화를 나타내는 지표가 최근의 실업률에 대한 오해를 불러일으키는 것처럼 1990년대의 경제에 대해서는 "완전고용" 상태에 이르렀다는 잘못된 결론을 내리고 있는 사실에 대해 살펴볼 것이다. 클린턴 행정부 시절에도 노동자들이 일자리를 찾는 데 있어 지금과 똑같은 어려움을 겪었음에도 불구하고 비평가들은 부시 행정부를 비난하기에 급급하여 중요한 사실을 간과하고 넘어간다. 부시 행정부 시절에 대해서건, 클린턴 행정부 시절에 대해서건, 이들의 주장은 옳지 않다.

우선 실업의 장기화에 동의할 수 없다는 뜻을 분명히 하기 위해 다음과 같은 경우를 생각해보자. 최근 발표되는 수치들을 보면 점점 더 많은 수의 미국인들이 암으로 죽어가고 있다. 왜 그럴까? 주된 원인은 바로 암은 노인들이 걸리는 병이고, 고령 인구가 급격하게 증가하고 있기 때문이다. 암으로 인한 사망이 증가하는 한 가지 이유는 수많은 질병을 이겨내고 암에 걸려 목숨을 잃게 될 만큼 오래 생존하는 노인이 늘어나고 있기 때문이다. 그러나 암으로 인한 사망을 줄이기 위해 이와 같은 현상, 즉 고령화의 추세를 바꾸어놓아야 한다고 주장하는 사람은 없다.

뿐만 아니라, 암으로 인한 사망이 증가한다고 해서 이것이 곧 암을 이겨내고 생존하는 것이 '얼마나 힘든지'를 보여주는 '포괄적인 지표'라고 얘기하지도 않는다. 대신 인구 분포의 변화 추세를 반영하는 연령별 암 사망률을 살펴본다.

실업 기간도 마찬가지다. 최근 들어 실업 기간이 길어지는 이유는 무엇일까? 실업 기간에 중요한 영향을 미치는 요인은 연령이 아니라 성별이다. 교육, 경력, 고용 지속 여부, 연봉 등의 데이터에서 나타나는 것처럼 직장에서 남녀간의 차이가 줄어들고 있다. 물론 연령도 한 가지 요인이다. 노동인구가 고령화되면서 남녀 노동자 모두에게서 경력을 중시하는 태도가 드러나고 있다. 노동경제학자들은 이러한 현상을 "노동인구에 편입되고자 하는 애착의 증가"라 부르고 있다.

경력을 중시하는 노동자들은 일반 노동자들에 비해 실업 상태가 되는 경우가 적지만, 일단 실업 상태가 되면 일자리를 찾기까지 더 많은 시간을 보내는 경향이 있다. 따라서 이들의 실업 기간이 늘어나게 되는 것이다. 실업 기간을 줄이기 위해 이들로 하여금 경력을 덜 중시하라고 할 수는 없는 노릇 아닌가.

암으로 인한 사망률에 관한 데이터를 집계하는 방법이 개선되었다면 추세의 분기점이 있었을 테고, 그랬다면 좀더 비교가 수월했을지도 모르겠다. 실업 기간 관련 데이터에는 분기점이 있다.

세 가지 질문

크루그먼은 실업 기간에 대해 흥미로운 사실을 발견했다. 여러분은 그 절반 정도나마 가계조사에 관한 흥미로운 점을 발견했다고 생각해보자. 단 한 가지 사실만을 원인으로 지목하기 전에 누구라도 생각해낼 수 있는 세 가지 질문을 던져보자. 이 세 가지는 경저 전문 기자라면 누구라도 던져야 할 질문이기도 하다.

　　1. 1994년에 가계조사의 질문 내용이 수정되었다. 이로 인해 다른 그래프의 추세선이 변화한 것처럼, 장기 실업 추세선에도 변화가 있었나?
　　2. 여성의 노동인구 참여율 증가는 장기 실업 추세선에 영향을 미쳤나? 여성의 노동인구 참여 증가와 함께 직장에서의 성별 격차가 줄어들었는데, 이 또한 장기 실업 추세선에 영향을 미쳤나?
　　3. 베이비 붐 세대의 고령화가 장기 실업 추세선에 영향을 미쳤나?

이 세 가지 질문에 대한 대답은 모두 '그렇다' 다.

노동통계청의 경제학자 앤 폴리브카와 스티븐 밀러가 1995년 3월에 발표한 보고서에서는 가계조사의 질문 내용을 변경한 결과 1994년 이전의 데이터가 실제보다 낮았다고 기록하고 있다.[7] 노동통계청의 홈페이지에서 몇 번만 클릭을 하여 연령별, 성별 실업 기간 데이터를 찾아보면 실업 기간 증가의 원인은 대부분 인구 분포로 인한 것이라는 사실을 알 수 있다. 뿐만 아니라 조금만 검색을 해보면 2001년 당시 노동통계청 청장이던 캐서린 에이브러햄이 공동 집필한 '실업 기간 및 노동인구 애착의 변화'라는 제목의 연구도 발견할 수 있다.[8]

두 연구 결과를 보면 다음 질문에 대한 대답을 예측할 수 있다. '언제부터 이러한 추세가 나타나기 시작했는가? 당신이 처음 발견한 순간인가, 아니면 훨씬 전부터인가?'

크루그먼은 부시 대통령 집권 이후 실업이 장기화되기 시작했다고 주장한다. 그러나 1990년 말부터 실업의 장기화 현상이 나타났기 때문에 캐서린 에이브러햄이 연구를 진행하기에 이른 것이 아니겠는가. 2000년 1분기에 실업률이 30년 만의 최저치인 4.0퍼센트를 기록하자, 크루그먼은 인플레이션을 막기 위해 경제 성장 속도를 늦추어야 한다고 주장하며 "운이 좋으면 실업률이 4.5퍼센트" 수준까지 올라갈 것이고, "운이 나쁘면 5퍼센트" 수준까지 실업률이 증가할 것이라고 얘기했다.[9] 자신의 주장에 확고한 신념을 갖고 있었던 크루그먼은 반대 의견을 가진 사람은 "일부러 우둔한 척"하는 것이거나 "진짜 멍청하거나" 둘 중 하나라고까지 얘기했다.

그러나 실업률이 더 올라가야 한다고 주장하고 나서기 전에 크루그먼은 30년 만의 최저치를 기록하고 있는 실업률에 견줄 만한 실업 기간에 대한 데이터가 없다는 사실에 당황했을지도 모른다. 현재 추적할 수 있는 데이터를 확인해본 결과, 2000년 1분기 당시 15주 이상 일자리를 구하지 못하고 있는 실업자의 비율은 과거 10년 동안의 수치와 비교해보았을 때도 최저치가 아니었다. 10년 전인 1990년 1분기 당시 평균 실업률은 5퍼센트를 상회했다.

부시 행정부 집권하의 경제 상황에 대해 크루그먼은 "해고된 노동자가 새로운 일자리를 구할 때 직면하는 어려움을 보여주는 포괄적인 지표인 평균 실업 기간이 1990년대보다 훨씬 길다"고 기록하고 있다. 그러나 만일 클린턴 행정부 시절이었다면 4퍼센트라는 실업률에 두고 "해고된 노동자가 새로운 일자리를 구할 때 직면하는 어려움을 보여주는 포괄적인 지표인 평균 실업 기간이 조지 H.W. 부시 대통령이 집권하던 10년 전보다 긴 수준이다"라고 기록하지 않았을까.

그러나 다음과 같은 세 가지 질문을 던지고 답을 했다면 얘기는 달라진다.

1. 질문의 수정이 데이터에 미치는 영향

클린턴 시대의 크루그먼이었더라면 1994년 이전 데이터가 실제보다 수치가 낮게 기록되어 있다는 사실을 재빨리 알아차렸을 것이다. 1994년 노동통계청과 인구조사국에서는 가계조사에서 사용되는 질문의 내용을 수정했다. 오래된 질문은 없애고 새로운 질문을 첨가했다. 사실상 없애지 않은 질문 내용들도 모두 수정했다. 현장 설문조사 담당자들이 사용하는 책자의 내용도 수정되었는데 특히 실업 기간을 측정하는 방법이 보강되었다. 질문 내용을 수정하자 노동통계청과 인구조사국에서 예상한 대로 데이터에 변화가 생겼다. 데이터의 변화 정도를 추정하기 위해, 새로운 질문지를 전격 도입하기 한 해 전 두 가지 질문지 모두를 이용해 설문을 실시했다.

질문의 변화로 인한 파급효과를 해석하고 측정하기 위한 포괄적인 노력의 일환으로 노동통계청의 두 경제학자 앤 폴리브카와 스티븐 밀러는 과거의 조사 결과는 실업 기간을 상당히 짧게 측정했다는 결론을 내렸다. 이들 두 경제학자는 새로운 질문지가 만들어진 이후의 조사 결과와 비교를 하기 위해서는 1994년 이전의 데이터를 16.9퍼센트 높게 조정해야 한다고 설명했다.[10] 이 수치를 적용하면(그림 3-1) 데이터가 좀더 일관성 있게 나타난다. 조정된 데이터를 보면, 2000년의 수치가 1990년보다 낮게 나타난다. 1980년의 수치와 비교했을 때도 높지 않은 수준이다. 좀더 신빙성 있는 모습이다.

불황 이후의 장기 실업자의 비중 추세도 조정 이후의 데이터가 좀더 정확해 보인다. 미국 경제가 불황을 겪은 이후인 1982년, 1992년, 2003년에는 장기 실업자의 비중이 급증하지만 최고치는 점차 낮아지고 있다. 장기 실업자의 비중이 1992년보다 2003년에 더욱 높을 거라는 생각은 잘못된 것이다. 1994년 이전의 데이터가 실제보다 낮게 발표된 만큼, 장기 실업자의 비중이 20년 만의 최고치에 이르렀다는 크루그먼의 주장은 잘못된 것이다.

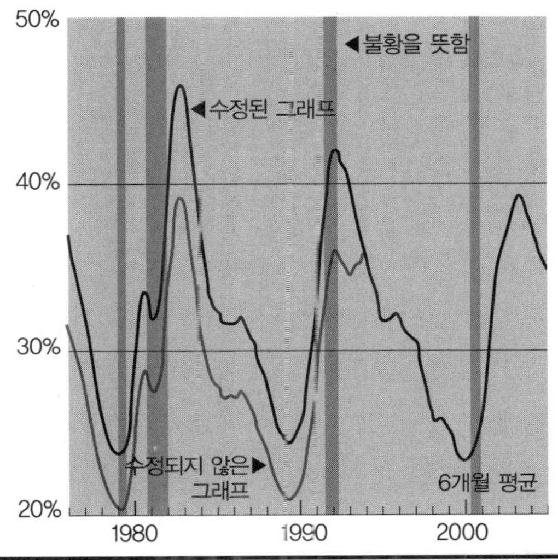

출처: 노동통계청

2. 성별이 데이터에 미치는 영향

남녀를 구별하면 이야기가 또 달라진다.

남성의 장기 실업자 비중에 관한 1994년 이전 데이터를 상향 수정하면 그래프의 움직임이 예상한 대로 바뀐다. 2000년도의 장기 실업자 비중은 1980년과 1990년에 비해 눈에 띄게 낮다. 장기 실업자 비중의 최고치가 점점 낮아지는 현상도 한층 분명하게 드러난다. 그림 3-2에서 보이는 것처럼 2003년의 장기 실업자 비중은 1994년에 비해 높게 나타나고 있지만 두드러지지는 않는다.

남성의 장기 실업 데이터는 수정 이후 예상대로 움직이지만, 여성의 장기 실업 데이터는 그렇지 않다(그림 3-3). 폴리브카와 밀러가 제시한 수치를 기준으로 했을 때, 1994년 이전의 데이터를 상향 조정하더라도 2000년의 장기 실업률이 1990년의 그것보다 여전히 높다. 뿐만 아니라

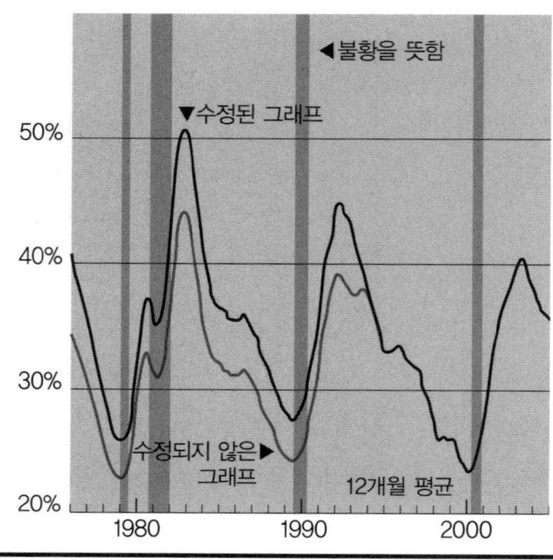

두 가지 성별에 대한
이야기 1

1994년에 실시된 설문조사
방법에 맞추어 조정을 하면
남성 근로자의 장기 실업률
최고치가 점점 줄어든다.

출처 : 노동통계청

최고치의 수준이 하락하는 대신 1982년, 1992년, 2003년의 수치가 거의 같은 수준에 머무르고 있다.

따라서 남성과 여성의 장기 실업자 비중을 따로 다루어보자. 남성과 여성의 장기 실업자 비중을 나타내는 그래프를 하나로 묶어보면(그림 3-4) 두 개의 그래프가 오히려 함께 움직이고 있다는 사실을 알 수 있다. 1990년대 초까지는 여성의 장기 실업자 비중이 남성의 장기 실업자 비중보다 낮게 나타났다. 그러나 1990년대 말부터는 두 데이터가 거의 일치하고 있다.

크루그먼 식으로 해석을 하면 이야기가 점점 이상한 쪽으로 흘러가게 될 것이다. 실업 기간이라는 것이 단지 "해고된 노동자가 새로운 일자리를 구할 때까지 걸리는 기간을 나타내는 대략적인 지표"[11]일 뿐이라면 여성의 장기 실업률 증가는 곧 그 동안 여성이 누려왔던 특별대우가 최근 들어 사라지고 있다는 뜻이 된다. 이는 직장에서의 여성의 지위 변화에

64

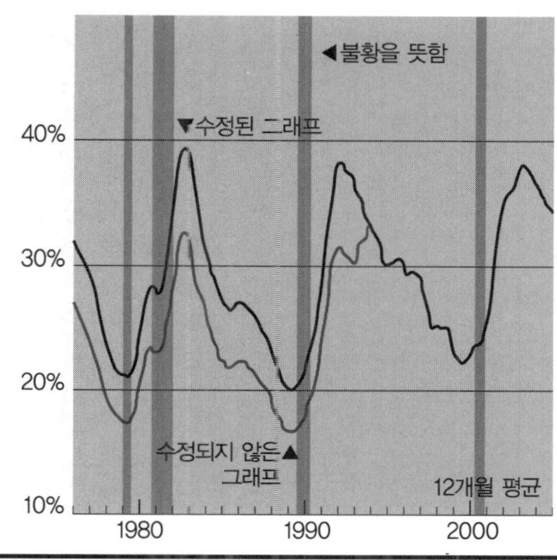

그림 3-3 **여성 실업자 중 15주 이상 일자리를 구하지 못하고 있는 사람의 비중**

출처 : 노동통계청

대해 우리가 알고 있는 사실과는 정반대이기 때문에 크루그먼 식의 해석으로는 설명이 불가능하다.

노동통계청장이었던 캐서린 에이브러햄과 경제학자인 로버트 쉬머가 2001년 발표한 연구에서는 아이러니컬하게도 여성 장기 실업자 비중의 증가가 직장 내 여성의 지위 향상을 반영하는 것이라고 설명하고 있다. 1990년대에 여성 인력은 그 어느 때보다 활발하게 사회 활동을 했다. 에이브러햄과 쉬머의 연구에서는 이를 두고 "노동인구에 편입되고자 하는 애착의 증가"라 표현하고 있다. 또한 경력을 중시하는 근로자들은 일반 근로자들에 비해 실업 상태가 되는 경우가 적지만, 일단 실업 상태가 되면 일자리를 찾기까지 더 많은 시간을 보내는 경향이 있다. 이들 경력을 중시하는 노동자들의 경우 실업률은 낮지만 일단 일자리를 잃게 되면 실업 상태가 오랜 기간 동안 지속된다.[12]

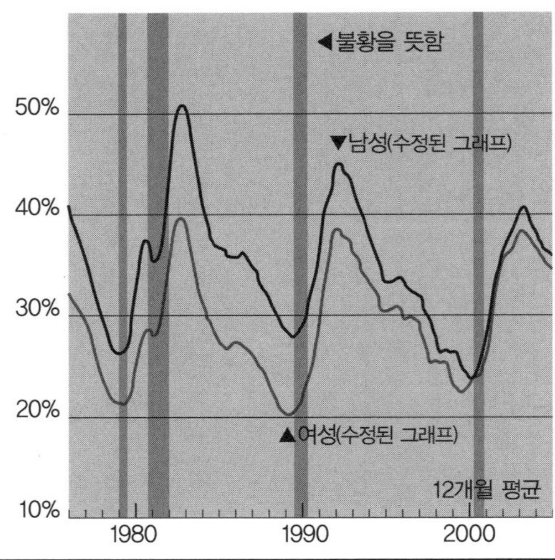

두 가지 성별에 대한 이야기 3

남성과 여성의 실업 비중을 묶어보면, 둘 사이의 간격이 좁아지고 있음을 볼 수 있다.

출처 : 노동통계청

　따라서 남녀간의 실업 기간의 차이가 줄어드는 것은 다른 분야에서 성별에 따른 차이가 줄어드는 것과 관계가 있다. 에이브러햄과 쉬머는 이렇게 기록하고 있다. "실업 기간이 장기화되는 주원인은 여성 노동자들에게 있다. 최근 여성 노동자의 실업 기간이 남성 노동자의 실업 기간과 맞먹는 수준으로 증가하고 있다." 동시에 "1980년대 이후 여성의 실업률이 남성 실업률 수준으로 하락하고 있다. 이와 같이 서로 상반되는 움직임을 볼 때 노동인구에 편입되고자 하는 여성 노동자의 애착이 증가하고 있는 것을 알 수 있다." 노동인구에 "편입되고자 하는 욕구가 강한 사람들은 계속해서 직장생활을 하는 경향이 있기 때문에 고용 상태가 안정되고 실업 상태가 될 가능성이 적다. 따라서 실업률 또한 낮아지는 것이다." 그러나 이들은 일단 일자리를 잃게 되면 노동인구에서 빠져나가는 대신 실업 상태를 유지하는 경향이 있기 때문에 실업 기간이 늘어

	여성	남성	격차
1990	24.5	28.0	-3.5
2000	30.1	31.2	-1.1
2004	32.6	32.3	+0.3

출처 : 노동통계청

연도	여성의 수입 (남성 수입 대비 퍼센트)	남편보다 많은 소득을 올리는 아내(퍼센트)
1990	71.9	19.2
2000	76.9	23.3
2004	80.4	25.2*

출처 : 노동통계청   *2003년 수치

나게 된다."[13]

　에이브러햄과 쉬머는 이직률과 재직 기간을 비롯해 "노동인구에 편입되고자 하는 애착"에 있어서 남녀간의 편차가 줄어든다는 사실을 확인시켜주는 다양한 자료를 인용하고 있다. 에이브러햄과 쉬머가 최초로 데이터를 발표한 후 남성과 여성 간의 편차가 계속해서 줄어들고 있다. 도표 3-1에서 보듯이 교육의 격차가 줄어들고 있으며 도표 3-2에서 보듯이 수입의 격차 또한 줄어들고 있다.

3. 연령이 데이터에 미치는 영향

세 가지 질문 중 앞선 두 질문의 대답은 '그렇다'였다. 우선 실업 기간에 관한 1994년 이전의 데이터는 실제보다 낮게 기록되어 있었다. 둘째, 수치를 조정한 후에도 장기 실업률이 높게 나타나는 이유는 일자리를 찾기 어려워서가 아니라 여성들이 보다 적극적으로 커리어를 관리하기 때문이다.

세 번째 질문, 연령이 데이터에 영향을 끼치는가 하는 질문은 물어볼 필요도 없다. 실업 기간의 장기화는 구직의 어려움을 어느 정도는 내포하고 있다. 그러나 실업률 자체를 의심케 할 만큼은 아니다.

그렇다면 베이비 붐 세대가 **중년층에 접어들고 있다**는 사실은 실업의 장기화에 영향을 미칠까? 물론 이 질문에 대한 대답도 두말할 나위 없이 '그렇다'다. 마흔 살 이상의 노동자들은 마흔 살 이하의 노동자들보다 경력을 더욱 중시하는 경향이 있기 때문에 실업 상태가 되는 경우가 적지만, 일단 실업 상태가 되면 일자리를 찾는 데 더 많은 시간을 보내는 경향이 있다. 베이비 붐 세대의 마지막 주자인 1964년생은 2004년에 마흔 살이 되었다. 이는 곧 중년 노동인구의 증가를 뜻한다. 가령 남성 노동인구를 기준으로 했을 때, 전체 노동인구 중 마흔 살 이상의 노동인구가 차지하던 비중이 1994~1995년 43.4퍼센트 수준에서 2004~2005년 51.5퍼센트로 증가했다. 따라서 노동인구의 연령이 데이터에 미치는 영향을 생각해보면 실업률은 낮아지는 반면 실업 기간은 길어질 것이라는 사실을 예측할 수 있다.

결과는 독자 여러분의 예측과 일치한다. 전체 남성 노동자의 실업률은 1994~1995년 5.9퍼센트 수준에서 2004~2005년 5.4퍼센트 수준으로 하락한 반면, 15주 이상 실업 상태를 유지하는 남성 노동자의 비중은 같은 기간 동안 35.8퍼센트에서 37.1퍼센트로 높아졌다.[14] 그러나 남성 노동자

를 연령별로 나누어서 보면 연령이 데이터에 미치는 효과가 사라진다.[15]

　여성 노동자의 경우 시간이 흐를수록 노동인구에 편입되고자 하는 애착이 증가한 반면, 남성 노동자의 경우 과거나 현재에 노동인구에 편입되고자 하는 애착의 정도가 크게 변하지 않았기 때문에 남성 노동자에 대해서만 좀더 자세히 살펴보는 쪽을 택했다. 1994년 이후의 데이터에 대해서만 분석을 한 이유는 1994년 이전의 데이터는 실제보다 낮게 집계되었기 때문이다. 도표 3-3에서 보는 바와 같이 각 연령층별로 12개월 동안 실업률이 정확하게 일치하는 두 기간을 찾아내 15주 이상 취업을 하지 못한 남성 장기 실업자의 비중을 비교해보았다. 대부분의 경우, 실업률이 같은 기간에는 15주 이상 장기 실업자의 비중이 사실상 동일했다.

도표 3-3 실업률과 남성 노동자 중 장기 실업자의 비중

연령층	기간	실업률(%)	15주 이상 장기 실업자의 비중(%)
16~19세	1994.1.~1994.12.	19.1	22.3
	2004.6.~2005.5.	19.1	24.2
20~24세	1994.3.~1995.2.	9.7	29.1
	2004.10.~2005.9.	9.7	31.3
25~34세	1994.9.~1995.8.	5.2	36.3
	2004.5.~2005.4.	5.2	37.1
35~44세	1994.1.~1994.12.	4.5	44.1
	2003.9.~2004.8.	4.5	45.5
45~54세	1994.7.~1995.6.	3.7	44.9
	2004.5.~2005.4.	3.7	45.5
55세 이상	1995.6.~1996.5.	2.5	45.3
	2004.10.~2005.9.	2.5	45.4

출처 : 노동통계청

　도표 3-3을 보면 알 수 있듯이, 연령층이 높은 그룹은 실업률은 상대적으로 낮게 나타나지만 15주 이상 장기 실업자의 비중은 높게 나타난다. 연령층이 높은 노동자가 늘어나고 있기 때문에, 베이비 붐 세대의 연령 증가에 따라 전체적인 실업률은 하락하는 반면 실업 기간은 늘어나고 있다.

장기 실업률

　이 모든 논쟁의 핵심은 바로 장기 실업률이다. 노동통계청에서는 매달 여섯 개의 각기 다른 실업률을 집계한다. 공식 실업률과 장기 실업률도 여섯 개의 실업률 지표 가운데에 속한다. 공식 실업률(U-3)은 현재 실직 상태이며 구직활동을 하고 있는 노동인구의 비중을 나타내며, 장기 실업률(U-1)은 현재 실직 상태이며 15주 이상 구직활동을 하고 있는 노동인구를 뜻한다. 따라서 공식 실업률은 노동자가 실업 상태가 될 위험의 평균 수준을 뜻하며 장기 실업률은 같은 범주에 속하는 노동자가 장기간 실업 상태에 놓일 위험 수준을 뜻한다. 공식 실업률과 장기 실업률은 비슷한 패턴으로 움직인다. 장기 실업률이 공식 실업률에 비해 비정상적으로 높게 나타난다면 공식 실업률이 실업 문제를 저평가하고 있다는 뜻이다. 그림 3-5를 보면 알 수 있듯이, 장기 실업률과 공식 실업률 간에 비상정적인 수준으로 차이가 나는 시기는 눈에 띄지 않는다.

　그림 3-5에 나오는 U-2는 전체 노동인구 중 실직자의 비중을 나타내는 것으로, 실업의 고통을 표현하는 지표라 할 수 있다. 일반적으로 볼 때, 대부분의 실업자들은 '실직자'가 아니다. 대부분의 실업자들은 노동인구에 새로이 유입되었거나 재유입된 사람들이며 실업자 중 일부는 자발적으로 일을 관둔 사람들이다. 실직률이 공식 실업률보다 비정상적으

장기 실업률

노동인구에 편입되고자 하는 애착이 강한 노동자들은 일단 실업 상태가 되면 일자리를 찾기까지 더 많은 시간을 보내지만 일반 노동자들에 비해 실업 상태가 되는 경우 자체가 적다고 설명했다. 이 모든 내용에서 먼저 고려해야 할 한 가지 중요한 요인은 바로 장기 실업률이다.

아래 도표에 있는 실업률 및 장기 실업률 데이터는 도표 3-3의 수치를 그대로 인용한 것이다. 계산을 좀더 쉽게 하기 위해 15주 이상 장기 실업자의 비중을 나타내는 수치를 백분율로 나타내는 대신 소수점으로 적고 있는 것이 유일한 차이점이다.

장기실업률

연령	(1)실업률(%)	(2)15주 이상 실업 상태인 노동자의 비중(%)	(1)×(2) 장기 실업률(%)
25~34	5.2	0.371	1.9
45~54	3.7	0.455	1.7

출처 : 노동통계청

위 도표에서 보는 것처럼, 일단 실업 상태가 되었을 때 중년의 남성 노동자들이 젊은 남성 노동자들에 비해 일자리를 찾기까지 더 많은 시간을 보내지만(두 번째 열) 실업 상태가 되는 경우 자체가 적기 때문에(첫 번째 열) 장기 실업률이 낮게 나타난다(마지막 열).

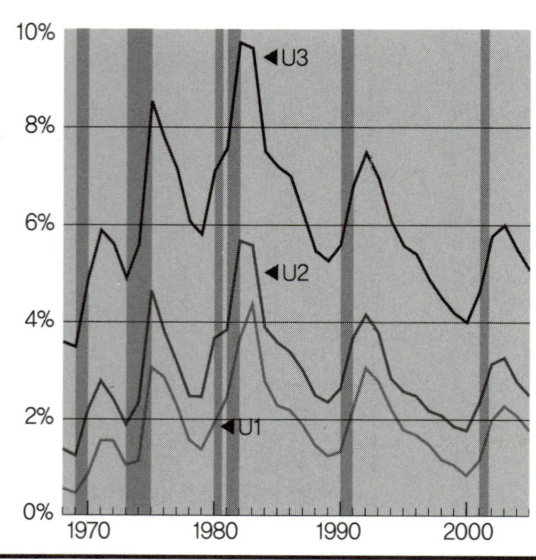

출처 : 노동통계청

로 높게 나타나면, 이는 곧 공식 실업률이 실업의 문제를 저평가하고 있
다는 뜻이다.

공식 실업률 그래프에서 나타나지 않는 추세가 장기 실업률(U-3)이나
실직률(U-2) 그래프에서 나타나는 경우는 거의 없다.

크루그먼의 연구 신조는 무엇인가?

크루그먼이 장기 실업에 관해 발표한 글을 두고 대니엘 오크렌트가 꼬
집어낸 실수는 1994년 이후 가계조사의 질문 내용의 변경으로 인한 데이
터의 변화를 무시했다는 것이었다. 오크렌트로부터 비난을 받은 크루그
먼은 다음과 같이 응수했다.

72

오크렌트가 노동통계청의 두 경제학자 폴리브카와 밀러가 작성한 보고서
에 대해 언급을 하였기에 해당 보고서를 확인해보았다. 1995년에 발표된 그
보고서는 1994년 이후 변경된 가계조사의 설문 내용으로 인해 장기 실업 추
정치가 높아졌을 수도 있다는 내용을 담고 있었다. 해당 보고서는 1994년 이
전의 비교 결과가 부적절하다는 공식적인 발표둔이 아니며 노동통계청에서
도 해당 보고서에서 제기한 의문을 심각하게 받아들이지 않았기 때문에 데
이터가 잘못됐을 수도 있다고 공표하지 않았다. 대다수의 독자들이 그러하
듯이, 나는 노동통계청에서 문제가 있다고 발표틀 하지 않는 한 데이터에 문
제가 있을 수도 있다고 주장하는 연구 보고서를 일일이 찾아보지 않는다. 그
렇지 않고서는, 내 일을 마무리하는 것이 불가능하기 때문이다.[16]

《뉴욕 타임스》의 편집자인 게일 콜린스는 이 글의 마지막 부분을 싫어
했을지도 모르겠다. 어떤 것이 "공식적인 발표문"이고 어떤 것은 그렇지
않은지를 일일히 따져보는 사람은 없다.

노동통계청에는 똑똑한 사람들이 많다. 그러나 **정부기관인 만큼** 관료
주의가 팽배해 있을 수밖에 없다. 따라서 노동통계청의 일관성 없는 대
응은 그리 놀랍지도 않다. 예를 들어, 노동통계청에서 발표한 데이터를
보면 1966년부터 1967년까지 자영업자의 수가 급격하게 줄어들었다. 자
영업자 수가 급격하게 줄어든 이유는 노동통계청에서 법인을 설립한 자
영업자를 조사에서 제외하기로 결정했기 때문이다. 1967년의 조사에서
는 사실상 **법인이 아닌 업체에서 일을 하는** 자영업자만 조사의 대상이
었다. 그러나 노동통계청의 홈페이지를 아무리 뒤져도 이러한 변화에 대
한 설명은 한 줄도 찾을 수가 없다.[17]

크루그먼의 주장을 좀더 들어보자. "다른 사람들과 마찬가지로, 나는
노동통계청 홈페이지에 발표된 권고문을 기준으로 한다. 노동통계청에

서는 특정 용어의 정의를 바꿀 때에 홈페이지에 통지를 하곤 한다. 가령 구직 단념자에 대한 정의가 바뀌었을 때에도 홈페이지에 공고를 했었다. 실업 기간에 대해서는 그 어떤 발표도 없었다."[18]

자영업에 대해서도 그 어떤 발표도 없었다. 크루그먼이 언급한 "구직 단념자"에 관한 일례를 통해 노동통계청의 통지에만 의존했을 때 어떤 문제가 나타나는지 살펴보자. 노동통계청 홈페이지에서 보여준 "통지"라는 것은 수정된 설문지가 사용되었던 1994년을 기준으로 과거의 데이터를 제공하지 않는 것에 불과했다. 다음 장에서 설명하겠지만, 폴리브카와 밀러는 수정된 질문지에서 "단념"을 좀더 좁게 정의하였을 때 1993년부터 1994년까지 구직 단념자의 수가 급격하게 줄어든다는 사실을 발견했다.[19] 이들은 비자발적인 파트타임 근로자—파트타임으로 일을 하고 있지만 풀타임으로 고용되기를 희망하는 사람—의 정의를 바꾸어도 데이터가 급격하게 변화한다는 사실을 밝혀냈다.

노동통계청의 홈페이지에서는 1955년 이후의 비자발적인 파트타임 노동자의 고용 현황 데이터를 제공하고 있다. 1993년 말부터 1994년 초에 이르기까지 비자발적인 파트타임 노동자가 급격하게 줄어든 것처럼 보인다. 급격한 하락의 원인은 다름 아닌 비자발적인 파트타임 노동자에 대한 정의가 변했기 때문이었다. 그러나 노동통계청의 홈페이지에서는 이에 관한 어떤 "통지"도 없다. 크루그먼의 방식대로라면 정의를 바꾼 탓에 비자발적인 파트타임 노동자의 수가 하락했음에도 불구하고 실제로 비자발적 파트타임 노동자가 줄어들었다고 믿을 수밖에 없다. 크루그먼은 "수정되는 수치를 다 반영"하려면 "일을 마무리할 수 없다"고 하는데, 일을 할 때 좀더 많은 시간을 투자하라고 충고해주고 싶다.

4장
숨겨진 실업의 진실

미국의 야구감독 캐시 스텐겔이 남긴 격언 "직접 찾아볼 수도 있지 않소?"라는 말을 떠올려보자.

지난 몇 년 동안 노동인구는 계속해서 증가했다. 그러나 16세 이상의 노동가능인구는 노동인구보다 훨씬 빠른 속도로 증가했다. 즉 현재 일을 하고 있거나(피고용 상태) 적극적으로 일자리를 찾는(실업 상태) 인구의 비중은 줄어들고 있다는 뜻이다. **숨겨진 실업자**의 비정상적인 증가로 인해 **노동인구 참여율**이 하락했다고 볼 수도 있다. 숨겨진 실업자란 현재 공식적인 실업 집계에는 잡히지 않고 있지만, 실업의 범위를 좀더 넓게 정의한다면 실업자로 분류될 수 있는 사람을 뜻한다.

해답을 찾고 싶다면 **직접 찾아나서면** 된다. 노동통계청에서는 숨겨진 실업자에 대한 자세한 데이터를 보유하고 있다. 노동통계청의 홈페이지에 접속하여 마우스만 몇 번 클릭하면 금방 원하는 데이터를 얻을 수 있다.[1] 노동통계청의 데이터를 꼼꼼히 살펴보고 나면 숨겨진 실업자의 정의를 어떻게 내리든 숨겨진 실업자의 비정상적인 증가로 노동인구 증가세 둔화를 설명할 수는 **없**다는 것을 쉽게 이해할 수 있다.

믿어지지 않는가? 미국의 노동인구 참여율은 2000년 1분기에 67.3퍼센트라는 사상 최고치를 기록한 후, 2005년 1분기에 65.8퍼센트로 하락하여 17년 만의 최저치를 기록하게 된다. 이후 노동인구 참여율은 다시 66퍼센트 수준까지 증가했다. 노동인구도 증가했지만, 비노동인구는 더욱 **빠른** 속도로 증가했다(도표 4-1 참조).

도표 4-1 노동인구 참여율

	1분기	
	2000년(최고치)	2005년(최저치)
노동인구	142.4	148.1
비노동인구	69.2	76.9
민간인구	211.6	225.0

출처 : 노동통계청 　　　　　　　　　　주 : 숫자 단위는 백만

노동인구 참여율이 기록적인 수준에 머무르는 동안, 2005년 1분기 당시 노동인구는 340만 명 가량 많아졌다. 그러나 2005년 1분기 당시 비노동인구도 7,000만 명을 넘어섰고 그 누구도 이들 대부분이 숨겨진 실업자에 속한다고 설명한 적이 없다. 그렇다면 왜 숨겨진 실업자가 340만이라는 숫자를 설명할 수 있을 거라고 생각하는가?

좀더 자세히 살펴보자.

3장에서 오크렌트의 비난에 응수[2]하는 과정에서 크루그먼이 구직 단념자의 정의의 변화에 대해 언급했던 내용을 떠올려보자. 크루그먼은 자신의 발언으로 인해 노동통계청에서 수년간 숨겨진 실업자를 추적하기 위

해 많은 노력을 해왔다는 사실을 잘 알고 있었을 것이다. 그럼에도 불구하고 왜 크루그먼은 직접 데이터를 찾아보지 않았던 걸까? 크루그먼을 비롯한 많은 사람들은 직접 데이터를 찾아보는 대신 숨겨진 실업자가 전체 노동인구 참여율의 하락을 설명해준다는 잘못된 생각을 하나의 신조처럼 여겨왔다. 뿐만 아니라 크루그먼은 비노동인구가 숨겨진 실업자 중 어떤 부류인지 잘 알고 있는 것처럼 굴었다. 크루그먼은 구직 단념자들이 "구직을 포기했기" 때문에 노동인구를 떠났다는 내용의 칼럼을 《뉴욕타임스》에 기고하기까지 했다.[3] 그러나 노동인구의 성장세 둔화는 노동인구에서 떠나는 사람이 비정상적으로 많기 때문일 수도 있고, 애당초 노동인구에 편입되지 않는 쪽을 택하는 사람이 비정상적으로 많기 때문일 수도 있다. 크루그먼의 주장은 마치 '전세계 인구의 증가세가 둔화되는 까닭이 무엇입니까?'라고 물었을 때 '출산율 저하'로 인해 인구의 증가세가 둔화될 수도 있다는 가능성은 고려하지도 않고 즉각적으로 '사망 증가'라고 대답하는 격이다.

여하튼 숨겨진 실업자라는 것은 노동인구에 편입되었다가 떠난 사람만을 포함하는 것이 아니라 노동인구에 편입된 적이 없는 사람들도 포함하는 것이다.

4장을 비롯한 5, 6장의 기본 명제는 3장과 같다. 즉, 최근 몇 년 동안 상대적으로 실업률이 낮았다는 사실에는 문제가 없으며, 어떤 데이터를 기준으로 하더라도 이 사실에는 변함이 없다는 것이 기본 명제다. 숨겨진 실업에 대한 오해는 "공식 실업률은 실업 문제를 과소평가하고 있기 때문에 오해를 불러일으킬 수 있다"라는 실업에 대한 오해와 유사하다. 그러나 숨겨진 실업의 경우 왜곡의 정도가 더 심각하다. 크루그먼은 숨겨진 실업자들이 구직활동을 멈추지 않았다면 공식 실업률은 훨씬 높아졌을 거라고 주장한다.[4]

장기 실업과 숨겨진 실업에 대한 크루그먼의 주장은 상호보완적일 수 있다. 크루그먼은 2004년 3월 12일자 《뉴욕 타임스》에서 "왜 그토록 많은 사람들이 구직을 포기했는지 그 원인은 알 수 없지만 일자리를 찾기가 매우 어렵다는 사실과 관련이 있는 것 같다. 전체 실업자 중 15주 이상 실업 상태에 놓여 있는 사람의 비중이 20년 만의 최고 수준인 40퍼센트에 이르렀다"[5] 는 내용의 칼럼을 기고했다. 숨겨진 실업에 대한 크루그먼의 주장을 좀더 살펴보자.

실업률이 5.7퍼센트라면 그다지 나쁘지 않게 들린다. 그러나 비정상적으로 많은 노동자들이 **구직을 포기**하고 있다.[6] (2002년 9월 20일)

수치로 나타나는 실업률이 사상 최고치를 기록하고 있는 것은 아니다. 그러나 **많은** 사람들이 구직 자체를 포기한 탓이 **크다.**[7] (2003년 8월 15일)

수치로 나타나는 실업률이 과거에 비해 높은 편은 아니다. 그러나 이 수치에 대한 한 가지 재미있는 사실은 바로 **비정상적으로 많은** 사람들이 **구직을 포기**하기 때문에 실업자로 집계되지 않는다는 것이다.[8] (2003년 12월 30일)

성급한 결론을 내려서는 안 된다. 실업률이 떨어지고 있지 않은가? 그러나 실업률의 하락은 **전적으로** 사람들이 **구직을 포기**한 결과다.[9] (2004년 3월 12일)

수치로 나타나는 실업률은 과거에 비해 나쁘지 않다. 그러나 실업률을 측정할 때에는 **적극적인 구직활동**을 하는 사람만 계산한다.[10] (2005년 4월 18일)

크루그먼이 실업률을 재해석한 방식을 기준으로 하면, 더 이상 "적극적인 구직활동"을 하지 않는 사람의 수가 300만 명에 이르게 된다.[11]

그토록 많은 사람들이 구직활동을 포기하지 않았다면, 공식 실업률은 정치적으로 이용하기 좋은 5.6퍼센트가 아니라 무려 7.4퍼센트로 치솟았을 것이다.[12] (2004년 3월 12일)

부시 대통령 집권 이후 현재 일을 하고 있거나 활발하게 구직활동을 하고 있는 인구의 비중을 나타내는 노동인구 참여율이 현저하게 줄어들었다. 노동인구 참여율이 2001년 1월 수준에 머물렀다면, 공식 실업률이 7.4퍼센트까지 치솟았을 것이다.[13]

실업률이 7.4퍼센트라는 놀라우리만치 높은 수준이라는 결론을 도출하기 위해서는 다음과 같은 과정을 거쳐야 한다.

1. 2004년의 노동인구 참여율이 2001년 1월과 같은 수준이다.
2. 2001년 1월의 노동인구 참여율을 2004년 노동가능인구에 적용하여 가상 노동인구를 계산한다.
3. 산출된 2004년의 가상 노동인구를 실제 노동인구와 비교하면, 실제 노동인구가 300만 명 적게 나타난다.
4. 전체 300만 명을 실업자로 간주한다.

5장에서도 비슷한 예를 다룰 것이다. 우선 과거에 이와 비슷한 수준으로 노동인구가 증가했을 때를 생각해보자. 과거의 변화를 기준으로 생각해보았을 때, 300만 중 대부분 또는 전부가 고용자가 될 가능성이 더 크다.

그러나 크루그먼의 논리를 따랐을 때는 그렇지 않다. 구직활동을 포기했기 때문에 300만 명이 노동인구로 집계되지 않는다는 것은 곧 이들이 구직활동을 포기하지 않았다면 실업자로 분류되었을 거라는 뜻이다.

그러나 캐시 스텐겔 감독의 말을 따라 직접 조사를 해본 결과, 크루그먼이 주장하는 300만 명이라는 숫자가 갖는 통계학적인 의미는 거의 대량살상무기에 가까운 수준이다. 뿐만 아니라 노동인구에서 빠져나갔든, 애당초 노동인구에 유입되지 않았든 숨겨진 실업자 자체가 비정상적으로 증가하지 않았다는 사실도 찾아낼 수 있었다.

숨겨진 실업자를 계산하는 법

노동통계청에서는 "구직 단념에 대해 질문을 하는 목적은 **구직을 포기한** 사람들이 얼마나 되는지 알아보기 위해서다"[14]라고 밝히고 있다.

노동통계청에서는 매달 《월간 노동리뷰》라는 제목의 노동 동향 전문지를 발행해왔다. 1998년 7월에 발표된 《월간 노동리뷰》에는 노동통계청에서 경제학자로 일했던 모니카 D. 카스틸로가 기고한 "일자리를 원하지만 노동인구에 포함되지 않은 사람들"이라는 제목의 보고서가 실렸다. 카스틸로는 이 보고서에서 1967년 1월에 배포된 가계조사 내용을 보면 "일자리를 원하지만 노동인구에 유입되지 않은 사람들에 대한 개념과 정의"를 알 수 있다고 설명했다.[15] 카스틸로가 작성한 보고서의 내용을 좀 더 자세히 살펴보자.

구직 단념자—구직활동이 실패로 돌아갈 거라는 생각 때문에 현재 구직활동을 포기하여 노동인구에 포함되지 않은 사람들—에 대한 더 많은 정보를 수집할 필요를 인식했다. 일각에서는 이들 구직 단념자를 "숨겨진 **실업자**"라 부른다.[16]

그러나 1994년에 가계조사의 방식이 바뀌면서 구직 단념자에 대한 과거 기준에는 변화가 없었지만 두 개의 새로운 기준이 추가되었다. 새로이 추가된 두 가지 기준은 데이터에 엄청난 영향을 끼쳤다.

가계조사의 방식이 바뀌기 전에는 지난 한 달 동안 구직활동을 하지 않은 사람들(구직활동을 하지 않았기 때문에 '실업자'로 분류되지 않음) 중 (1) 현재 풀타임, 파트타임에 관계 없이 일자리를 원하며, (2) 지난 한 달 동안 구직활동을 하지 않은 이유로 "노동시장과 관련된 이유"를 드는 사람이 구직 단념자에 포함되었다. "학업 및 훈련이 부족해서", "고용주가 너무 어리거나 늙었다고 생각해서", "일자리를 찾지 못해서", "일자리가 없을 거라고 생각해서"와 같은 사유도 구직 단념 원인으로 인정해주었다.[17]

가계조사 방식 변경 이후에는 다음 두 가지 질문에 '그렇다'고 대답을 하는 사람만 구직 단념자로 집계하고 있다. "지난 12개월 동안 한 번이라도 구직활동을 한 적이 있습니까?" "만일 지난주에 일을 하겠냐는 제안을 받았다면 수락했을 것입니까?"[18]

이 두 가지 질문은 그럴듯해 보인다. 그러나 노동통계청의 두 경제학자 폴리브카와 밀러는 1994년의 가계조사 방식 변경에 대한 보고서에서, 과거에 구직 단념자로 집계되었던 사람 중 절반 가량이 이 두 가지 질문에 모두 '그렇다'고 답을 하지는 못할 거라고 주장했다.[19]

노동통계청에서는 숨겨진 실업자의 부류를 세분화했다. 위 두 가지 질문에 모두 '그렇다'고 대답한 대부분의 응답자는 지난 1개월 이상 구직활동을 하지 않은 이유로 육아, 출퇴근의 어려움, 학교 출석 등 실의가 아닌 이유를 들었다. 이들과 같이 근로 의지 및 능력은 있으나 구직활동을 하지 않는 사람들과 구직 단념자를 하나의 집단으로 묶어 **한계근로자**라 부른다.

1994년의 가계조사 설문 내용 변경을 통해 세분화된 또 다른 부류, 일자리를 원하지만 위 두 가지 질문에는 '그렇다'고 대답을 하지 못하는 사람들은 어떨까? 노동통계청에서는 이들을 단순히 "현재 일자리를 원하는 사람들"로 분류하고 있다.

2000년 당시 구직 단념자 수가 30만이었고 한계근로자(구직 단념자 포함)가 120만 명이었다. 120만이라는 한계근로자 수에 1년 이상 구직활동을 하지 않았거나 즉시 일을 시작할 수는 없지만, 당시 일자리를 원하던 사람들을 더하면 440만이라는 숫자가 나온다.[20](노동통계청의 괴짜 스티븐 히플이 "즉시 일을 시작할 수 없지만 일자리를 원하는 사람"마저도 구직 단념자에 포함하자는 얘길 들으면 구직 단념자를 파악하기 위해 "당신은 취업을 꿈꾸었던 적이 있나요?"라는 질문을 하자고 제안할지도 모르겠다.)

2000년에 발표된 구직 단념자에 대한 데이터를 사용하는 것은 같은 해에 발표된 장기 실업에 대한 데이터를 사용하는 것과 같은 이유에서다. 크루그먼은 2000년도를 두고 실업률이 "30년 만의 최저 수준"인 4.0퍼센트를 기록했다며 미국 경제가 "완전고용" 상태에 도달했다고 기록했다. 그러나 노동인구에는 포함되지 않지만 일자리를 원했던 440만이라는 수를 더하면? 또는 120만 명의 한계근로자만 더하더라도 실업률이 놀라우리만치 증가하게 된다.

이 경우, '언제를 기준으로 비교하는 것인가?'라는 삼척동자라도 생각할 수 있는 질문이 또 떠오르지 않을 수 없다. 오랜 시간에 걸쳐 측정하는 시계열 데이터는 과거의 적당한 시기에 측정된 똑같은 데이터와 비교했을 때 의미를 갖는다(이것이 바로 몇몇 방송광고판매대행회사에서 고객사에서 최신 통계 데이터를 조작했다며 전화를 걸어올 때마다 내가 통계 자료를 평가조차 하지 않는 이유다. 아무리 보기 좋게 꾸며놓았다 하더라도 향후 10년간은 쓸모없는 데이터에 불과하다). 앞으로 계속해서 살펴보겠지만, 노동통계청에서는 매달 숨겨진 실업의 정도를 조사한다.

그러나 노동통계청의 조사 결과를 찾아보기 전에 크루그먼이 주장하는 300만이라는 숫자가 과연 맞는지 확인하기 위해 좀더 노력을 기울여보자.

노동통계청에서 하나의 부류로 지정하고 있는 구직 단념자는 크루그먼이 정의하는 "구직을 포기한" 노동자와 거의 같은 개념이다. 앞서 언급했듯이 1993년 9월에 발표된 《월간 노동리뷰》에서는 "구직 단념에 대해 질문을 하는 목적은 **구직을 포기한** 사람들이 얼마나 되는지 알아보기 위해서다"라고 밝히고 있다. 여기서 구직을 포기한 사람들이란 지난 1개월 동안 노동시장과 관련된 이유로 인해 구직활동을 하지 않은 사람들을 뜻한다.[21]

크루그먼은 《뉴욕 타임스》에 실린 한 칼럼에서 일자리가 늘어나면 **수백만**에 달하는 미국인들이 **일자리를 찾아나설** 것이라고 주장했다.[22]

노동통계청의 기준에 따르면 한계근로자의 개념은 좀더 포괄적이어서 고등학생이나 대학생 등 애초에 노동인구에 유입된 적이 없었거나 간헐적으로 노동인구에 유입되었다가 빠져나가는 사람도 포함된다. 한계근로자를 가장 광범위하게 정의하면 현재 일자리를 원하는 모든 사람을 포함하게 된다. 노동통계청에서 일하는 히플이 쓰는 방식으로 얘기하자면 구직을 꿈이라도 꾼 적이 있는 사람이라면 누구나 한계근로자에 포함되는 것이다.

따라서 부시 집권 이후 4년 동안 300만 명의 미국인이 "구직활동을 멈추었다"는 크루그먼의 주장이 옳다면, 위에서 언급한 여러 범주 중 적어도 하나의 범주에서는 같은 기간 동안 숨겨진 실업자의 수가 300만 명이상 증가했어야만 한다. 도표 4-2를 통해 실제 숨겨진 실업자의 수가 얼마나 증가했는지 살펴보자.

도표 4-2 **숨겨진 실업자**

	구직단념자	한계근로자	현재 일자리를 원하는 사람
2000	0.3	1.2	4.4
2004	0.5	1.6	4.9
증가분	0.2	0.4	0.5

출처 : 노동통계청　　　　　　　　　　　주 : 숫자 단위는 백만

구직 단념자와 한계근로자의 수는 크루그먼이 주장하는 300만이라는 숫자와 비교조차 할 수 없을 만큼 미미하다. 현재 일자리를 원하는 사람의 수도 2000년에서 2004년까지 불과 50만 명 늘어났을 뿐이다. 2005년에 구직 단념자, 한계근로자, 현재 일자리를 원하는 사람 수가 모두 줄어들었다는 사실은 언급할 필요조차 없다.

이와 같은 명백한 사실에도 불구하고 여전히 크루그먼이 주장하는 300만이라는 숫자를 옹호하고 나서는 사람들도 있을 것이다. 가령 2000년에는 440만 명의 사람들이 일자리를 원한다고 응답했는데, 무슨 연유에서인지 2004년이 되자 그 수가 190만 명으로 줄어들었다고 주장할 수도 있을 것이다. 따라서 크루그먼이 주장하는 300만이라는 수치를 더하면 숨겨진 실업자의 수가 490만 명이 된다고 주장할 수도 있다. 그러나 이런 주장을 하기에 앞서 '그토록 많은 사람들로 하여금 구직을 단념하게 만들 만한 일이 **뭐**가 있을까?' 라는 질문을 스스로에게 던질 필요가 있다(물

론 많은 사람들이 일자리를 옮기고 노동인구의 구성원은 계속해서 변한다. 그러나 이런 요인들은 지금 여기서 논하는 주제와는 관련이 없다).

또는 크루그먼이 주장하는 구직을 중단한 300만 명 중 일부가 2004년이 되자 더 이상 직업을 원치 않게 되었을 수도 있다고 반박할 수도 있다. 그러나 이런 주장을 펼치는 사람들 역시 '얼마나 많은 사람들이 갑자기 일자리를 원치 않게 되었을까?' 라는 질문을 스스로에게 던져볼 필요가 있다.

여기서 잠깐. 노동통계청에서는 숨겨진 실업자 수를 집계하기 위해 위에서 언급한 세 부류 외에도 비자발적인 파트타이머의 수를 집계한다. 파트타임으로 일을 하는 사람들은 일자리가 있기 때문에 노동인구에 포함된다. 그러나 이들이 풀타임으로 일을 하기를 원할 수도 있다는 가정하에, 노동통계청에서는 이들을 "경제적인 이유로 파트타임으로 일을 하는 사람들"로 분류하고 있다.[23]

1994년 파트타이머의 수를 집계하기 위한 다음과 같은 새로운 질문이 도입되었다. "지난주, 풀타임으로 일하겠냐는 제안을 받았다면 수락했을 것입니까?"[24] 이 질문이 도입된 후의 조사 결과를 보면 자발적인 파트타이머의 수가 20퍼센트 하락한 것으로 나타나고 있다. 이와 같이 한눈에 보기에도 의미가 명료한 질문이 데이터에 얼마나 많은 영향을 미칠지를 생각해보면, 지난 1년 동안 실제로 풀타임으로 일할 수 있는 일자리를 구했었냐고 물어봤다면 어떤 결과가 나타났을지 궁금하지 않을 수가 없다.

그러나 가장 중요한 것은 바로 해당 기간 동안의 증가분이다. 노동통계청의 데이터를 보면 비자발적인 파트타이머의 수가 2000년 310만 명에서 140만 명 증가하여 2004년에는 450만 명에 달했다. 그러나 노동통계청의 데이터를 기준으로 계산해보았을 때 이들 비자발적인 파트타이머의 평균 노동 시간은 풀타임 노동자의 절반 정도이기 때문에, 파트타이머가 숨겨진 실업에 미치는 실질적인 영향은 전체 증가분인 140만 명의 절반, 즉 70만 명이라고 볼 수 있다.

현재 일자리를 원하는 사람의 증가분과 더하면 120만 명(50만 명+70만명)으로 늘어나지만 여전히 300만 명에는 턱없이 모자란 숫자다. 여하튼 크루그먼은 300만이라는 숫자를 제시할 때 파트타이머는 염두에 두고 있지도 않았다. 이제 크루그먼이 **어느 시기**와 비교해 300만이라는 수치를 주장하고 있는지 따져보기 전에 **무엇과 비교해서** 이 수치를 내놓고 있는 건지 먼저 생각해보자.

숨겨진 실업률

실업률은 전체 노동인구 대비 실업자 수를 나타내는 지표다. 인구의 지속적인 증가로 인해 노동인구도 계속해서 증가하고 있다. 따라서 전체 실업자의 수를 노동인구의 수와 비교해야 한다. 전체 노동인구 대비 실업자 수를 따지지 않고, 실업자의 절대적인 수치만을 따진다면 오늘날의 실업 문제는 초기 대공황 시절보다 더욱 심각한 수준인 것처럼 보일 것이다.

바로 이런 이유에서 노동통계청에서는 숨겨진 실업의 **비율**을 측정하고 있다. 앞서 설명한 것처럼 노동통계청에서는 모두 여섯 개의 실업률을 발표하고 있다. 공식 실업률(U-3)은 이들 중 하나일 뿐이다. 나머지 다섯 개의 지표는 공식 실업률에 문제가 생기지 않도록 감시하는 역할을 한다. U-1과 U-2는 각기 장기 실업과 실직자를 나타내는 지표로 실업으로 인해 더 많은 고통을 느끼는 사람들을 추적하는 데이터라고 할 수 있다.

U-4, U-5, U-6은 좀더 넓은 의미에서 숨겨진 실업을 측정한다. U-4와 U-5는 실업률을 측정할 때 각기 구직 단념자와 한계근로자를 포함한다. U-6에는 한계근로자와 비자발적 파트타이머도 포함되어 있다. 노동통계청에서는 현재 일자리를 원하는 사람을 반영하는 실업률 데이터는 따로 발표하지 않고 있다. 노동통계청에서는 아마도 현재 일자리를 원하는 사람을 포함하면 숨겨진 실업을 과대평가하게 된다고 생각하는 것이 아닐까. 조금 더 정확한 비교를 위해 내가 직접 U-7 데이터를 계산해보았다. 우선 도표 4-3을 보면 2000년의 실업률 현황을 잘 알 수 있다.

도표 4-3 **숨겨진 실업률**

	U-3	U-4	U-5	U-6	U-7
2000년	4.0	4.2	4.8	7.0	6.7

출처 : 노동통계청   주 : 단위는 퍼센트

U-6과 U-7의 수치는 깜짝 놀랄 수준이다. 그러나 **어떤 시기와 비교를 하느냐**가 중요하다. 공식 실업률(U-3)이 4.0퍼센트에 이르렀던 가장 최근 데이터와 비교하면 문제는 간단해진다. 그러나 미국의 공식 실업률이 4.0퍼센트를 기록했던 때는 30년 전으로, U-6 및 U-7데이터를 구할 수가 없다.

그러나 공식 실업률을 감시하는 기능을 하는 나머지 실업 데이터의 변화율을 추적해보면, 공식 실업률과 함께 움직인다는 사실을 쉽게 알 수 있다. 가령 U-3가 1994년 이후 1/3 정도 하락하면(6.1퍼센트에서 4.0퍼센트로), 같은 기간 동안 나머지 실업 데이터도 약 1/3 정도 하락한다.

2004년에 발표된 실업률 데이터를 1996년의 데이터와 비교해보자. 2004년 당시 공식 실업률 U-3는 5.5퍼센트 수준으로, 5.4퍼센트를 기록했던 1996년과 거의 같은 수준이었다. 만일 크루그먼이 주장했던 대로 다른 지표들을 보았을 때 미국의 노동시장이 1990년대에 비해 노동자들에게 훨씬 불리했다면[25], 숨겨진 실업률을 나타내는 여러 지표 중 적어도 하나라도 열악한 노동시장의 실상을 반영하고 있어야 한다.

도표 4-4 **실업률 비교**

	U-3	U-4	U-5	U-6	U-7
2004년	5.5	5.8	6.5	9.6	8.5
1996년	5.4	5.7	6.5	9.7	9.1

출처 : 노동통계청 · 주 : 단위는 퍼센트

도표 4-4를 보면, U-7을 제외한 나머지 실업률 데이터는 거의 같다. 게다가 U-7의 경우, 2004년의 수치가 1996년에 비해 오히려 낮다. 실업률이 5.6퍼센트 수준이었던 1995년과 2004년을 비교했다면, 2004년의 노동시장 현황이 훨씬 더 좋아 보였을 것이다.

숨겨진 실업률을 계산하는 법

숨겨진 실업률을 계산할 때에는 실업자 수(분자)와 노동인구(분모)에 똑같은 수를 더해주어야 한다는 점을 기억해야 한다. 즉 공식 실업률(U-3)이 전체 노동인구 중 실업자의 비중을 나타내는 수치라면, 구직 단념자를 포함하는 실업률(U-4)을 구하기 위해서는 노동인구에 구직 단념자를 더한 수에서 실업자와 구직 단념자를 합한 수가 차지하는 비중을 계산해야 한다.

비자발적인 파트타이머를 반영하는 U-6의 경우, 이들은 이미 노동인구에 포함되어 있어 분모에 포함되어 있기 때문에 이 값을 계산하기 위해 분모에 추가로 더할 필요가 없다.

2005년을 기준으로 생각해보자. 실업자 수가 759만 1,000명이고 노동인구가 1억 4,932만 명이라면, 공식 실업률은 다음과 같다.

$$\frac{7,591}{149,320}$$

즉 5.08퍼센트가 되고 반올림하면 5.1퍼센트가 된다.

구직 단념자가 43만 6,000명이라면, 구직 단념자를 포함하는 실업률(U-4)은 다음과 같이 계산할 수 있다.

$$\frac{7,591 + 436}{149,320 + 436} = \frac{8,027}{149,756}$$

즉 5.36퍼센트가 되고, 반올림하면 5.4퍼센트가 된다.

마찬가지로 한계근로자—구직 단념자를 포함하는 범주—가 154만 5,000명이라면, 한계근로자를 반영하는 실업률(U-5)은 다음과 같이 구할 수 있다.

$$\frac{7,591 + 1,545}{149,320 + 1,545} = \frac{9,136}{150,865}$$

즉 6.06퍼센트가 되고, 반올림하면 6.1퍼센트가 된다.

만일 현재 일자리를 원하는 사람—한계근로자를 포함하는 범주—이 498만 5,000명이라면, 이들을 반영하는 실업률(U-7)은 다음과 같이 구할 수 있다.

$$\frac{7,591 + 4,985}{149,320 + 4,985} = \frac{12,576}{154,305}$$

즉 8.15퍼센트가 되고, 반올림하면 8.2퍼센트가 된다.

U-6는 노동인구에 한계근로자를 더한 수에서 실업자, 한계근로자, 비자발적 파트타이머가 차지하는 비중을 뜻한다. 2005년의 비자발적 파트타이머의 수가 435만 명이었다면, U-6는 다음과 같이 계산할 수 있다.

$$\frac{7{,}591 + 1{,}545 + 4{,}350}{149{,}320 + 1{,}545} = \frac{13{,}486}{150{,}865}$$

즉 8.94퍼센트가 되고, 반올림하면 8.9퍼센트가 된다.

다시 한 번 설명하지만, 비자발적 파트타이머(경제적인 이유로 인해 파트타이머로 근무하는 노동자)는 이미 노동인구에 반영되어 있기 때문에 분모에 더할 필요가 없다.

마지막으로, 비자발적 파트타이머는 풀타임 노동자에 비해 노동시간이 절반 정도이기 때문에 노동통계청에서는 U-6를 계산할 때 비자발적 파트타이머의 수를 절반으로 줄여서 계산한다. 계산 방식은 다음과 같다.

$$\frac{7{,}591 + 1{,}545 + 2{,}175}{149{,}320 + 1{,}545} = \frac{11{,}311}{150{,}865}$$

즉 7.5퍼센트가 된다.

숨겨진 실업률을 두고 노동력 불완전 활용이라고도 표현하는 만큼, 비자발적인 파트타임 노동자의 절반만 더하는 것이 이치에 맞다. 그러나 이 모든 실업 측정 데이터는 과거에 측정된 동일 지표와 비교를 했을 때에만 의미가 있기 때문에 일관성 있는 방식으로 측정되기만 한다면 동일한 결과를 얻을 수 있다.

전체 비노동인구 대비 숨겨진 실업자

전체 비노동인구 중 숨겨진 실업자가 얼마나 되는지 살펴보는 것도 숨겨진 실업을 측정하는 하나의 방법이 될 수 있다. 구직 단념자, 한계근로자, 현재 일자리를 원하는 사람은 모두 노동인구에 포함되지 않는다. 이 세 부류가 전체 비노동인구에서 차지하는 비중은 각각 얼마나 될까? 다시 한 번 설명하지만, 노동가능인구지만 지난 한 달 동안 일을 하지 않았으며 구직활동도 하지 않았다면 노동인구에 포함되지 않는다. 도표 4-5를 보면 2004년과 1996년의 데이터를 비교할 수 있다.

도표 4-5 숨겨진 실업 비중

	구직단념자	한계근로자	현재 일자리를 원하는 사람
2004	0.6	2.1	6.4
1996	0.6	2.3	8.2

출처 : 노동통계청　주 : 전체 비노동인구에서 차지하는 비중, 단위는 퍼센트

위 도표를 보면 구직 단념자, 한계근로자, 현재 일자리를 원하는 사람이 전체 비노동인구에서 차지하는 비중이 1996년에 비해 2004년에 오히려 줄어들었다. 뿐만 아니라 한 가지 주목해야 할 사실은 2004년에 전체 비노동인구 중 6.4퍼센트가 일자리를 원했다면 나머지 93.6퍼센트는 노동 시간과 관계 없이 일 자체를 원하지 않았다는 뜻이 된다는 것이다.

구직 단념자가 전체 비노동인구에서 차지하는 비중이 기껏 0.6퍼센트에 지나지 않는다는 사실을 상기해보자. 마치 전체 비노동인구의 대부분이 구직 단념자로 이루어진 것처럼 떠들어대는 언론의 보도 태도가 어이

없지 않은가. 영국의 대표 주간지 《이코노미스트》에서는 공식 보도되는 실업률에 문제가 있다며 그 원인으로 "**구직을 포기한 노동자들**이 구직활동 자체를 그만뒀기 때문"이라고 지적했다.[26] 즉 노동인구 자체가 줄어들고 있다는 것이다. 미국의 비영리 진보주의 단체 미디어매터스액션네트워크에서는 "구직 단념자가 구직활동을 멈추고 있다"는 제목으로 노동인구에 유입되지 않는 것을 고려하는 성인 인구가 늘어나고 있다는 내용을 소개했다.[27]

누군가 이 단체에 "노동인구에 유입되지 않는 것을 고려하는 성인 인구" 중 99퍼센트 이상이 구직을 단념하지 않은 것으로 간주된다는 사실을 좀 일러줬으면 한다.

숨겨진 실업률은 유용하다

내가 구직 단념자 및 한계근로자의 수가 상대적으로 적을 거라 생각하는 이유 중 하나는 바로 공식 실업률의 정의가 광범위하기 때문이다. 실제로 "활발한 구직활동"을 어떻게 정의하고 있는지는 잘 알려져 있지 않다. 노동통계청의 조사에 응할 때 지난 한 달 동안 단 한 번이라도 구직활동을 한 적이 있다고 대답하면 이 응답자는 활발하게 구직활동을 한 것으로 간주된다. 이력서를 한 통 보낸다든가, 지원서를 작성한다든가, 친구나 친척에게 전화를 걸어 일자리에 대해 물어보는 것만으로도 활발하게 구직활동을 한다고 인정받을 수 있다. 그러나 이와 같은 행동들이 "활발한" 구직활동이라는 데에 동의하지 않을 사람도 많다.

별다른 노력을 기울이지 않아도 숨겨진 실업자로 분류되기란 그리 어려운 일이 아니다. 따라서 숨겨진 실업자들이 공식적인 실업자들에 비해 노동인구에 유입되고자 하는 애착이 강하지 않은 것은 그리 놀라운 일이 아니다.

노동통계청의 경제학자 모니카 카스틸로도 《월간 노동리뷰》에 "일자리를 원하지만 노동인구에 유입되지 않은 사람들"이라는 제목의 보고서를 발표해 이 같은 사실을 밝혀냈다. 이 보고서에서 카스틸로는 일자리를 원하지만 노동인구에는 유입되지 않는 구직 단념자, 한계근로자, 현재 일자리를 원하는 사람의 추이를 조사하여 공식 실업자의 추이와 비교했다.

그 결과, 비노동인구의 45퍼센트만이 이듬해에 노동인구에 유입되었으며 전체 실업자의 75퍼센트는 다음해에도 노동인구에 소속되어 있다는 사실을 밝혀냈다. 그리고 실업자의 50퍼센트는 다음해에 취업을 하지만 비노동인구의 경우 다음해에 취직을 하는 비율이 30퍼센트밖에 되지 않는다는 사실도 밝혀냈다.[28]

만일 애초에 직장을 원하지 않는다고 응답한 대다수의 비노동인구의 추이를 살펴보면 어떨까? 앞서 설명한 것처럼, 비노동인구는 전체 노동가능인구의 1/3을 차지하고, 이들 중 7퍼센트 가량이 구직 단념자, 한계근로자, 현재 일자리를 원하는 사람 중 하나의 부류에 속한다. 나머지 93퍼센트에 대해 같은 방식으로 조사를 했더라면, 다음해에 노동인구에 속하게 되는 사람의 비중이 훨씬 낮았을 것이다. 따라서 숨겨진 실업자는 공식 실업자에 비해 노동인구에 유입되고자 하는 애착이 적으며, 일자리를 원하지조차 않는 나머지 93퍼센트의 경우, 욕구가 훨씬 더 약하다.

숨겨진 실업자가 의미가 있는 여러 부류로 이루어졌다고 믿는 또 다른 이유는 바로 공식 실업이 증가할 때마다 같은 수준으로 숨겨진 실업도 증가하기 때문이다. 여기서 우리가 던져야 할 질문은 바로 숨겨진 실업이 비정상적인 수준으로 증가하느냐 하는 것이다. 우리가 지금껏 살펴본 바를 통해서 살펴볼 때, 그렇지 않다는 것을 알 수 있다.

노동통계청에서는 매달 실시하는 여섯 종류의 실업률 지표를 **노동력 불완전 활용지표**라고도 부른다. 다음 장에서 좀더 자세히 살펴보자.

5장

노동인구 참여율에 대한 잘못된 주장

크루그먼은 다음과 같이 주장했다. "**수많은 사람들이 어떤 이유에서인가 공식적인 노동인구에서 빠져나갔다.** 미국의 노동시장을 암울하게 바라보는 전문가들은 통계적인 착시 현상으로 인해 실업률이 낮아진 것처럼 보이지만, 좀더 많은 일자리가 창출된다면 **수백만 명의 미국인들이** 다시 노동시장으로 나올 것으로 보고 있다."[1]

앞서 4장에서 살펴본 것처럼 이들 "수백만"에 달하는 미국인들은 노동통계청에서 숨겨진 실업자를 측정하기 위해 집계하는 여러 통계자료에 포함되어 있다. 이 경우, 이들은 좀더 많은 일자리가 창출된다면 다시 구직활동을 시작할 것으로 보이기 때문에 '구직 단념자'의 범주에 들어간다. 구직 단념자란 일자리 부재 등 노동시장과 관련된 이유로 인해 구직활동을 하지 않는 사람을 뜻한다.[2]

그러나 매월 집계되는 구직 단념자의 수는 "수백만"에 이르기는커녕 50만 명도 채 되지 않는다. 게다가 실업률이 비슷한 수준에 머물렀던

1997년 초 전체 노동인구 대비 구직 단념자의 비율(0.3퍼센트)과 비슷한 수준이다.[3] 숨겨진 실업자의 범위를 좀더 넓게 잡아 일자리를 원한다고 대답하는 한계근로자, 비자발적인 파트타이머를 모두 포함한다고 해도 달라질 것은 없다. 한계근로자나 비자발적인 파트타이머를 기준으로 계산을 한다 하더라도 통계적인 착시 현상으로 인해 실업률이 낮게 나타난다는 주장을 뒷받침할 수 있을 만큼 비정상적인 추세의 변화를 찾아내는 것은 불가능하다.

뿐만 아니라, 공식 실업률은 지난 2년 동안 꾸준히 하락해왔다. 크루그먼의 주장처럼 수백만 명의 숨겨진 실업자가 실제로 존재한다면, 이들은 왜 아무런 대응도 없이 가만히 숨어 있는 것일까? 크루그먼은 실업률이 하락한다는 사실에 대해 강한 의심을 품고 있다. 크루그먼은 막강한 동지를 얻은 것 같기도 하다. 보스턴 연방준비은행이 한 보고서를 통해 크루그먼의 주장에 힘을 실어준 것이다.

다음은 2005년 7월 18일자 《뉴욕 타임스》에 실린 크루그먼의 칼럼 일부다. "정부에서 발표하는 실업률에 문제가 있다고 주장하는 경제학자들은 보스턴 연방준비은행의 경제학자 캐서린 브래드버리가 최근 발표한 한 보고서에 관심을 기울이고 있다. 캐서린은 **수백만 명의 미국인**이 노동인구에 **포함되어 있어야 함**에도 불구하고 사실은 그렇지 않다고 설명하고 있다."[4]

브래드버리가 발표한 「미국 경제 내의 유휴 인력 : 지금과 같은 경기 사이클에 걸맞지 않은 더딘 노동인구 참여율 회복 추세」라는 보고서에서는 여러 가상 시나리오하에 미국의 노동인구 참여율을 이전 수준으로 회복시키기 위한 유휴 인력의 규모를 추정하고 있다. 브래드버리의 주장은 다음과 같다. "160만에서 510만 명 정도가 더 노동인구에 유입되어야 한다. 이들이 노동인구에 편입된다면 실업률이 **1~3퍼센트 정도** 증가할 것이다."[5]

또다시 엄청난 수치가 등장했다.

영국의 유명 주간지 《이코노미스트》도 브래드버리의 보고서에 많은 관심을 보였다. 《이코노미스트》에서는 브래드버티의 보고서 내용을 경제 이론 및 연구를 대상으로 하는 특집 연작 기사 「경제학 포커스」의 주제로 삼았다.

5장의 주제는 3, 4장과 마찬가지로 '지난 몇 년간 실업률이 낮게 나타난 것에는 아무런 문제가 없다'는 것이다. 5장에서는 공식 실업률의 신빙성을 떨어뜨리기 위해 노동인구 참여율이라는 것을 어떻게 이용하고 있는지 좀더 자세히 살펴보고 노동통계청에서 제안하는 각 용어의 개념을 좀더 깊이 파고들 것이다. "단념"이라는 것이 뜻하는 바는 무엇일까? 왜 노동통계청에서는 실업률을 측정하기 위한 여섯 가지 방식을 **노동력 불완전 활용지표**라고 부르는 것일까?[6]

보스턴 연방준비은행의 보고서를 살펴보기 전에 먼저 《이코노미스트》의 기사를 먼저 살펴보자.

구직 단념자에 대한 오해

크루그먼이나 브래드버리와는 달리, 2005년 7월 28일자 《이코노미스트》에 "경제학 포커스 : 이것이 바로 중요한 것이다"라는 제목의 글을 기고한 필자는 (《이코노미스트》는 기사를 쓴 사람의 이름을 밝히지 않았다) "구직 단념자"에 대해 언급했을 뿐 아니라 이들로 인해 노동인구 참여율이 떨어진다고 주장했다. 이 글의 저자는 주장을 펼쳐나가는 과정에서 실수를 했다.

다음은 2005년 7월 28일자 《이코노미스트》에 실린 기사에서 발췌한
내용이다.

구직활동이라는 것은 풀타임의 노동을 필요로 한다. 수많은 구직자들이 영
원히 직장을 찾지 못할지도 모른다는 절망에 빠져 구직을 포기한다. 경제학
자들이 '구직 단념자'라고 이름을 붙인 이들 중 일부는 동거인이나 배우자의
수입을 통해 생활하고, 일부는 학교로 돌아가기도 하며, 일부는 자격 미달로
인해 정부에서 제공하는 수당을 받지 못한다. 이들은 노동인구에 포함되지
않기 때문에, 실업률을 측정할 때에도 고려의 대상이 되지 않는다.
　대신 이들 구직 단념자들이 증가하면 "노동인구 참여율"이 하락하게 된다.[7]

4장에서 300만 명이라는 숫자를 계산해내기 위해 크루그먼이 사용했
던 방법이 생각나는가? 이 글을 쓴 사람은 크루그먼과 똑같은 계산 방법
을 이용해 "구직 단념자"가 270만 명 이상 증가했다고 주장한다. 노동인
구 참여율이 2001년의 최고치에서 하락하지 않았다고 가정하면, 노동인
구가 270만 명 증가하게 된다. 따라서 노동통계청의 계산에 의하면 전체
구직 단념자 수가 50만 명이 채 되지 않음에도 불구하고 구직 단념자가
270만 명 증가했다는 주장이 나오게 된다.

물론, 이 글의 필자가 노동통계청에서 제안하는 각 개념에 대한 정의
와 계산 방법에 찬성하지 않을 수도 있다. 그러나 그렇다 하더라도 이유
를 설명했어야 마땅하다. 어쩌면, 이 글의 필자는 1967년 이후 노동통계
청에서 어떤 범주의 실업을 어떤 방식으로 추적해오고 있었는지, 1994년
에 가계조사의 질문이 어떻게 수정됐는지 몰랐을 수도 있다. 어떤 경우
라 하더라도, 270만 명이 구직활동을 멈추었다는 이 필자의 주장은 300
만 명이 노동인구에서 빠져나갔다는 크루그먼의 주장보다 더욱 터무니

가 없다. 실제로 계산을 통해 증명 가능한 것은 단 하나, 노동인구 참여율이 2001년 수준을 유지했다면 노동인구가 270만 명 증가한다는 것이다. 그것 말고는, 즉 비정상적으로 많은 사람들이 (1) 어떤 이유에서 (2) 노동인구에서 벗어나기로 선택을 하거나 애당초 노동인구에 유입되지 않는 쪽을 선택했다는 주장을 설명할 수가 없다.

　뿐만 아니라 노동통계청에서 제안하는 단념—좀더 보편적인 용어로 표현하자면 숨겨진 실업—의 정의를 사용하지 않고서는 이 기사의 도입 부분에 등장하는 질문에 답을 할 수 없다. 이 기사는 다음과 같은 질문으로 시작된다. "실업률을 측정할 때 510만 명의 미국인들은 제외된 것인가?" 필자는 노동인구에 포함되지 않은 사람들의 경력 여부에는 관계 없이 노동인구에 유입되고자 하는 욕구가 어느 정도인지를 조사하여 "실업률 측정에서 제외되었을지도 모를 사람들"이라는 새로운 항목을 만들어냈다. 《이코노미스트》의 정의에 의하면 "동거인이나 배우자의 수입을 통해 생활"하거나 "학교로 돌아가"거나 "자격 미달로 인해 정부에서 제공하는 수당을 받지 못"하게 된 비노동인구가 셀 수 없이 많다. 그러나 이런 식으로 비노동인구에 포함되는 사람들이 일자리를 원하냐는 질문에 "그렇다"라고 대답을 하지 않는다면 이들은 노동인구에 유입되기를 원한다고 볼 수 없다. 만약 이들이 지난 1년 동안 일자리를 찾아왔으며 지금 당장 새로운 일을 시작할 준비가 되어 있다면—지난 한 달 동안 "노동시장과 관련된 이유"로 구직활동을 하지 않았다 하더라도—노동인구에 편입되고자 하는 후보로 여겨질 수 있으며 "구직 단념자"로 볼 수 있다.

　"단념"으로 인해 노동인구 참여율이 하락하고 있는 연령대에 대해서 생각해보자(《이코노미스트》에 의하면, 25세에서 54세에 이르는 남성 인구의 노동인구 참여율 하락은 이 연령층의 "단념"을 반영하고 있다). 이들 핵심연령 계층 남성의 노동인구 참여율은 1960년 97.0퍼센트에서 2000년 91.6퍼센트로 하락했다. 앞서 설명한 것과 같은 방식으로 계산을 해보자. 만일 2000년의 노동인구 참여율이 1960년과 같은 수준이었다면, 2000년의 노동인구는 320만 명 증가한다. 2000년에는 일자리가 넘쳐났고 《이코노미스트》를 포함해 그 어떤 매체에서도 구직 단념에 관한 기사를 발표하지 않았다. 2000년 당시, 노동통계청에서는 구직 단념자의 수가 25만 명이라고 발표했고, 25만이라는 숫자도 상당히 많게 느껴졌었다. 그러나 《이코노미스트》의 주장대로라면 2000년 당시 노동통계청에서 발표한 25만 명의 구직 단념자 외에 또 다른 320만 명의 사람들이 구직을 단념한 상태였다는 의미가 된다.

노동통계청의 경제학자 제이 스튜어트가 발표한 연구 보고서 「일을 하지 않는 남성들은 무엇을 할까?」를 보면 《이코노미스트》의 주장이 얼마나 터무니없는지 잘 알 수 있다.

우리는 다음과 같은 사실들을 잘 알고 있다. 일을 하지 않는 남성들은 일을 하는 남성들에 비해 결혼을 하지 않고 혼자 살거나 친척들과 함께 사는 경우가 많으며, 일을 하는 남성들에 비해 정부로부터 더 많은 생활 보조비를 지급받으며, 나이가 들어감에 따라 근로활동이 아닌 다른 경로를 통해 벌어들이는 수익이 증가하고, 일을 하지 않는 남성이 있는 가구 내에서 해당 남성을 제외한 가구 구성원들이 벌어들이는 소득은 전체 가구 수입의 52퍼센트를 차지한다(전체 표본 평균은 31퍼센트).[8]

스튜어트는 일을 하지 않는 남성은 하루 일과 대부분을 "여가 활동과 자신을 위한 활동"에 소비한다는 것을 발견했다.

그러나 스튜어트는 이들 일을 하지 않는 남성들을 **구직 단념자**로 분류하지도 않고 **숨겨진 실업자**의 일부로 간주하지도 않는다. 그 이유가 무엇일까? 스튜어트는 구직 단념자나 숨겨진 실업자에 포함되기 위해서는 최소한 노동인구에 유입되고자 하는 욕구가 있어야 한다는 사실을 잘 알고 있었기 때문인 듯하다.

다음은 《이코노미스트》에서 발췌한 기사의 일부다. "과거에 경제가 회복세에 접어들었을 때에는 거의 대부분의 **구직 단념자**들이 일자리 증가 및 급여 상승에 고무되어 용기를 내어 노동인구에 재유입되고자 했다. 이번 경기 회복은 어떻게 다른 것일까? 브래드버리는 **구직 단념자**를 연령 및 성별로 분류하여 심층 분석을 실시했다."

그러나 실상은 달랐다. 브래드버리는 구직 단념자를 심층 분석하는 데 실패했다.

유휴 인력이 아무런 의미가 없을 때

브래드버리는 노동인구 참여율 하락을 "미국 경제 내의 유휴 인력"과 결부시킴으로써 실수를 저지르고 말았다.

일반적으로 공장이나 기기에 대해 "유휴" 설비라고 표현할 때에는, 현재 가동되지 않고 있는 공장이나 기기가 반드시 사용되어야 한다는 의미가 담겨 있다. 그러나 자유로운 개체인 사람에 대해 어떻게 똑같은 개념을 적용할 수 있겠는가. 물론, 브래드버리가 모든 노동가능인구가 노동에 참여해야 한다고 주장한 것은 아니다. 그러나 브래드버리는 노동인구에 유입되고자 하는 과거의 결정이 2005년의 인구와도 관련이 있다는 가정하에 노동인구 "부족분"을 산출했다. 과거의 인구 구성원과 현재의 인구 구성원은 결코 같은 사람들이 아니다. 뿐만 아니라 인구 구성이 전혀 변하지 않았다 하더라도 노동인구가 되겠다는 결정은 자발적인 것이기 때문에 언제든지 변할 수 있다.

따라서 **유휴** 인력이라는 브래드버리의 표현은 아무런 의미를 갖지 않는다. 오히려 노동통계청에서 발표하는 '노동력 불완전 활용지표'를 이용했더라면, 브래드버리의 주장이 좀더 그럴듯해졌을지도 모른다. 노동통계청의 노동력 불완전 활용지표는 일을 하고자 하는 의지를 표현한 사람들을 대상으로 측정하는 것이기 때문에, 공식 실업률을 나타내는 U-3이건, 구직 단념자를 포함하는 U-4이건, 한계근로자를 포함하는 U-5이건, 풀타임 근로를 원하는 파트타이머를 포함하는 U-6이건, 일자리를 원한다고 응답한 사람들을 포함하는 U-7이건 노동력 불완전 활용지표를 바탕으로 노동력이 **충분히 활용되지 못하고** 있다고 주장했다면 아무런 문제가 없었을 것이다.[9]

그랬더라면 보고서의 제목을 "미국 경제 내의 유휴 인력"으로 짓는 대신 "미국 경제 내에는 유휴 인력이 거의 또는 전혀 없다"라고 짓게 되었을 것이다.

브래드버리의 보고서는 2005년 7월에 발표되었다. 미국의 공식 실업률(U-3)은 2003년 분기별 최고 기록이 6.1퍼센트이던 것에서 2005년 2분기 5.1퍼센트로 하락했다. U-4, U-5, U-6, U-7 모두 동기간 같은 추세로 하락했다. 구직 단념자를 포함하는 U-4는 같은 기간 동안 6.4퍼센트에서 5.4퍼센트로 떨어졌다.

브래드버리는 1990년대 이후의 저조한 노동인구 참여율이 미국 경제 내 유휴 인력에 미친 영향에 대해 많은 관심을 갖고 있었다. 공식 실업률(U-3)이 문제의 본질을 흐린다고 생각한다면, 1990년대에서 공식 실업률이 사실상 거의 같은 해를 찾아서 다른 지표의 수준을 비교하는 것이 의문을 해결하기 위한 좋은 방법이 될 수 있다. 1997년 2분기와 비교해보

2분기	U-3	U-4	U-5	U-6	U-7
2005년	5.1	5.4	6.0	9.0	8.4
1997년	5.0	5.2	5.9	8.9	8.6

주 : 숫자는 퍼센트

자(도표 5-1참조). 2005년 2분기의 공식 실업률은 1997년 2분기에 비해 0.1 퍼센트 높을 뿐이다. 그렇다면 다른 지표들은 어떨까?

도표 5-1을 살펴보면 U-4만 1997년 수준보다 0.2퍼센트 높을 뿐이다 (물론, 반올림의 영향도 있다). 브래드버리의 방식괘로 계산을 한다면 U-4 가 어떻게 달라질지 생각해보자. 가계조사 결과를 보면 1997년 2분기에 는 35만 7,000명이던 구직 단념자의 숫자가 6만 3,000명 증가하여 2005 년 2월에는 42만 명이 되었다고 나와 있다. 그러나 2005년 2분기의 노동 인구 참여율이 1997년 2분기 수준이었다면, 노동인구가 230만 명 증가 하게 된다. 이 230만 명이 모두 구직 단념자라면 U-4는 5.4퍼센트가 아 니라 6.8퍼센트가 된다.

이 계산 방식이 옳다면 6.8퍼센트라는 수치는 공식 실업률에는 드러나 지 않지만 노동력이 심각한 수준으로 덜 활용되고 있다는 명확한 징후가 될 수 있다. 뿐만 아니라 미국 경제 내에 유휴 인력이 넘쳐난다는 브래드 버리의 주장에도 타당성이 생긴다.

순환 결정론

왜 브래드버리는 이와 같은 방식으로 유휴 인력을 정의했을까? 가장 큰 원인은 바로 순환 결정론이다.

물론 일부 경제 흐름은 생산량의 증가나 감소와 같은 경기순환과 관련된 요인에 많은 영향을 받는다. 이 경우, 현재의 경기순환이 지속된다는 가정하에 현재의 흐름이 어떤 형태를 띠고 있어야 한다든가 앞으로 어떤 방향으로 나아가야 옳다든가 하는 식의 주장이 가능하다. 그렇다면 노동인구 참여율이 경기순환에 의해 영향을 받는 경제 흐름 중 하나일까? 노동인구 참여율은 경기순환의 영향을 받는다. 경기가 확장 국면에 접어들면 일자리 증가에 힘입어 더 많은 사람들이 노동인구에 유입되며 이미 노동인구에 유입되어 있는 사람들도 기존의 퇴직 계획을 연기하기 때문에 노동인구 참여율이 증가하는 경향이 있다. 한편 경기가 하강 국면에 접어들면, 반대의 현상이 발생한다.

그러나 지금까지는 경기순환이 아니라 구조적 변화가 노동인구 참여율에 더 큰 영향력을 발휘해왔다. 앞으로도 구조적인 변화가 더 큰 영향력을 발휘할지는 누구도 예측할 수 없다. 앞서 핵심연령 계층의 남성 노동인구 참여율의 장기적 하락에 대해 언급한 내용을 떠올려보자. 최근 들어 16세 이상 24세 이하의 노동인구 참여율은 1970년대 초 이후 가장 가파른 속도로 하락하고 있으며 언제 다시 증가하게 될는지 그 누구도 예측할 수 없다.

핵심연령 계층 여성 인구의 노동인구 참여율의 변화는 좀더 흥미롭다. 핵심연령 계층 여성 인구의 노동인구 참여율은 1950년대 이후 꾸준한 증가세를 보였지만 1990년대에 들어서자 증가 속도가 더뎌지기 시작하였으며 1997년에는 마침내 증가세에 종지부를 찍게 되었다. 놀라운 현상이었다. 과거의 기록을 살펴보면 불황이 지속되는 동안, 또는 불황이 끝난 직후에 노동인구 참여율의 상승세가 둔화되거나 멈춘 반면 경기가 호황일 때에는 항상 노동 증가율이 치솟았다. 1997년이라면 1960년대 말 이후 미국 노동시장이 가장 급성장하던 시기 중에서도 성장세가 최고조이던 때였다.

핵심연령 계층 여성 인구의 노동인구 참여율이 증가세를 지속하지 못한 원인은 구조적인 변화가 경기순환의 변화를 능가할 만큼 지대한 영향력을 지녔기 때문이었다. 연령을 좀더 세분화해서 살펴보면 연령이 낮아질수록 증가세의 둔화가 강하게 드러난다는 것을 알 수 있다. 이는 곧 젊은 여성들이 경력을 쌓아가는 데 있어 나이가 많은 여성들과는 다른 선택을 했음을 의미한다.

어떤 경우든, 추세가 어떻게 변화할지 예측하려는 시도는 너무도 무모하다. 그러나 브래드버리는 그 시도를 했다.

브래드버리는 "노동인구 참여율의 회복 정도가 정상 수준보다 낮은 까닭이 **경기순환과 관련된** 만큼, 새로운 노동자들이 **향후 몇 주 또는 몇 달** 내에 노동인구에 유입될 것으로 예상된다"고 기록하고 있다. 브래드버리는 얼마나 많은 새로운 노동자가 노동인구에 유입될지 좀더 명확하게 밝히기 위해 다음과 같이 덧붙였다. "노동인구에 유입 또는 재유입될 **상당수의** 잠재 노동자들이 실업률에는 반영되지 않는 **유휴 인력**이라고 볼 수 있다."[10]

과거의 기록을 살펴보면 브래드버리가 경기순환 요인이 미치는 영향을 지나치게 과대평가했다는 사실을 알 수 있다.

1990년대의 연간 노동인구 참여율 최대 증가치는 0.5퍼센트였다. 1980년대의 연간 노동인구 참여율이 최고로 증가한 때는 1986년이었다. 베이비 붐의 끝자락이던 1986년, 노동인구 참여율이 0.8퍼센트 증가했다.[11] 브래드버리는 당시 경기순환의 영향에 따라 노동인구 참여율이 사실상 0.7~2.2퍼센트 가량 증가할 것으로 예측했다.

브래드버리가 보고서를 발표한 지 8개월여가 흐른 후에도, 노동인구 참여율에는 아무런 변화가 없었다.[12] 물론, 이미 지난 시간을 되돌아보는 것은 미래를 예측하는 것보다 훨씬 쉽다. 그러나 브래드버리가 보고서를 내놓을 당시에는 미래에 나타날 일을 예측하는 것이 과거에 일어났던 일을 돌아보는 것만큼이나 쉬웠을 수도 있다.

브래드버리는 분명히 노동인구 참여율이 정상 수준보다 낮은 원인이 경기순환으로 인한 것이라고 설명했다. 만일 구조적인 요인으로 인해 노동인구 참여율이 정상 수준보다 낮을 수도 있다는 가능성을 심각하게 고려했다면, 브래드버리가 제안한 여러 시나리오 중 적어도 하나 정도는 노동인구 참여율이 변하지 않을 수 있다는 예상을 내놓았어야 마땅하다. 그러나 브래드버리가 내놓은 여러 시나리오 중에 이런 가능성이 언급된 것은 단 하나도 없었다.

그러나 브래드버리와 크루그먼은 경기순환과는 아무 관계가 없는 한 가지 추세에 대해 아무런 의문도 제기하지 않고 너무도 당연하게 받아들였다. 그 추세는 바로 2001년부터 2002년까지의 경기 하락에도 불구하고 증가세를 나타낸 55세 이상 인구의 노동인구 참여율이다. 이들은 경기순환에도 불구하고 55세 이하 인구의 노동인구 참여율이 회복되지 않았다는 점에 대해서만 의문을 제기했을 뿐이다. 이처럼 모순된 태도를 보이는 크루그먼이 다양한 추세들을 어떻게 이해했는지 살펴보자. 크루그먼은 노동인구 참여율이 하락한 이유는 일자리의 존재 여부와 상관이 없다는 낙관적인 주장에 대해 다음과 같이 설명하고 있다.

브래드버리 박사의 연구 결과도 일맥상통한다. 브래드버리 박사는 각종 데이터를 자세히 살펴보면 미국의 노동시장에 대한 낙관적인 견해는 설 자리가 없다는 것을 보여준다. 사실 미국의 노령층, 특히 노령의 여성들의 경우, 과거에 비해 일을 하고자 하는 성향이 강해진 만큼 지난 4년 동안 노동인

구 참여율이 떨어지는 대신 **증가했어야만 한다.**[13]

워싱턴 연방준비위원회의 경제학자들이 2006년 3월 같은 주제에 대해 발표한 보고서는 브래드버리의 보고서와는 다른 견해를 보여준다. 보고서의 저자들은 다음과 같이 설명한다. '성인 여성의 노동인구 참여율은 30년 동안 증가세를 지속했으나, 증가 속도가 둔화되었다. 반면 성인 남성의 경우 과거에 비해 노동시장에 진입하고자 하는 경향이 약해지고 있다. 십대와 청년층은 과거에 비해 학업에 치중하는 기간이 늘어났으며 재학 여부와 관계 없이 노동시장에 유입되고자 하는 욕구 자체가 약해지고 있다."[14]

이 보고서의 결론은 다음과 같다. "2001년의 불황기 동안, 또는 불황이 끝난 직후에 노동인구 참여율이 하락한 주원인은 경기 사이클이라고 볼 수 있다. 그러나 이후에도 노동인구 참여율이 지속적으로 하락하고 2005년에는 경기 회복에도 불구하고 노동인구 참여율이 회복되지 않은 이유는 구조적인 요인이 크다고 볼 수 있다."[15]

이 보고서의 내용은 브래드버리의 보고서와 사뭇 다르지 않은가. 그러나 앞으로 어떤 일이 발생할지는 그 누구도 예측할 수 없다.

230만 명의 실업자가 더 있을까?

마지막으로, 브래드버리의 예측대로 노동인구가 갑작스럽게 증가했다고 생각해보자. 노동인구의 증가가 대부분 실업자의 증가로 나타나게 될까?

노동경제학자 로렌스 캐츠와 앨런 크루거는 1999년 5월에 발표한

"1990년대 미국 노동시장이 직면한 문제"라는 보고서에서 1998년에 실업률이 4.5퍼센트라는 놀라운 수준을 기록하게 된 특별한 원인이 있는가 하는 질문을 던졌다.[16] 노동인구의 고령화가 주원인이었다. 이들은 노동인구의 구성이 1980년대 중반과 같다면 실업률이 4.9퍼센트로 증가했을 것이라는 결론을 내렸다.

이들은 같은 기간 동안 수감자의 수가 100만 명 늘어난 것에 대해서도 관심을 보였다. 만일 수감자들이 모두 석방된다면 실업률이 얼마나 증가할지 계산하기 위해, 먼저 전체 수감자 중 60만 명이 노동인구가 된다는 가정을 세웠다. 그런 다음, 노동인구가 된 수감자 중 38퍼센트(약 23만 명)가 직장을 구하지 못하고 62퍼센트(약 37만 명)가 일자리를 찾게 될 것이라고 가정했다.[17] 이 계산을 바탕으로, 캐츠와 크루거는 실업률이 0.2퍼센트 증가할 것이라는 결론을 내놓았다.

그러나 캐츠와 크루거가 미처 생각지 못한 부분이 있다. 그것은 바로 노동인구가 60만 명 증가하면 실업자의 수도 60만 명 증가한다는 사실이다. 노동 공급이 증가하면 실업이 증가한다. 그러나 자유의 몸이 되지 않았다면 감옥에 있었을 사람들의 입장에서는 이전에는 존재하지도 않았던 37만 개의 일자리가 생겨난 셈이다.

반대로 브래드버리 박사는 법규를 준수하며 살아가는 일반인들이 노동인구에 포함된다 하더라도 이들이 모두 그대로 실업자가 된다고 가정한다.

만일 노동인구 참여율이 66.1퍼센트가 아니라 67.1퍼센트 수준이라면—1997년에서 2000년 중 최고치—노동인구도 230만 명 늘어난다. 이 중 얼마나 많은 사람들이 고용 상태일까? 쉽게 설명하자면, 캐츠와 크루거의 보고서에 나오는 수감자보다는 많은 사람들이 고용될 것이다. 과거의 기록을 바탕으로 생각해 볼 때 이들 중 대부분이 일자리를 찾을 수 있을 것이다.

영향력이 어느 정도인지 파악하기 위해 12개월에 걸쳐 노동인구가 증가했다고 생각해보자. 일반적인 평균 인구 증가 수준(160만 명)에 증가한 노동인구 230만 명을 더하면, 노동인구가 2.6퍼센트 늘어나게 된다.

과거에도 이 정도 수준으로 노동인구가 늘어난 적은 거의 없다. 1948년 이후 56년 동안 노동인구는 2퍼센트에서 3.3퍼센트 수준 내에서 15회 증가했다.[18] 이 중 12번은 실업률이 변화하지 않았거나 줄어들었다. 나머지 세 기간에는—1970년, 1974년, 1975년—실업률이 증가했다. 그러나 해당 기간에는 미국 경제가 이미 불황에 접어든 상태이거나 회복하지 못하고 있는 상태였었다.

따라서 환경적 요인이 비슷하지 않은 상황에서 단지 노동 공급이 증가했다고 해서 실업률이 증가할 것으로 생각하는 것은 무리가 있다.

그러나 16~24세의 청년층이 노동인구에 새로이 유입되는 전체 인구에서 차지하는 비중이 비정상적으로 낮은 것을 볼 때 이들이 평균보다 높은 실업률로 인해 어려움을 겪고 있는 것 같다. 따라서 캐츠와 크루거가 관심을 보였던 특수한 분야의 실업률은 늘어날 수도 있을 것 같다.

6장

고용률은 무엇을
의미하는가

크루그먼은 이렇게 기록하고 있다. "현 상황을 가장 잘 표현해주는 지표를 하나만 꼽으라면 그것은 바로 직업을 갖고 있는 성인의 비율이 아니겠는가."[1] 크루그먼이 주장하는 현 상황이라는 것은 물론 악화되고 있는 미국의 노동시장을 뜻한다. (크루그먼은 2004년 7월 6일자 《뉴욕 타임스》에 실린 칼럼에서 "여전히 일자리를 구하기는 어렵고, 희망은 보이지 않는다"고 적고 있다.) 그러나 크루그먼의 주장대로 "직업을 갖고 있는 성인의 비율" 또는 "고용률" 하나만을 절대적인 지표로 여기면 미국 노동시장의 현황을 잘못 이해하게 될 수도 있다.

6장의 목표는 앞서 살펴보았던 장기 실업, 숨겨진 실업자, 노동인구 참여율 등에 대한 크루그먼을 비롯한 일부 전문가들이 갖고 있는 잘못된 믿음과는 상관 없이 지난 몇 년 동안 실업률이 상대적으로 낮게 나타난 것에는 아무런 문제가 없다는 점을 다시 한 번 강조하는 것이다. 6장에서는 매체에 자주 등장하는 고용률에 대해서 다룰 것이다. 사실, 현재 미국 경제의 모습을 설명하기에 고용률이라는 개념은 충분치 않다. 고용률은 가계조사에서 발표하는 두 개의 서로 다른 지표, 노동인구 참여율과 실업률을 더한 개념이라고 볼 수 있다. 노동인구 참여율이 하락하거나 실업률이 증가할 때, 또는 두 가지 변화가 동시에 발생할 때, 고용률이 떨어질 수 있다. 두 개의 요인이 어떤 영향을 미쳤는지 정확하게 분석해내기 전에는 고용률 자체가 큰 의미를 갖지 않는다.

고용률의 개념을 좀더 명확하게 이해하기 위해 두 개의 동심원으로 이루어진 도형을 생각해보자. 두 개의 원 중 바깥쪽에 있는 크기가 큰 원은 민간 인구를 나타내고 크기가 작은 원은 민간 노동인구, 즉 노동인구 참여율을 나타낸다. 민간 노동인구를 나타내는 원은 덩치가 큰 조각, 즉 '고용'과 상대적으로 크기가 작은 조각 '실업'으로 나누어져 있다.

자발적인 의지와는 상관 없이 군인이나 수감자가 아니며, 수감 기관에 수용되어 있지 않은 16세 이상의 인구는 민간 인구에 포함된다. 민간 노동인구에 포함되기 위한 조건은 좀더 까다롭다. 노동인구가 되고자 하는 사람들은 일자리를 원하는 사람들이다(물론, 실업자가 될 가능성도 완전히 배제할 순 없다).

자, 노동인구의 규모 및 실업/비실업자의 비율에는 변화가 없는데 노동인구의 규모에 비해 인구의 규모가 상대적으르 좀더 커지는 경우를 생각해보자. 전체 인구에서 노동인구가 차지하는 비중, 즉 노동인구 참여율이 떨어지게 된다. 그러나 실업자 수와 전체 노동인구에서 실업자가 차지하는 비중, 즉 실업률에는 변화가 없다. 직업이 있는 사람의 수도 그대로다. 그러나 전체 인구가 증가했기 때문에, 전체 노동인구 대비 일자리가 있는 사람의 비중이 아닌, 전체 인구 대비 일자리가 있는 사람의 비중은 떨어지게 된다.

이번에는 전체 인구와 노동인구는 변함이 없다고 가정하고 노동인구 내에서 실업자의 비중이 증가하는 경우를 생각해보자. 이 경우, 노동인구 참여율은 변하지 않지만 실업자의 수와 실업률은 증가하게 된다. 게다가, 일자리가 있는 사람의 수가 줄어들었기 때문에 고용률이 줄어든다 (아래의 설명 참조).

노동인구 참여율, 실업률, 고용률:사례 연구

첫 번째 시나리오에서는, 고용률은 하락하나 실업률에는 변화가 없다. 두 번째 시나리오에서는, 고용률은 상대적으로 적게 하락하나, 실업률이 증가한다.

첫 번째 시나리오에서는, 전체 민간 인구와 민간 노동인구가 각각 30, 20이며 노동인구 중 일자리가 있는 사람이 19이고 일자리가 없는 사람이 1이다. 그러나 정해진 기간이 지나고 두 번째 기간에 접어들었을 때, 전체 민간 인구는 32로 증가하고 나머지 항목에는 변화가 없다.

시나리오 1

	기간	
	1기	2기
민간 인구	30	32
민간 노동인구	20	20
일자리가 있는 사람	19	19
일자리가 없는 사람	1	1

이 경우, 실업률은 5퍼센트 수준으로 변하지 않는다(1/20). 그러나 전체 민간 인구의 증가로 인해 고용률은 63.3퍼센트(19/30)에서 59.4퍼센트(19/32)로 떨어진다.

두 번째 시나리오에서는, 전체 민간 인구와 민간 노동인구에는 변화가 없는 대신, 실업자의 수는 1에서 2로 증가하고 일자리가 있는 사람의 수는 19에서 18로 줄어든다.

시나리오 2

	기간	
	1기	2기
민간 인구	30	32
민간 노동인구	20	20
일자리가 있는 사람	19	18
일자리가 없는 사람	1	2

출처 : 노동통계청

이 경우, 실업률은 5퍼센트(1/20)에서 10퍼센트(2/20)로 증가하고, 고용률은 63.3퍼센트(19/30)에서 60.0퍼센트(18/30)로 떨어진다.

노동자들은 둘 중 어떤 시나리오가 더 바람직하다고 여길까? 실업률의 변화가 없는 첫 번째 시나리오일 것이다. 그러나 고용률의 변화를 가장 중요하게 여긴다면, 고용률이 상대적으로 적게 하락했다는 이유로 두 번째 시나리오를 택해야 한다.

고용률의 변화		
	기간	
	1기	2기
시나리오 1	63.3	59.4
시나리오 2	63.3	60.0

주 : 숫자 단위는 퍼센트

두 경우 모두 고용률이 하락했다. 두 번째 경우에서는 실업률의 증가, 즉 노동시장의 악화가 나타났으며, 첫 번째 경우에서는 노동인구 참여율이 떨어지기는 했으나 두 번째 경우에 비해 노동시장의 악화를 나타내는 징후가 약하게 나타났다. 그렇다면 지난 몇 년간의 노동인구 참여율 하락이 노동자들의 단념을 반영한다고 볼 수 있을까? 앞서 살펴보았듯이, 노동통계청에서 발표하는 데이터 중 그 어떤 것도 이런 주장을 뒷받침하지 않는다.

요약하자면, 노동인구 참여율이 하락하거나 실업률이 증가한 경우, 또는 두 가지 현상이 동시에 나타나는 경우에만 고용률이 하락한다. 고용률의 하락이 노동인구 참여율이나 실업률을 통해 알 수 없었던 노동시장의 환경 변화를 나타내는 것은 아니다. 따라서 고용률이 현 상황을 가장 잘 표현해주는 지표라는 주장은 잘못된 것이다.

일반적 과잉 공급에 관한 오해

고용률과 관련된 객관적이고도 훌륭한 교훈을 얻기 위해 멀리 찾아볼 것도 없이 U.C.버클리 대학의 브래드 드롱 교수의 웹사이트를 살펴보자.

드롱 교수는 "노동시장이 정말로 악화되었다"는 것을 보여주기 위해 '제너럴 글럿'이라는 블로거가 25~64세 남성들의 고용률에 대해 적어놓은 글을 인용하고 있다. 제너럴 글럿이라는 사람의 주장을 살펴보자.

나는 25세에서 64세에 이르는 남성 그룹을 유의해서 살펴볼 필요가 있다고 생각한다. 이들은 시간의 변화와 상관 없이 거의 항상 일자리를 필요로 하며, 교육, **퇴직 기회** 또는 노동인구 참여율 증가라는 사회적 추세 등에 따라 그 수요가 늘어나거나 줄어들지도 않기 때문이다.[2]

제너럴 글럿이라는 블로거는 자신의 주장을 뒷받침할 만한 근거를 좀 더 제시할 필요가 있다. 앞에서 언급했던 것처럼, 노동인구 참여율이 떨어지면 고용률도 하락한다. 그러나 이 연령층의 노동인구 참여율이 정말로 그 어떤 요인으로부터도 영향을 받지 않는다면, 노동인구 참여율의 변화로 인해 고용률이 하락할 가능성도 배제할 수 있다. 남은 한 가지 가능성은 바로 실업률의 증가로 인해 고용률이 하락하는 것이다. 그렇다면 크루그먼의 주장대로 고용률이야말로 노동시장의 현황을 잘 보여주는 유일한 지표라고 볼 수 있다.

그러나 제너럴 글럿의 설명은 충분치 않았다. 제너럴 글럿은 이 연령대의 남성들이 "거의 항상 일자리를 필요로 한다"[3]고 주장하고 있지만, 1950년대 이후 이들의 노동인구 참여율은 매 10년을 주기로 지속적으로 하락해왔다. 만일 제너럴 글럿이 55~64세 남성의 노동인구 참여율이 퇴직의 기회와 무관하게 늘어나거나 줄어들지 않는다고 믿었다면[4], 중요한 설명을 빼먹은 것이 틀림없다. 노동인구 참여율이 가장 많이 하락한 부류가 바로 이들 55~64세의 남성들이다. 이 연령대에서 노동인구 참여율이 하락하는 이유는 다름아닌 '퇴직의 기회'가 증가했기 때문이다. 최근 들어서 퇴직의 기회가 다소 줄어들어 이들의 노동인구 참여율도 증가했다. 그러나 2004년 무렵 55~64세 남성의 노동인구 참여율은 68.7퍼센트로, 25~54세 남성의 노동인구 참여율 90.5퍼센트에 비해 훨씬 낮은 수준이었다.[5]

따라서 드롱 교수가 인용한 제너럴 글럿이라는 블로거가 최근 노동시장이 악화되고 있다는 증거로 이 연령대의 고용률이 하락하고 있다는 점을 지적한 사실에 의문을 품지 않을 수가 없었다. 제너럴 글럿이 인정하고 싶어하지 않을지도 모르지만 우리는 고용률 데이터를 바탕으로 중요한 결론을 얻어낼 수 있었다. 우선 1979년과 2000년의 고용률은 각각 87.1퍼센트, 85.2퍼센트였지만, 2000년 당시 미국의 노동시장 현황은 고용률이 훨씬 낮았던 1979년에 비해 더욱 위축된 상황이었다.[6] 그러나 이 연령대의 남성들을 기준으로 하였을 때 2000년의 실업률이 1979년보다 낮았다. 어떻게 이런 결과가 나올 수 있을까? 물론, 그 대답은 노동인구 참여율도 낮았기 때문이다. 도표 6-1을 보면 1979년과 2000년을 자세히 비교한 결과를 살펴볼 수 있다.

도표 6-1 **25~64세의 남성**

	1979년(%)	2000년(%)
고용률	24.5	28.0
노동인구 참여율	30.1	31.2
실업률	32.6	32.3

출처 : 노동통계청

제너럴 글럿도 1979년이나 2000년 중 어느 해의 노동시장에서 일을 할지 직접 선택할 수 있는 기회가 주어졌다면 1979년의 노동시장을 택했

116

을지도 모른다. 그러나 과거로 돌아갈 수는 없는 노릇이니 대부분의 사람들은 2000년의 노동시장을 선택할 가능성이 크다. 2000년의 실업률이 더 낮은 만큼 실업 상태가 될 위험이 적다는 결론을 내릴 수 있기 때문이다. 크루그먼은 2000년 무렵의 미국 경제를 두고 완전고용 운운하며 열광적인 지지를 보내던 사람이 아니었던가. 그러니 제너럴 글럿의 주장에 반대할 이유가 없다.

노동시장은 더 이상 악화되지 않을까?

자, 다시 드롱 교수와 크루그먼에 대해 생각해보자.

드롱 교수는 제너럴 글럿의 글을 인용하고 며칠이 지난 후에 최신 고용률 자료를 인용했다. 해당 자료에는 지난 1년 동안 고용률의 변화가 없었다는 내용이 담겨 있었다. 드롱 교수는 고용률의 변화가 없다는 것을 "적어도 노동시장이 더 이상 악화되지는 않고 있다. 좋은 소식이 아닐 수 없다"라고 해석했다.[7]

그보다 열흘 앞선 2004년 7월 6일자 《뉴욕 타임스》에 기고한 칼럼에서 크루그먼도 비슷한 주장을 펼쳤다.[8] "지난 2003년 8월, 고용률이 62.2퍼센트로 떨어졌으며 2004년 6월 고용률이 62.3퍼센트로 조금이나마 증가했다. 여전히 일자리를 찾기는 어렵고 일자리 창출이 획기적으로 늘어날 것으로 보이지는 않지만 노동시장의 상황이 조금이나마 개선된 것은 틀림없다."[9]

그러나 앞서 설명하였듯이 고용률 하나만으로 노동시장의 현황을 판단할 수는 없다. 고용률을 유일한 지표로 생각하는 사람만이 2004년 6월의 노동시장이 "더 이상 악화되지는 않고 있다"거나 "조금이나마 개선된

도표 6-2 **10개월 동안의 변화**

	2003년 8월(%)	2004년 6월(%)
고용률	62.2	62.3
노동인구 참여율	66.2	66.0
실업률	6.1	5.6

출처 : 노동통계청

도표 6-3 **10개월 동안의 변화**

	2003년 8월(%)	2004년 6월(%)
U–3	6.1	5.6
U–4	6.4	5.9
U–5	7.1	6.5
U–6	10.2	9.6

출처 : 노동통계청

것은 틀림없다"라는 주장을 펼칠 수 있다. 실업률의 하락 정도를 볼 때 (도표 6-2 참조), 고용 현황은 상당히 개선되었다는 결론을 내릴 수 있다.

그렇다면 노동인구 참여율의 하락은 어떻게 설명할 것인가? 노동통계 청에서 지속적으로 발표하는 기타 실업 지표가(U–4: 구직 단념자, U–5: 한 계근로자, U–6: 비자발적인 파트타이머) 나타내는 실업률은 많이 줄어들었다 (도표 6-3).

2004년 6월의 기타 실업 지표들을 공식 실업률이 2004년 6월과 같은 5.6퍼센트 수준이었던 1995년의 기타 실업 지표들과 비교해보자(도표 6-4 참조).

1995년의 결과와 비교해봤을 때, 2004년 6월의 노동시장 현황은 1995

118

	1995년(%)	2004년 7월(%)
U−3	5.6	5.6
U−4	5.9	5.9
U−5	6.7	6.5
U−6	10.1	9.6

출처 : 노동통계청

도표 6-5 **이런 일이 일어날 수도 있다**

	1995년(%)	2004년 6월(%)
U−3	5.6	5.6
U−4	5.9	6.5

년과 같은 수준이거나 오히려 나은 편이다. 위 도표에 나타나는 수치들은 과연 노동시장이 개선되었는가라는 의문에 명쾌한 해답을 준다. 만일 노동인구 참여율이 하락하면 구직 단념자가 최소 100만 명 이상 증가할 수도 있다. 그랬을 경우, 2004년 6월의 구직 단념자의 추이를 반영하는 U−4가 6.5퍼센트로 늘어나 1995년의 U−4에 비해 높아졌을 것이다(도표 6-5 참조).

공식 실업률 U−3와 구직 단념자를 반영하는 U−4 간의 간격이 벌어지는 것은 무언가 문제가 있다는 명확한 증거라고 볼 수 있다. 어쨌든, 그런 일은 일어나지 않았다. 도표 6-4에서 보듯이 2004년 6월의 U−4는 5.9퍼센트였다.

7장
시간당 평균 임금에
관한 논란

2006년 5월 17일, 존 스노우 미국 재무부 장관은 하원 재정위원회에서 "시간당 평균 임금이 증가하고 있습니다. 노동통계청에서 발표하는 보고서를 보면 지난 12개월 동안 시간당 평균 임금이 3.8퍼센트 증가했다는 것을 알 수 있습니다. 이는 지난 5년간 기록되었던 시간당 평균 임금 상승 수준 중 가장 높은 수준입니다"[1]라고 발표했다. 그러자 바니 프랭크 의원은 스노우 장관에게 시간당 평균 임금이 증가하긴 했지만 동시에 인플레이션도 증가하지 않았냐는 질문을 던졌다. 당혹스러워하던 스노우 장관은 인플레이션이 시간당 평균 임금보다 더 빠른 속도로 증가하고 있다는 사실을 인정할 수밖에 없었다. 스노우 장관의 실수는 시간당 평균 임금에 대해 언급을 한 것이다.

나는 이 책에서 노동통계청에서 수년에 걸쳐 개발해낸 고용 지표들을 높이 평가했다. 그러나 7장에서는 시장, 언론 매체, 정치인들이 지대한 관심을 보이는 노동통계청의 주요한 몇몇 지표들의 잘못된 점을 지적하고자 한다. 유용성이 떨어지는데도 불구하고 너무 오랜 기간 동안 버젓이 활용되고 있는 이 지표들은 바로 기업조사의 일환으로 매달 발표되는 '노동 시간과 소득에 관한 데이터'다. 다섯 개의 지표 중 세 개는 개별 노동자를 대상으로 하는 데이터, 즉 노동자 1인당 시간당 평균 임금, 주간 소득, 주간 노동 시간을 기준으로 산출된다. 나머지 두 개의 지표는 전체 노동자를 대상으로 하는 데이터, 즉 전체 소득 및 전체 노동 시간을 기준으로 산출된다.

노동 시간 및 소득에 관한 데이터는 두 가지 매력적인 요인을 갖고 있다. 그 첫 번째는 데이터의 **시의성**이다. 이 수치들은 노동통계청에서 매달 발표하는 보고서에 들어 있기 때문에 매월 첫째 주에 발표되는 데이터가 같은 달 마지막 주에 적용된다. 두 번째 매력 요인은 바로 **상관성**이다. 이 수치들은 미국의 임금 노동자의 실상을 대변한다. 노동통계청에서 매월 발표하는 보고서는 노동 시간 및 소득에 관한 데이터를 거의 항상 인용하고 있다. 뿐만 아니라 수치의 신빙성을 높이기 위해 유명 경제학자의 이름을 언급하기도 한다. 노동통계청에서는 매달 보고서를 발표하기 전, 월가의 분석가들로 하여금 보고서에 들어 있는 네 가지 주요 수치들을 예측해줄 것을 요청한다. 그 네 가지 수치는 바로 (1) 실업률의 변화, (2) 비농업 부문 임금 고용 변화, (3) 시간당 평균 임금의 변화, (4) 주간 평균 임금의 변화다. 경기선행지수에는 제조업 부문의 주간 평균 임금도 포함되어 있다.

데이터에 관한 문제를 파헤치기 위해 가장 좋은 방법은 해당 데이터를 발표한 기관에 대해 살펴보는 것이다.

노동 시간 및 소득에 관한 데이터 발표를
중단하려는 노동통계청

1994년 2월, 노동통계청은 노동 시간 및 소득에 관한 데이터 발표를 중단할 것이라고 발표했다. 노동통계청은 왜 진작에 데이터 발표를 중단하지 않았는지 모르겠다며 노동 시간 및 소득에 관한 데이터의 신뢰성 자체를 무너뜨리는 글을 공지하기에 이르렀다. 노동통계청이 데이터 발표를 쉽게 중단할 수 없는 한 가지 이유는 채권시장을 자극하기를 원치 않기 때문이 아닌가 싶다. 채권시장에서 활동하는 거래자들과 분석 전문가들은 노동 시간 및 소득에 관한 데이터를 필요로 한다.

현재 노동통계청에서 발표하는 소득 부문 데이터는 임금 증가분을 과소평가하고 있어서 신뢰도가 떨어진다. 옳지 않은 데이터를 발표하는 것이 아예 데이터를 발표하지 않는 것보다 더 나쁠 때도 있다. 사실, 노동통계청에서 발표하는 임금 및 급여 관련 데이터 자체에는 아무런 문제가 없다. 노동통계청에서 데이터를 발표하면 상무부 경제분석청에서 임금 및 급여 관련 데이터와 복리후생 데이터를 취합하는데, 이 수치들은 임금 노동자에게만 적용되는 것이 아니라 전체 노동자에게 적용되기 때문에, 시의성도 떨어지고 다른 데이터와의 상관성도 떨어진다.

이 수치들 덕택에 우리는 '어떤 노동자가 급여를 받는가' 하는 8장의 핵심 명제와 관련이 있는 중요한 질문, '지난 몇 년 동안 실업률이 상대적으로 낮게 나타난 것이 임금과 관련이 있는가?'에 대한 답을 찾을 수 있다. 현재 활용 가능한 데이터 중 가장 신뢰할 만한 자료를 보면, 임금과 실업률은 상관관계가 있다.

비관리직 노동자

노동 시간 및 소득에 관한 데이터는 기업조사 내용의 일부다. 기업조사를 실시할 때에는 기업체에 "임금 명부에 등록되어 있는 전체 노동자 수"를 입력할 것을 요구해왔다. 민간 부문 응답자를 대상으로 조사할 때에는 노동 시간과 벌어들인 임금이 얼마인지 물어본다. 그러나 노동통계청의 조사 내용이 바뀌고 있다. 이제 "임금 명부에 등록되어 있는 전체 노동자 수"를 묻는 대신 **"생산직 노동자"**로 정의되는 노동자의 수를 묻는다.

노동통계청에서는 노동 시간 및 소득에 관한 내용이 포함된 보고서를 발표할 때마다 다음과 같은 설명을 곁들이고 있다. "이 데이터는 자원 채취, 광업, 제조업 등에서 일하는 **생산직 노동자**, 건설업에 종사하는 **건설 노동자**, 서비스업에서 일하는 **비관리직 노동자**를 대상으로 한다."[2]

전체 비농업 민간 부문 고용에서 서비스업이 차지하는 비중은 1960년대 중반 60퍼센트 수준이던 것이 현재 80퍼선트 이상으로 증가했다. 따라서 크루그먼이 2005년 8월에 발표한 칼럼에서 "비관리직 노동자의 평균 임금"[3]에 대해 논한 것이나 2005년 12월에 발표한 칼럼에서 "비관리직 노동자의 시간당 평균 임금"[4]에 대하 언급한 것은 아무런 문제가 없다.

그러나 이 데이터를 인용하는 다른 전문가들과 마찬가지로 크루그먼은 **비관리직**의 정의가 무엇인지 설명하지 않았다. 서비스 기업에 근무하는 직원들 역시 비관리직의 정의가 정확히 무엇인지도 모르는 채 조사에 응하게 된다. 서비스업체들은 "비관리직 노동자의 전체 수를 입력"해 달라는 요구를 받는다. 기업조사에서 제공하는 "서류 작성을 위한 지침"에서는 비관리직 노동자를 다음과 같이 정의하고 있다. "비관리직 노동자란 다른 직원들의 업무를 감독하고, 지시하고, 기획하는 일을 주업무로 하는 근로자를 **제외한** 모든 직원을 칭한다."[5]

같은 회사에서 일하는 두 명의 직원이 이 같은 질문을 받았다고 생각해보자. 같은 업무를 하고 있음에도 불구하고 다른 답안을 내놓을 수 있다. 변호사, 회계사, 보험회계사, 과학자, 소프트웨어 엔지니어 등도 다른 직원에게 업무를 지시하지 않는 근로자에 포함된다. 그러나 이들은 다른 직원들의 업무를 기획하지 않는가? 특히 기획부에 배치된 경우라면 얼마나 많은 기획 업무를 담당하겠는가?

한 기업에서 자사에서 근무하는 비관리직 노동자의 수를 정확하게 측정한다 하더라도, 이들의 노동 시간 및 소득을 정확하게 계산하지 못할 가능성이 있다(기업 측에 노동 시간 및 소득에 대한 질문을 한 후 개별 노동자에게도 같은 질문을 한다).

제조업체나 건설업체들은 생산직 노동자 또는 건설 노동자의 정의를 좀더 쉽게 내릴 수 있다. 사실 질문지와 함께 제공되는 작성 지침에서는 생산직 노동자나 건설 노동자의 정의를 명확하게 밝히지 않고 있다. 그러나 "다른 근로자들을 관리할 책임을 맡고 있을 수도 있는 현장 관리자들"도 "이들이 맡은 감독 책임이 주요 업무와 더불어 부가적으로 주어지는 임무라면" 생산직 노동자 또는 건설 노동자로 분류된다는 사실은 명시되어 있다.

또한 질문지에는 회계팀, 광고팀, 법무팀 등에서 일하는 직원들은 "생산직 노동자"로 분류할 수 없다고 기록하고 있다. 제조회사나 건설회사의 경우, 이 규정이 매우 합리적인 것처럼 느껴진다. 그러나 만일 이 업체가 자사에서 처리하던 회계, 광고, 법률 업무 등을 아웃소싱하기로 결정한다면 어떻게 될까? 노동통계청에서 이들 서비스를 제공하는 업체에 질문지를 줄 때에는 비관리직 노동자의 부류를 하나 더 추가해야 하는 걸까?

124

대다수의 응답자들은 이런 경우 질문에 아예 응답을 하지 않는 것을 해결책으로 여긴다. 노동통계청에서 배부하는 질문지를 받았을 때 응답을 하는 응답자는 80퍼센트 정도다. 그렇다면 이들 80퍼센트 중 절반 이상이 비관리직 노동자에 대한 질문에 응답을 하지 않는다면 어떨까?[6]

자료를 완전히 신뢰하는 것은 아니지만 노동 시간 및 소득에 대한 데이터를 제공할 의무가 있는 노동통계청의 통계 전문가들은 특수한 방법을 고안해냈다. 어떠한 방법이 사용되는지 알게 된다면, 데이터의 사용을 꺼리게 될지도 모른다. 먼저 기업조사를 통해 산출되는 일자리의 수는 실직 보험 제도를 통해 집계한 행정 기록을 바탕으로 수정되어 분기별 고용 현황에 발표된다. 이 보고서의 공식 명칭은 **분기별 고용 및 임금 동향**으로, 실직 보험 데이터를 통해 전체 임금 수준을 파악한다. 그러나 직군별로 일자리의 수를 조정하는 것은 불가능하기 때문에 비관리직 노동자의 고용 현황이나 임금 수준을 알 수는 없다. 그러나 '노동 시간 및 소득에 관한 데이터'는 간접적으로나가 영향을 받기 때문에 조정 과정에서 일자리 수가 더 많게 나타나는 경우가 많다. (아래 설명 참조)

기업조사에서는 노동 시간 및 소득 데이터를 어떻게 만들어내는가

이 예시는 노동통계청의 수석 통계학자이자 부서장인 커크 뮐러가 검토한 후 "계산이 정확하다"고 확인해준 것이다.

노동 시간 및 소득에 관한 데이터는 민간 부문에서 일하는 비관리직 노동자와 생산직 노동자를 대상으로 한다. 노동통계청에서는 임금 명부에 올라와 있는 전체 노동자의 수, 이들의 노동 시간, 이들에게 지불되는 전체 임금에 대해 질문을 한다. 그러나 질문 응답률이 낮아서 신뢰도가 떨어지기 때문에 노동통계청의 통계 전문가들은 간접적인 방법을 이용해 데이터를 만들어낸다.

우선 민간 부문에 단 두 개의 산업만이 존재한다고 가정해보자(현실에서는 주요 산업 및 관련 산업의 수를 모두 더하면 수백 개가 넘는다). 노동통계청은 관련 질문에 응답한 기업체의 응답을 바탕으로 세 개의 내표본 추정치를 산출한다. 그 첫 번째가 바로 비관리직 비율이라는 것으로 비관리직 노동자나 생산직 노동자가 차지하는 비중을 뜻한다. 다른 두 가지는 (1) 전체 노동 시간을 비관리직 노동자의 수로 나눈 평균 노동 시간과 (2) 전체 임금을 노동 시간으로 나누어 계산하는 시간당 평균 임금이다.

내표본 추정치가 다음과 같다고 가정해보자.

산업	비관리직 비율	평균 노동 시간	시간당 평균 임금(달러)
A	0.7	30.0	15.00
B	0.8	25.0	20.00

출처: 노동통계청   주: 전체 비노동인구에서 차지하는 비중, 단위는 퍼센트

여기에서 우리에게 필요한 숫자는 각 산업에 종사하는 전체 노동자 수다. A산업의 전체 노동자 수가 10만 명이고 B산업 전체 노동자 수가 20만 명이라고 가정한 후 비관리직 비율을 곱하면, 각 산업에 종사하는 전체 비관리직 노동자의 수를 추정할 수 있다.

$$100,000 \times 0.7 = 70,000$$

$$200,000 \times 0.8 = 160,000$$

각 산업에 종사하는 비관리직 노동자의 수를 찾아냈으니, 나머지 계산도 가능하다. 각 산업의 비관리직 노동자 수에 평균 노동 시간을 곱하면 전체 노동 시간을 산출할 수 있다(전체 노동 시간은 그 자체가 하나의 지표가 된다).

$$30.0 \times 70,000 = 2,100,000$$

$$25.0 \times 160,000 = 4,000,000$$

이번에는 이 두 수를 더해보자.

$$2,100,000 + 4,000,000 = 6,100,000 \text{시간}$$

전체 노동 시간을 전체 비관리직 노동자 수로 나누면 주간 평균 노동 시간을 구할 수 있다.

$$6,100,000 \div 230,000 = 26.5 \text{시간}$$

전체 노동 시간에 내표본의 시간당 평균 임금을 곱하면 전체 소득도 계산할 수 있다(전체 소득도 하나의 지표로 제공된다.).

$$2,100,000 \times 15.0 \text{달러} = 31,500,000 \text{달러}$$

$$4,000,000 \times 20.0 \text{달러} = 80,000,000 \text{달러}$$

두 개를 더해보자.

$$31,500,00 \text{달러} + 80,000,00 \text{달러} = 111,500,000 \text{달러}$$

전체 소득을 전체 노동 시간으로 나누면 시간당 평균 임금을 계산할 수 있다.

$$111,500,00 \text{달러} \div 6,100,000 = 18.23 \text{달러}$$

　마지막으로 시간당 평균 임금에 주간 평균 근무 시간을 곱하면 주
간 평균 임금을 구할 수 있다.

$$18.28달러 \times 26.5 = 484.42달러$$

벤치마킹을 통한 수정

　분기별 고용 및 임금 동향 보고서에서는 비관리직 노동자에 대한
정보를 제공하지 않기 때문에 앞서 설명한 내표본 수치 자체를 수정
하지는 않는다. 그러나 계산 과정 자체가 전체 일자리 수를 기준으
로 하기 때문에 전체 일자리 수가 수정되면 결과에도 많은 변화가
생길 수밖에 없다.

　앞선 예에서 A산업과 B산업에 종사하는 노동자의 수가 각각 10만
명, 20만 명으로 전체 노동자 수는 30만 명이었다. 각 산업의 내표본
비관리직 비율을 바탕으로 계산했을 때, 비관리직 노동자 수는 23만
명이 되었다.

　이 수치가 수정된다 하더라도, 전체 근로자 수는 여전히 30만 명
이라고 가정해보자. 예를 들어 A산업의 경우 2만 명 증가하여 12만
명이 되고 B산업의 경우 2만 명 하락하여 18만 명이 된다. 새롭게
얻어진 수치에 각 산업의 비관리직 비율을 곱해보자.

$$120,000 \times 0.7 = 84,000$$

$$180,000 \times 0.8 = 144,000$$

　전체 비관리직 노동자의 수가 230,000에서 228,000으로 소폭 하
락했을 뿐 아니라, 노동 시간 및 소득 또한 수정되어야 한다.

실제보다 낮게 나타나는 소득 데이터

노동통계청은 2005년 2월 8일 문제 해결을 위해 다음과 같은 자구책을 홈페이지에 공개했다. 노동통계청의 해결 방안은 "생산직 노동자 및 비관리직 노동자의 노동 시간 및 소득 관련 데이터"를 발표하던 관행을 없애는 대신 "**전체 노동자의 노동 시간 및 소득에 대한 데이터(고딕체 원문)**"를 공개하는 것이었다. 이와 같은 의사결정에 대해 노동통계청은 다음과 같이 설명했다.

생산직 노동자 및 비관리직 노동자로 범위가 제한되어 있어서 전반적인 경제 흐름을 분석하는 데 활용하기에 부족한 점이 있다. 또 다른 중요한 한 가지 이유는 생산직 노동자, 비관리직 느동자라는 분류가 정작 응답자에게는 아무런 의미가 없기 때문에 각 분류에 해당되는 노동자의 노동 시간 및 급여에 대한 데이터를 수집하기가 어려워지고 있다는 것이다. 대다수의 응답자들이 생산직/비관리직이라는 기준에 맞추어 급여 기록을 제공하는 것이 불가능하다고 설명한다.[7]

응답자들조차 의미 없다고 여기는 노동통계청의 분류 방식이 과연 우리에게 무슨 의미가 있을까?

노동통계청이 데이터 자체의 문제를 인정하자, 그 동안 발표되었던 소득 관련 데이터가 왜 실제 소득의 증가에 비해 낮게 나타났었는지 이해할 수 있었다. 기존의 분류 방식이 여전히 의미 있다고 믿는 서비스업체들은 일반 직원들에게 스톡 옵션이나 보너스를 제공하기를 꺼리는 경향이 있으며, 전문 학위를 지닌 직원의 고용을 주저한다. 따라서 기업조사가 실시될 때 노동 시간 및 소득에 대한 응답을 꺼리는 기업들은 직원들

도표 7-1 **전체 노동자 대비 비관리직 노동자**(서비스 부문)

	비관리직 비중	
	임금	노동력
1984~1985년	63.3	84.0
1994~1995년	61.7	93.9
2004~2005년	54.9	83.4

출처 : 노동통계청, 경제분석청　　　　　　　주 : 수치는 퍼센트

에게 많은 급여를 주는 업체라 할 수 있다. 즉 평균보다 낮은 급여를 주는 기업들이 서비스업 전체를 대표하는 것처럼 보여지는 것이다. 이는 일시적인 상황이 아니라 지속적인 변화다. 미국 내 전체 고용에서 서비스 부문이 차지하는 비중이 점점 늘어나고 있는 만큼, 평균 이상의 급여를 주는 기업들의 현황이 충분히 반영되지 않는 상황은 점점 악화될 것으로 보인다.

도표 7-1을 보면 이런 의심이 더욱 확고해진다. 어떤 경우라 하더라도, 불평등이 심화되고 있다는 주장은 이 결과들을 모두 설명하기에 충분치 않다. 나는 기업조사에서 발표된 민간 서비스 산업에 종사하는 비관리직 노동자에게 지급된 전체 임금을 계산한 다음 이 금액이 분기별 고용 동향(수당을 포함하지 않음)에서 발표하는 민간 서비스 부문의 전체 급여에서 차지하는 비중을 계산했다.

이 도표를 보면, 1984년부터 1985년까지 서비스 부문에서 비관리직 노동자에게 주어지는 급여는 전체 노동자에게 주어지는 급여의 63.3퍼센트 수준이었다. 그러나 2004년부터 2005년까지의 기간 동안에는 비관리직 노동자가 전체 피고용자에서 차지하는 비중에는 큰 변화가 없었음에도 이들에게 주어지는 급여는 오히려 54.9퍼센트로 하락한 것으로 나

타난다.[8] 같은 기간 동안 서비스 산업의 고용이 전체 민간 부문의 고용에서 차지하는 비중은 점점 증가했으며, 이러한 추세는 지속될 것으로 보인다.

임금과 실업률

임금과 실업률의 변화 추세가 일관성이 있다고 여겨지는가? 바니 프랭크 의원 및 일부 전문가들은 인플레이션에 맞추어 조정한 시간당 평균 임금에 대해 언급하며 두 요인의 변화 추세가 일관성이 없다고 말했다. 나는 데이터 자체의 문제를 지적하고 싶다.

첫째, 발표 기관인 노동통계청에서 데이터의 실효성에 대해 의문을 제기하지 않았던가.

둘째, 똑같은 데이터를 이용해서 1990년에서 1995년까지의 미국 경제가 호황이었다는 것은 착각일 뿐이라는 것을 증명해 보일 수 있다(크루그먼이 이런 주장을 믿을 리가 없다. 물론, 나도 마찬가지다).

셋째, 임금, 수당 등 실업률과 반대로 움직이는 데이터는 셀 수 없이 많다. 이 내용만으로도 한 장을 채울 수 있을 정도다.

8장

시급과 실업률

이 책에 나오는 그래프 중 액자에 넣어 걸어둘 만한 것을 꼽으라면, 주저없이 그림 8-1이라고 대답하겠다. 그림 8-1을 보면 두 개의 서로 다른 데이터 계열이 더해져 경제의 참모습을 조명하는 것을 볼 수 있다. 경제학자 제이슨 벤덜리의 작품인 이 그래프는 이 세상에서 가장 중요한 시장이라고 할 수 있는 노동시장에서의 가격 결정에 대해 단순하면서도 재미있는 상황을 보여주고 있다.

그림 8-1을 보면 1955년에서 2005년에 이르는 50여 년의 기간 동안 노동에 대한 보수가 매년 얼마나 증가했는지 알 수 있다. 노동에 대한 보수의 변화를 설명하기 위해 벤덜리는 실업률을 바탕으로 하는 노동시장 경직성이라는 지표를 활용하고 있다. 벤덜리의 연구 결과를 다음과 같이 요약할 수 있다. 통념과는 달리, 지난 몇 년간의 임금 상승은 지난 50년 중 노동시장 경직성이 비슷한 수준이었던 시기의 임금 상승 수준과 비슷하다.

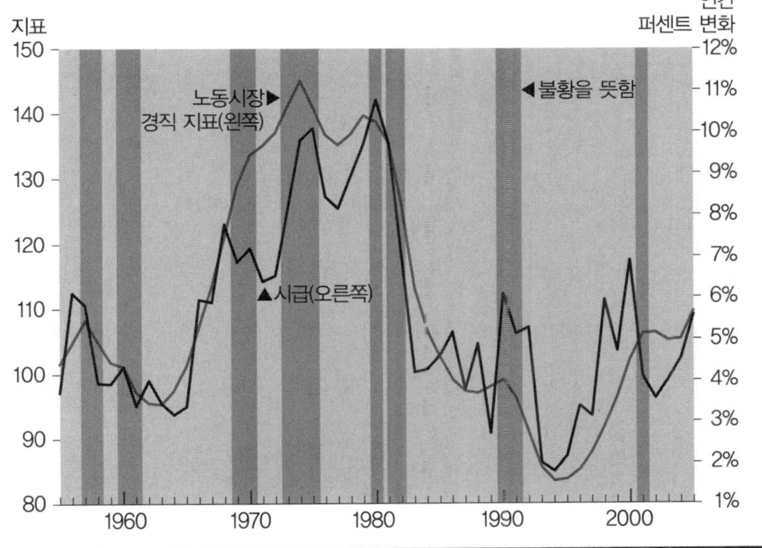

출처 : 노동통계청

8장에서는 벤덜리의 차트 속에 숨어 있는 미스터리를 파헤쳐볼 것이며 9장에서는 노동자에게 실제 지급된 보상 수준과 생산성 간의 관계를 다룰 것이다. 우선 지금까지 우리가 믿어왔던 것들에 대해 살펴보자.

지금까지 우리가 믿어온 것

U.C.버클리의 브래드 드롱 교수는 "고용률이 아니다. 중요한 건 실질 급여 성장률, 장기 실업자의 비중, 임금 노동자의 고용 현황이다. 우리가 알고 있는 지표 다섯 개 중 네 개를 보면 노동시장 현황이 그리 좋지 않

음을 알 수 있는 반면, 나머지 하나인 실업률 지표를 보면 경제 상황이 제법 괜찮아 보인다"[1]고 얘기했다.

6장을 읽은 독자들이라면 고용률은 노동인구 참여율과 실업률을 더해서 만들어낸 의미 없는 지표일 뿐이라는 사실을 잘 알고 있을 것이다. 사실, 노동통계청에서는 단순히 실업률을 측정하는 데서 그치지 않고 4장과 5장에서 보듯이 다양한 방법으로 숨겨진 실업을 추적하고 있지 않은가. 노동통계청의 발표 자료를 보면 공식 실업률뿐 아니라 숨겨진 실업률도 미국의 노동시장이 원활하게 돌아가고 있다는 것을 보여준다.

뿐만 아니라 3장을 읽은 독자라면 장기 실업은 1990년대에 나타난 현상으로 여성 노동자 및 중년의 베이비 붐 세대에서 노동인구에 유입되고자 하는 애착이 증가하여 나타난 현상으로 경제 상황과는 아무런 관계가 없다는 것을 이해해야 한다.

2장에서 보았듯이 《월스트리트 저널》의 편집자들은 임금 노동자의 고용 현황을 장밋빛으로 포장하려 하였으나 그럴 수 없었다. 2005년 중반 무렵, 《월스트리트 저널》에서는 가계조사에서 발표하는 고용 현황 결과에 동의할 수 없다는 의견을 내놓았다. 그러나 당시에는 실업률과 임금 고용 현황 지표가 비슷한 추세를 보이고 있었기 때문에 《월스트리트 저널》은 2005년 당시가 아닌 과거의 자료를 가지고 반대 의견을 표시했다. 결국 《월스트리트 저널》도 가계조사에 포함되어 있는 실업률이 미국 경제 현황에 대해 청신호를 보내고 있는 상황에서 임금 고용이 적신호를 보내는 경우는 거의 없다는 점을 인정한 것으로 볼 수 있다.

그리고 7장에서 살펴본 것처럼 시간당 임금이나 주간 임금은 노동자에게 돌아가는 보상의 증가세를 충분히 반영하지 못하기 때문에 신뢰할 수 없다. 8장에서는 좀더 정확한 측정 방법에 대해 살펴보자.

모든 종류의 수당

그림 8-1은 비즈니스 부문에 종사하는 모든 노동자에게 주어지는 시간당 보상을 보여준다. 노동자에게 주어지는 보상이란 급여, 보너스, 스톡옵션 예상 금액, 연금 납부액, 의료 지원 등을 모두 더한 금액을 뜻한다.

세 종류의 서로 다른 출처, 즉 모집단을 대표하지 않는 표본, 모집단을 대표하는 표본, 그리고 인구 조사와 연계되어 모집단을 분류한 자료를 얻을 수 있다면, 그 어떤 것보다 우수한 데이터를 얻을 수 있다.

앞서 7장에서 살펴본 것처럼, 시간당 평균 임금 데이터의 추출 대상이 되는 표본은 모집단의 특성을 충분히 반영하지 못하고 있다. 노동통계청도 이미 이 사실을 인정했다. 노동통계청에서 '많은 응답자'들이 기업조사에 응할 때 비관리직 노동자의 정의가 의미가 없다고 생각해서 급여와 관련된 부분은 건너뛴다고 인정했다는 사실은 곧 표본 자체에 심각한 오류가 있을 수 있다는 뜻이다.[2] 비관리직 노동자라는 분류 방식이 의미가 있다고 생각하는 기업과 그렇지 않다고 여기는 기업 간의 차이를 살펴보면 시간당 평균 임금 및 관련 지표가 노동자의 소득을 실제보다 낮게 평가하게 되는 이유를 알 수 있다. 고위 간부와 일반 직원을 엄격한 잣대로 구분하는 기업들은 그렇지 않은 기업들에 비해 직원들에게 급여를 적게 주는 편이다.

가령 기업조사가 실시되었을 때 어떤 기업이 어떤 질문에 응답했는지 보여주는 노동통계청의 내부 자료를 열어볼 수만 있다면, 직원들에게 많은 스톡 옵션을 나눠주는 경향이 있는 소프트웨어 업체들은 소득 관련 질문에 응답을 하지 않았다는 사실을 발견할 수 있을지도 모른다. 어쩌면 문제는 그렇게 간단하지 않은지도 모른다. 소프트웨어 업체들이 소득 관련 질문에 응답을 했다 하더라도, 기업조사를 실시할 때에는 비정기적인 소득은 기록하지 말라는 지시도 받기 때문에 스톡 옵션에 관한 부분은 기록으로 남지 않을 가능성이 크다. 뿐만 아니라 연금 납부금액, 의료비와 같이 예전부터 노동자들에게 돌아갔던 갖은 수당들은 정기적인 급여 대신 노동자들에게 지급됨에도 불구하고 기업조사의 대상이 되지 않기 때문에, 기업조사의 결과가 심각하게 왜곡될 가능성이 있다.

그림 8-1에 나타나 있는 데이터는 노동자에게 지급되는 모든 종류의 수당을 포함하기 때문에 왜곡될 위험이 없다. 그림 9-1의 그래프가 의미가 있는 또 다른 이유는 바로 표본이 아닌 모집단 전체의 추세를 보여주기 때문이다.

그림 8-1에 사용된 임금 데이터의 출처는 행정부의 실업보험 급여 기록을 바탕으로 하는 노동통계청의 **분기별 고용 및 임금 동향 보고서**다. 우선 이 데이터는 일부 표본이 아닌 조사의 대상이 되는 모집단 전체의 추세를 보여준다. 뿐만 아니라 법률에 의거해 완벽하고 정확한 조사를 할 수밖에 없다. 기업들이 보고하는 수치에 따라 보험료가 달라지기 때문에 기업들은 직원들에게 지급되는 모든 종류의 수당을 법률에 의거해 정확하게 보고할 수밖에 없다. 다시 말하지만, 그림 8-1에 사용된 데이터는 보너스, 스톡 옵션 등 직원들에게 지급되는 모든 종류의 수당을 포함한다.

이 데이터의 한 가지 단점은 낮은 임금을 받는 사람과 많은 임금을 받는 사람, 상상을 초월할 만큼 많은 돈을 받는 사람을 구별할 수 없다는 것이다. 데이터를 발표하는 시점이 언제이든, 지난 2분기에 해당하는 데이터는 실제 데이터가 발표된 후 '벤치마킹' 과정을 거치기 위해 대기 중인 추정치에 불과하다. 따라서 그림 8-1에 기록되어 있는 2005년 1, 2, 3분기의 데이터는 이 글을 쓰던 시점에 이미 '벤치마킹' 과정을 거친 상태였다. 즉 부시 대통령 재임 기간 동안의 고용 현황을 살펴보기에 모자람이 없는 데이터인 것이다.

경제분석청에서 발표하는 특별 수당 및 기타 직원 복지에 관해서도 2005년까지의 데이터가 있다. 그러나 이 데이터는 시의성이 떨어진다. 이 글을 쓰고 있던 당시, 급여 이외에 직원들에게 지급되는 각종 수당 중 가장 많은 비중을 차지하는 의료보험의 경우, 2003년 데이터까지만 '벤치마킹' 과정을 통해 수정되어 있었다. 하지만 시의성이 떨어진다고 해서 의료보험이 노동자에게 주어지는 보상의 일부가 아닌 것은 아니다. 현재 민간 부문에서 노동자에게 지급되는 전체 보상 금액 중 의료보험이 차지하는 비중은 1960년대에 비해 두 배로 증가한 17퍼센트 수준이다.[3]

가장 취약한 부분부터 시작해보자. 노동자에게 주어지는 전체 보상 금액은 전체 노동 시간 추정치로 나뉜다. 전체 노동 시간 추정치는 결함이 있는 여러 출처를 통해 얻어진다. 여러 출처 중 하나가 바로 기업조사에서 발표하는 비관리직 노동자의 노동 시간 추정치다. 노동통계청에서 이미 이 자료에 문제가 있다고 사실상 인정한 바 있다. 가계조사에서 얻은 정보를 바탕으로 관리직 노동자의 노동 시간도 추정하게 된다.

설령 출처 자체에 아무런 문제가 없다 하더라도 노동 시간에 관한 데이터는 노동 시간 자체가 실재하지 않는다는 근원적인 문제를 안고 있다. 노동 시간을 계산하는 데 어려움을 겪던 노동통계청의 톰 나돈 부청장이 내게 이런 질문을 던진 적이 있다. "지난주에 몇 시간이나 일을 하셨습니까?" 나도 모른다. 수백만에 달하는 '지식 노동자'의 경우, 24시간 내내 일에 관해 생각해야 하기 때문에 사실상 노동 시간이 저평가되고 있다고 믿는 사람들이 많다.[4] 그러나 노동통계청의 생산성 부서에서 근무하는 한 연구원의 얘기처럼 전국 어느 곳에서든 인터넷에 접속할 수 있다는 것은 곧 평균 노동 시간이 줄어들었다는 뜻이기도 하다.

결국 총 노동 시간이라는 것은 추측에 불과하다. 그러나 전체 노동 시간과 실제 노동 시간에 상관관계가 있는 것만큼은 분명하다.

여기서 결정계수는 0.76으로 나타난다. 이는 곧 시간당 보상 금액에서 나타나는 변화의 76퍼센트를 이 지표를 통해 설명할 수 있다는 뜻이다. 물론 노동자의 입장에서는 물가 상승을 감안한 보상 금액이 더욱 큰 의미를 갖는다. 시간당 보상 금액의 변화 속도는 생계비용의 증가 속도에 비해 빠르거나 느린 경우가 대부분이며, 생계비용의 변화 속도에 비례하는 경우는 거의 없다.

그렇다고 해서 가격이라는 요인이 전혀 영향을 미치지 않는 것은 아니다. 벤덜리는 에너지 가격, 산업재 가격, 석유가 아닌 재화의 수입 가격 등의 가격 요인이 약간의 시차를 두고 노동자에게 지급되는 보상에 영향을 미친다는 사실을 알아냈다. 가격 요인을 설명 변수에 포함시키면, 결정계수가 76퍼센트보다 약간 높아진다.

그러나 벤덜리의 노동시장 경직성이 주요 설명계수라는 사실에는 변함이 없다. 이제, 노동시장 경직성에 대해 자세히 살펴보자.

노동시장 경직성과 실업률

벤덜리는 경제학자들이 현재의 물가상승 속도를 가속화시키지 않는 수준의 실업률(Nonaccelerating inflation rate of unemployment, NAIRU) 이라고 부르는 데이터를 바탕으로 노동시장 경직성이라는 새로운 지표를 만들어냈다.

NAIRU는 임금 상승율이 빠르지도, 느리지도 않은 상태로 꾸준한 증가세를 보이는 수준의 실업률을 뜻한다. (현재의 물가상승 속도를 둔화시키지 않는 수준의 실업률이라고 불러도 뜻은 통한다.) NAIRU는 임금의 상승 수준에 변화가 없고 실업률이 지나치게 높지도 낮지도 않은 최적의 상태를 가리킨다. 실업률이 특정 수준 이상으로 상승하거나 특정 수준 이하로 하락하면 급여의 증가율이 안정세를 보이는 대신, 증가 속도가 빨라지거나 둔화되는 경향이 있다.

실업률이 NAIRU보다 낮아지면, 실업률이 더 이상 하락하지 않더라도 임금 상승률은 계속해서 빨라진다(실업률이 더욱 낮아지면 임금 상승률은 더욱 가팔라진다). 예컨대 실업률이 NAIRU보다 낮은 상태로 유지되는 한, 임금 상승률이 올해는 3.2퍼센트, 내년에는 3.6퍼센트, 그 다음 해에는 4.0퍼센트 같은 식으로 끝없이 증가할 수 있다. 요약하자면, 실업률이 더 이상 하락할 필요가 없는 것이다. 이 수준의 증가율이 유지될 수 있을 만큼만 낮은 수준을 유지하면 된다.

반대로 실업률이 NAIRU보다 높은 경우, 더 이상 높아지지 않더라도 임금 증가율은 계속해서 둔화된다(실업률이 더욱 높아지면 둔화 속도가 빨라진다). 실업률이 NAIRU보다 높은 상태에 머무르는 한, 올해 3.2퍼센트이던 임금 상승률이 내년에는 2.8퍼센트, 내후년에는 2.4퍼센트 하는 식으로 끝없이 하락할 수 있다. 요약하자면, 실업률이 더 이상 상승할 필요가 없다. 이 수준의 둔화율이 유지될 수 있을 만큼만 높은 수준을 유지하면 된다.

그러나 여전히 시간당 보상의 **증가** 수준이 둔화되고 있다는 주장이 제기되고 있다. 원칙적으로 보상의 증가율이 둔화되면 어느 시점에선가 보상 금액 자체가 줄어들게 된다. 그러나 지난 50년간 시간당 보상 금액이 증가하지 않았던 적은 단 한 번도 없다. **물가 상승률을 적용**하면 얘기가 달라지긴 하지만 말이다.

NAIRU가 6퍼센트 수준이라고 여겨지던 1990년대 말, NAIRU를 낮추어야 할 필요성에 대한 논의가 오갔다. 물론 NAIRU가 낮아진다는 것은 좋은 소식임에 틀림이 없지만 NAIRU가 변하게 되면 장기 분석이 힘들어진다.

벤덜리는 이 문제를 해결하기 위한 방법을 생각해냈다. 그는 노동시장을 구성하는 특정 집단만을 대상으로 NAIRU를 계산했다. 그가 선택한 집단은 배우자가 있는 기혼 남성으로, 노동인구에 유입되고자 하는 애착이 강한 집단이었다. 특정 집단을 대상으로 NAIRU를 계산해낸 수치를 전체 노동자를 대상으로 이용할 수도 있지 않을까? 우선 기혼 남성의 실업률은 항상 공식 실업률에 비해 낮은 편이지만 기혼 남성의 실업률과 전체 실업률은 비슷하게 움직인다. 또한 기혼 남성이 전체 노동인구에서 차지하는 비중이 과거에 비해 낮아졌지만, 이들은 노동인구에 유입되고자 하는 욕구가 강하기 때문에 급여 산정에 있어서도 중요한 역할을 한다.

어쨌든 기혼 남성의 NAIRU를 계산하여 전체 노동인구의 표본으로 활용하려는 벤덜리의 전략은 적중한 듯하다. 벤덜리는 기혼 남성의 실업률을 추적하기 시작한 1955년 이후의 데이터를 바탕으로 이들의 NAIRU가 3.5퍼센트라는 사실을 알아냈다. 기존의 데이터를 이용하여 기혼 남성의 NAIRU를 분석한 후, 벤덜리는 자신만의 방식으로 분석을 시작했다.

실업률이 NAIRU보다 높아지면 임금 증가 속도가 둔화되며 실업률이 NAIRU보다 낮아지면 임금 증가 속도가 가속화된다고 했던 설명을 떠올려보자. 이 명제의 핵심 내용은 실업률이 낮은 수준에 머무르면 임금 증가 속도가 지속된다는 것이다. 벤덜리는 기혼 남성의 NAIRU와 실업률을 이용해 기발한 방법으로 계산을 해 보였다.

벤덜리의 계산을 통해 NAIRU의 새로운 특성, 즉 NAIRU가 과거에 의해 많은 영향을 받는다는 사실이 밝혀졌다. 1995년에는 기혼 남성의 실업률이 NAIRU보다 낮았던 반면, 2003년에는 기혼 남성의 실업률이

NAIRU보다 높았다. 그럼에도 불구하고 1995년에는 시간당 보상 증가율이 2.1퍼센트였던 반면 기혼 남성의 실업률이 NAIRU보다 높았던 2003년에는 시간당 보상 증가율이 4.0퍼센트에 달했던 까닭은 무엇일까? 그 이유는 바로 1995년 이전 몇 년 동안은 실업률이 NAIRU에 비해 대체적으로 높았던 반면 2003년 이전 몇 년 동안은 실업률이 NAIRU에 비해 대체적으로 낮았기 때문이다. 벤덜리의 연구 결과, 과거에 특정한 추세가 지속적으로 나타났다면 현재 노동시장의 경직성 또는 유연성 정도가 보수 증가율에 결정적인 영향을 미치지 않는다는 것이 밝혀졌다. 결정적인 영향력을 미치는 것은 바로 과거의 추세다.

다시 말해서, 임금의 상승을 결정짓는 일종의 관성의 법칙이 존재하는 것이다. 벤덜리는 놀라울 만큼 간단한 방법으로 이 법칙을 수량화하는 법을 찾아냈다.

자, 앞서 설명한 바와 같이 기혼 남성의 NAIRU는 3.5퍼센트인 반면 기혼 남성의 실업률은 3.0퍼센트 수준에 머물렀다. 더 이상 증가하지도, 하락하지도 않은 채 3.0퍼센트를 유지했다. NAIRU보다 0.5퍼센트 낮기 때문에 임금 상승률이 높아질 것이라고 예상할 수 있다. 정확한 계산을 위해 벤덜리는 0.5퍼센트의 차이를 계속해서 임금 계정에 기입했다. 즉, 임금 상승률은 실업률과 NAIRU 간에 0.5퍼센트의 차이가 존재하는 한 1분기에는 0.5퍼센트, 2분기에는 1퍼센트, 3분기에는 1.5퍼센트 등 계속해서 증가하게 된다. 이번에는 기혼 남성의 실업률이 3.2퍼센트로 증가했다고 생각해보자. 실업률이 NAIRU에 비해 여전히 낮은 수준을 유지하고 있기 때문에 0.3퍼센트의 차이가 임금 계정에 누적된다.

그렇다면, 실업률이 NAIRU보다 높은 4.0퍼센트가 되었다면 어떨까? 이 경우, 임금 계정에서 0.5퍼센트의 차이만큼 감해지게 된다. 그러나 과거에 누적되어왔던 수치가 남아 있기 때문에 임금 상승률은 여전히 높아지게 된다.

그림 8-1에 있는 노동시장 경직성 지표는 매 분기마다 업데이트 되며 네 분기의 평균치가 연간 지표로 사용된다. 벤덜리는 임의로 1955년 1분기에 해당하는 노동시장 경직성 지표의 값을 100으로 정한 후, 기혼 남성 실업률과 NAIRU 간의 차이를 더하거나 빼는 방식을 택했다. 1955년 1분기의 실업률이 3.3퍼센트였기 때문에 노동시장 경직성 지표는 100.2가 된다. 같은 해 2분기의 실업률이 2.9퍼센트여서 노동시장 경직성 지표는 다시 0.6이 더해진 100.8이 된다. 같은 방식으로 계산을 하면 1955년의 평균치는 101.4가 된다(아래 내용 참조).

노동시장 경직성 지표를 계산하는 법

1955년에서 1958년까지 각 분기별로 노동시장 경직성 지표를 만들어보았다. 네 분기의 평균치를 각 연도의 경직성 지표로 사용했다.

1955년 1분기의 기혼 남성의 NAIRU 3.5퍼센트에서 기혼 남성 실업률 3.3퍼센트를 뺀 수치를 100에 더하면 노동시장 경직성 지표가 100.2가 된다. 1955년 2분기에 기혼 남성의 NAIRU 3.5퍼센트에서 기혼 남성 실업률 2.9퍼센트를 뺀 수치를 지난 분기의 노동시장 경직성 지표 100.2에 더하면 100.8이 된다. 이와 같은 방식으로 계산을 한 결과는 다음 표에 나와 있다.

1958년 1분기가 되면 기혼 남성의 실업률이 4.6퍼센트가 되어 NAIRU 3.5퍼센트보다 높아지고 노동시장 경직성 지표는 1.1만큼 낮아진다.

(1) 기혼남성 NAIRU	(2) 기혼 남성 실업률	(1) − (2)	(3)	[(1) − (2)] + (3) 노동 시장 경직성 지표
3.5	3.3	0.2	100.0	100.2
3.5	2.9	0.6	100.2	100.8
3.5	2.5	1.0	100.8	101.8
3.5	2.6	0.9	101.8	102.7
1955				**101.4**
3.5	2.5	1.0	102.7	103.7
3.5	2.6	0.9	103.7	104.6
3.5	2.7	0.8	104.6	105.4
3.5	2.7	0.8	105.4	106.2
1956				**105.0**
3.5	2.4	1.1	106.2	107.3
3.5	2.6	0.9	107.3	108.2
3.5	2.8	0.7	108.2	108.9
3.5	3.4	0.1	108.9	109.0
1957				**108.4**
3.5	4.6	-1.1	109.0	107.9
3.5	5.6	-2.1	107.9	105.8
3.5	5.5	-2.0	105.8	103.8
3.5	4.6	-1.1	103.8	102.7
1958				**105.1**

주 : NAIRU=현재의 물가상승 속도를 가속화시키지 않는 수준의 실업률

그림 8-1을 보면 노동시장 경직성 지표는 1960년대 초부터 1970년대 중반까지 상승세를 유지해 1974년에는 145.0을 기록했다. 오랜 기간 동안 상승세를 유지하였기 때문에 1980년대 이전까지는 시간당 임금 상승률이 큰 폭으로 꺾이지 않았다. 그러나 1980년대가 되자 노동시장 경직성이 하락세를 나타내기 시작했고 1994년에는 83.3을 기록했다. 따라서 1995년 기혼 남성 실업률은 NAIRU보다 낮게 나타났지만 시간당 보상 수준은 오랜 기간 동안 더딘 속도로 증가했다.

대체적으로 벤딜리의 설명은 맞아떨어진다. 시간당 보상 증가율 그래프는 노동시장 경직성 지표 그래프와 똑같이 일치하진 않지만 대체적으로 같은 추세를 보이고 있다. 1970년대에는 노동시장 경직성 지표의 증가 속도에 비해 시간당 보상 그래프가 한참 뒤떨어져 있다. 그러나 이 시기의 예외적인 추세는 1971년 8월 닉슨 대통령의 임금-물가 통제조치 및 1974년 4월의 임금 인상 지침 발표의 탓이 크다. 1998년과 2000년에는 시간당 보상 증가율 그래프가 노동시장 경직성 지표에 비해 지나치게 높게 나타나는데 스톡 옵션 제도를 대거 시행한 것이 주요 원인인 것 같다.

벤딜리의 노동시장 경직성 지표가 주는 유익한 교훈을 되새기기 위해 기혼 남성 실업률이 2.7퍼센트였던 1997년과 2005년을 비교해보자. 시간당 보상 증가율이 2005년에는 무려 5.5퍼센트였던 반면 1997년에는 3.1퍼센트에 불과했다. 부시나 클린턴의 경제 정책을 탓하기 전에 노동시장 경직성 지표를 탓해야 한다. 2005년에는 노동시장 경직성 지표가 109.3이었던 반면 1997년에는 87.6이었다. 실업률이 동일함에도 불구하고 두 해의 노동시장 경직성 지표간의 차이가 크게 나타나는 것은 현재 때문이 아니라, 과거 때문이다. 1997년 이전 10여 년 동안 실업률은 NAIRU보다 높은 수준을 유지했다. 그러나 2005년 이전 10여 년 동안 실업률은 NAIRU보다 낮게 나타났다. 관성의 법칙이 그 역할을 잘 하고 있는 것이다.

2005년과 견주기에 가장 적합한 해는 1957년이다. 1957년의 노동시장 경직성 지표는 2005년보다 1 낮은 108.2이며 시간당 보상 증가율은 2005년에 비해 조금 높은 5.8퍼센트였다. 비교의 대상이 되는 두 해가 반세기가 넘게 떨어져 있다는 사실은 이 지표와 시간당 보상 간의 관계가 얼마나 설득력이 있는지 잘 보여준다.

9장

임금과 생산성

2006년 5월 7일자 《세인트 루이스 포스트 디스패치》는 "메사추세츠 주 렉싱턴에 있는 글로벌 인사이트의 수석 경제학자"의 말이라며 다음 문장을 인용했다. "지금까지 생산성은 증가했지만 노동자들은 거의 아무런 혜택도 누리지 못한 것을 보면 놀라울 따름이다."[1]

2006년 5월 5일자 《시카고 트리뷴》은 "물가 상승을 고려할 경우 일반 노동자의 임금 수준은 오히려 떨어지고 있으며 노동 생산성에 관한 데이터를 보면 더 많은 급여를 받기 위한 수요가 거의 없는 것처럼 보인다"[2]고 기록했다.

위의 두 예문은 극단적인 것처럼 보이기도 하지만 일반적인 대중의 의견을 반영한다. 지난 몇 년간 생산성은 급상승했지만 임금 상승률은 그다지 높지 않았다. 9장의 주제는 올바른 데이터를 보면 물가 상승을 감안한 임금 상승률이 생산성의 증가를 충분히 반영하고 있다는 것이다.

7장에서는 시간당 평균 임금이 실제 임금 상승을 저평가하는 경향이 있으며, 시간당 보상 금액의 경우 노동자에게 지급되는 다양한 수당을 모두 포함하며 데이터의 출처가 신뢰할 만하기 때문에 실제 임금 상승 수준을 평가할 때 시간당 보상 금액을 기준으로 하는 것이 바람직함을 살펴보았다. 8장에서는 실업률을 바탕으로 하는 노동시장 경직성을 이용해 물가 상승률이 반영되어 있지 않은 시간당 보상 금액의 연간 변화를 설명할 수 있다는 것을 살펴보았다. 9장에서는, 지금까지와는 다른 새로운 과제, 즉 물가 상승률을 반영한 실질 시간당 보상 금액과 생산성 증가의 관계에 대해 살펴볼 것이다.

경제학에서는 실질 시간당 보상 금액과 생산성이 대략 같은 추세를 나타낸다고 설명한다. 지난 50년간의 데이터를 살펴보면 두 가지 요인이 같은 추세를 나타내고 있는 것을 알 수 있다. 지난 5년간의 데이터도 과거의 추세와 같다.

노동 생산성과 노동 보상

노동 생산성이란 노동자가 한 시간어 생산할 수 있는 생산량을 뜻한다. 노동 시간당 생산량을 계산하려면 전체 생산량을 전체 노동 시간으로 나누어야 한다.

8장에서 전체 노동 시간이라는 것은 근사값에 불과하다고 설명했다. 그러나 다행스럽게도 근사값에 불과하다 하더라도 시간당 생산량이나 시간당 보상 금액을 계산하는 데에는 문제가 없다. 시간당 보상 금액을 계산하기 위해서는 전체 보상 금액을 전체 노동 시간으로 나누어야 한다. 이 경우, 시간당 생산량과 시간당 보상 금액은 둘 다 노동통계청에서 발표하는 데이터이기 때문에 일관성 있는 비교가 가능하다. 전체 노동 시간 추정에 오류가 있다 하더라도 노동 시간당 생산량이나 시간당 보상 금액 계산에 사용되는 분모가 같은 값이기 때문에 크게 문제가 될 건 없다.

그러나 두 값을 계산할 때 사용되는 분자는 각각 다르다. 노동 생산성을 계산할 때에는 전체 생산량이, 시간당 보상 금액을 계산할 때에는 전체 보상 금액이 분자가 된다. 노동통계청에서 조사하는 생산량에 관한 데이터 중 가장 범위가 넓은 것은 '기업' 생산량이라는 것으로, 정부와 비영리기관의 생산량은 포함하지 않는다. 따라서 기업 부문만 보상 금액 계산의 대상이 된다. 즉 보상 금액을 계산할 때에는 기업 부문에 종사하는 모든 노동자의 임금 및 각종 수당이 그 대상이 된다.

생산량과 보상 금액은 모두 달러를 기준으로 계산하기 때문에 달러 가치의 변화를 반영해야 한다. 가령 모든 재화 및 서비스의 달러 가치가 10퍼센트 상승한 경우를 생각해보자. 가격 또한 10퍼센트 상승한다면, 재화 및 서비스의 가치는 물가 상승으로 인해 상승한 것이다. 결국 실질 생산량은 전혀 증가하지 않은 셈이 된다. 마찬가지로 가격이 10퍼센트 상승했다면 노동자에게 주어지는 보상이 10퍼센트 상승했다 하더라도 실질 상승률은 0퍼센트가 된다.

각각의 경우, 가격이라 함은 어떤 가격을 가리키는 것일까? 기업의 산출물은 대부분 기업체 상호간의 재화 및 서비스 판매로 이루어진다. 노동통계청은 기업간에 거래되는 재화 및 서비스의 가격을 기준으로 하여 산출물의 가치를 (달러 기준) 물가 상승률에 맞추어 조정한다. 그러나 노동자에게 지급되는 보상을 (달러 기준) 물가 상승률에 맞추어 조정할 때에는, 기업간에 거래되는 재화 및 서비스 가격이 아니라 소비자가 구매하는 재화 및 서비스 가격을 기준으로 가격을 조정해야 한다.

독자 여러분들이 기업간에 거래되는 재화 및 서비스의 가격을 기준으로 노동자에게 주어지는 보상을 물가 상승 수준에 맞추어 조정하는 것은 옳지 않다는 점을 이해했는지 모르겠다. 고용주들은 판매되는 재화 및 서비스에 반영되어 있는 실질 가치가 높아지기를 원한다. 반대로, 근로자들은 구매하는 재화 및 서비스에 반영되어 있는 실질 보상 가치가 높아지기를 원한다. 그러나 이 경우에는 노동자가 구매하는 것이 이들이 판매하는 것과 정확하게 일치하지는 않는다.

실질 보상 증가와 실질 생산 증가를 좀더 적절하게 비교하기 위해서 한 가지 방법을 생각해냈다. 그 방법은 바로 소비자가 구매하는 재화 및 서비스의 가격을 추적하는 개인소비지출지표를 바탕으로 보상 금액을 조정하는 것이다. 개인소비지출지표는 기업의 산출물에 일반적으로 적용되는 가격 지표의 일부이기 때문에, 기업 산출물 전체에 적용할 수 있다.

결과

그 결과는 무엇일까?

우선 생산량의 증가와 시간당 실질 보상 간의 관계를 입증하기 위해 도표 9-1에서는 1950년대 초 이후 서로 다른 네 시기의 생산성 및 시간당 보상을 보여주고 있다.

도표 9-1에 드러난 각 시기에는 다음과 같은 특징이 있다. 1953년부터 1960년까지는 생산성이 상당 수준 증가했으며, 1960년에서 1973년에 이르는 기간 동안에는 생산성이 꾸준히 증가했고, 1973년부터 1990년까지는 생산성의 증가 속도가 둔화되었던 암흑의 시대였으며, 1990년부터 2001년까지는 생산성이 다시 증가했다. 경기 사이클에 따른 왜곡을 막기 위해 불황이 시작될 때부터 새로운 불황이 시작될 때까지를 한 시기로 잡았다.

도표 9-1 **생산성과 보상(연간 평균 상승률)**

시기	생산성	시간당 실질 보상
1953년 2분기 ~1960년 2분기	2.4	2.7
1960년 2분기 ~1973년 4분기	2.9	2.7
1973년 4분기 ~1990년 3분기	1	1
1990년 3분기 ~2001년 1분기	1.5	1.8

주: 수치는 퍼센트
출처: 경제분석청, "도표 2.3.4: 주요 제품별 개인 소비 지출 가격 지표";
노동통계청 "주요 부문 생산성 및 비용 지표"

위 도표를 보면 1953~1960년, 1990~2001년에 해당하는 두 시기 동안 시간당 실질 보상이 생산성보다 빠른 속도로 증가했으며, 1960년부터 1973년까지는 시간당 실질 보상이 생산성보다 더딘 속도로 증가했고, 1973년부터 1990년까지는 증가 속도가 같았다는 것을 알 수 있다. 각 시기마다 생산성 증가율과 시간당 실질 보상 증가율이 조금씩이나마 차이가 있다는 점을 중요하게 여기는 전문가도 있을 것이다. 그러나 내가 생각하기에 생산성과 시간당 실질 보상 데이터 자체가 이미 근사값인 만큼, 생산성 증가율과 시간당 실질 보상 증가율이 서로 비슷한 추세를 나타내고 있다는 결론을 내리기에 부족함이 없어 보인다.

그렇다면 생산성과 시간당 실질 보상의 최근 추세는 어떨까? 불황이 시작되었던 2001년 1분기부터 2006년 1분기까지 정확하게 5년 동안의 데이터를 조사했다. 도표 9-2를 보면 최근 데이터와 비교가 가능한 다른 시기의 생산성 및 보상 추세를 살펴볼 수 있다. 5년이라는 시간이 경과하기 전에 불황이 시작된 시기는 제외했다.[3]

150

도표 9-2 **19분기 동안의 생산성과 보상 비교(연간 평균 상승률)**

시기	생산성	시간당 실질 보상
1960년 2분기 ~1965년 2분기	3.3	2.5
1973년 4분기 ~1978년 4분기	1.8	1.5
1981년 3분기 ~1986년 3분기	1.3	1.1
1990년 3분기 ~2095년 3분기	0.8	0.4
2001년 1분기 ~2006년 1분기	3.3	2.0

주 : 수치는 퍼센트
출처 : 경제분석청, "도표 2.3.4 : 주요 제품별 개인 소비 지출 가격 지표";
노동통계청 "주요 부문 생산성 및 비용 지표"

도표 9-2를 보면 2001년부터 2006년까지 연간 평균 실질 보상 증가율은 2.0퍼센트로 괜찮은 수준이지만 생산성은 보상 증가율보다 훨씬 높은 3.3퍼센트나 증가했다. 그러나 도표에서 나타나듯이 경기가 확장기에 접어든 후 최초 5년 동안은 시기를 불문하고 생산성이 연간 평균 실질 보상보다 빠른 속도로 증가했다(1950년대에는 경기 확장기가 5년 이상 지속되지 않았기 때문에 비교에 포함시키지 않았다). 성장 속도의 변화 추이를 보면 경기 확장 초기에는 보상 증가율이 생산성에 비해 떨어지는 경향이 있다. 그러나 도표 9-1에서 보듯이 시간이 지날수록 차이가 줄어든다.

생산성이 최근만큼 빠른 속도로 증가했던 1960년대에는 보상 증가율과 생산성 간의 차이가 훨씬 적었다. 앞으로는 어떤 일이 일어날지 좀더 두고 지켜볼 필요가 있다. 그러나 올바른 데이터를 기준으로 하면 생산성이 증가할 때 노동자들도 혜택을 보는 것만은 틀림없다.

10장

기업 이윤,
최고치를 기록하다

2005년 2월 10일자 《이코노미스트》에 실린 특집 기사는 다음과 같이 전하고 있다. "자본가들은 노동자를 희생시킨 대가로 국민 소득의 점점 더 많은 부분을 차지하고 있다." 이 기사의 세 번째 문장을 읽어보자. "지난해, 미국의 세후 이윤이 GDP에서 차지하는 비중이 75년 만에 최고치를 기록했다."[1]

같은 호 《이코노미스트》에 실린 관련 기사는 기록적인 수준의 기업 이윤에 대해 설명하며 노동자를 피폐하게 만들며 쌓아올린 성장에 대해 우려를 표시하는 것도 잊지 않았다.[2] 《뉴욕 타임스》의 루이스 유키텔 수석 경제 전문기자는 2003년 12월 "이윤을 얻기 위한 지나친 노력이 경제 회복을 더디게 한다"는 경고를 했다.[3] 2년이 지난 2005년 12월, 유키텔 기자는 "미국 재계"가 "마침내" "기록적인 이윤"을 설비투자에 쏟아부을 것 같다는 기사를 내보냈다.[4] 한편 《뉴욕 타임스》의 칼럼니스트 폴 크루그먼은 "공식적으로 2001년 말부터 시작된 경제 회복은 지나치게 한쪽

으로 쏠려 있다”며 “기업 이윤의 성장은 놀라운 수준”이라고 지적했다.[5]

《뉴욕 타임스》와 《이코노미스트》, 두 매체는 독자들에게 사실을 정확하게 전달하기 위해 기업 이윤을 이 같은 방식으로 묘사한 것으로 보인다. 사실 기업들은 증권가에는 놀라운 수준의 이윤을 거둬들였다고 선전하는 반면, 국세청에는 이윤이 얼마 남지 않았다고 신고한다. 이 장의 핵심 내용은 기업이 거둬들이는 이윤은 놀라울 만큼 많지도 않고, 적지도 않으며, 적당한 수준이라는 것이다. 기업 부문 전체를 놓고 보았을 때는 이윤이 기록적으로 높거나 낮지 않으며, 적정선에 머물러 있다. 미국을 대표하는 거대 기업 중 엑손모빌과 로열더치쉘은 흑자를 내고 있지만 제너럴모터스와 포드는 적자에 허덕이고 있다는 내용의 2000년대 중반 이후의 기사를 보면 좀더 이해가 쉬울지도 모르겠다.

10장에서는 미국 기업의 세후 이윤이 GDP에서 차지하는 비중이 75년 만의 최고치를 기록했다는 《이코노미스트》의 기사를 자세히 파헤쳐보고자 한다. 정확하게 말하자면 《이코노미스트》의 주장은 한편으로는 정확하다고 볼 수 있고, 다른 한편으로는 완전히 잘못됐다고도 볼 수 있다. 기업의 이윤을 전체 GDP와 비교하는 것이 타당하다고 가정하기 전에 기업이 아닌 다른 부문이 미국 GDP에서 차지하는 비중을 간과해서는 안 되며, 그 중 하나인 비법인사업체에서도 이윤을 창출해낸다는 사실을 기억할 필요가 있다. 이 외에 주정부, 지방정부, 연방정부, 가계, 비영리 부문 등 GDP를 구성하는 나머지 부문에서는 어떤 이윤도 창출하지 못한다.

전체 GDP 중 기업 부문에 해당되는 금액에서 미국 기업의 세후 이윤이 차지하는 비중은 기록적인 수준이 아니다. 그렇다면 왜 전체 GDP 대비 세후 이윤은 75년 만의 최고치를 기록하게 되는 것일까? 그 이유는 바로 지난 몇 년 동안 기업 부문, 특히 수익성이 높은 금융업계의 GDP가 미국 경제의 전체 GDP에서 차지하는 비중이 증가했기 때문이다. 《이코노미스트》에서 "미국의 세후 이윤이 GDP에서 차지하는 비중이 75년 만에 최고치를 기록했다"고 보도하는 대신 "러시아의 세후 이윤이 GDP에서 차지하는 비중이 75년 만에 최고치를 기록했다"고 했더라면 어땠을까? 지난 75년 중 대부분의 기간 동안 러시아의 GDP에는 기업의 세후 이윤이 전혀 포함되어 있지 않았기에 전혀 놀라울 것이 없다. 그러나 대다수의 독자들이 미국 내에서 기업 부문의 GDP가 지나치리만큼 증가했다는 사실을 모르기 때문에 이 같은 기사 내용에 혹하게 되는 것이다.

미국인들은 공화당이 집권하게 되면 기업 이윤이 치솟게 된다고 믿는 경향이 있다. 그러나 정치인들이 특정 기업에 혜택을 준다면 이는 곧 누군가는 손해를 본다는 뜻이다. 결국 기업 부문 전체를 보았을 때 반드시 성과에 도움이 되는 것은 아니다. 어쨌든 10장의 주요 내용 중 하나는 바로 미국 기업의 수익성과 집권 정당 간에는 아무런 관계가 없다는 것이다.

여러 기관에서 기업 이윤에 관한 데이터를 제공한다. 10장에서는 국민소득 및 생산 계정 발표 기관인 경제분석청에서 제공하는 자료만을 활용할 것이다. 경제분석청에서 제공하는 수치들은 미국 국세청에 보고되는 법인세를 반영해 주기적으로 수정된다.

기업들이 세금을 덜 내기 위해 수익을 낮춰서 보고할 때에는 수익을 직접 낮춰서 보고하는 방법보다는 회계적인 방법을 이용하는 경우가 많다. 또 증권가에 수익을 부풀려 보고할 때에도 마찬가지로 수익을 직접 높여서 보고하기보다는 독창적인 회계기법을 이용하는 경우가 많다. 경제분석청에서 기업의 이윤을 계산하기 위해 사용하는 회계기법은 올바른 수치를 뽑아내기 위한 방법일 뿐 이윤을 실제보다 높게도, 낮게도 파악하지 않는다.

154

어떤 GDP를 뜻하는가?

《이코노미스트》는 기업 이윤에 관한 여러 기사 중 2005년 2월 10일자에 실린 특집 기사에서 "경제학자들은 증간 시기의 관점에서 보았을 때 이윤이 명목상 GDP보다 빠른 속도로 증가할 수 없다는 것을 당연시하고 있다"[6]고 설명하며 "통념과는 달리" 이윤이 명목상 GDP보다 빠른 속도로 증가할 수 있는 이유 두 가지를 들었다. 그러나 《이코노미스트》는 기업 부문의 GDP가 전체 GDP보다 빠른 속도로 증가하면 어떤 기간을 기준으로 보더라도 기업의 이윤이 전체 GDP보다 빠른 속도로 증가할 수 있다는 가능성에 대해서는 언급하지 않았다.

전체 GDP 대비 기업 이윤의 비중을 비교하는 것은 3장에서 살펴보았듯이 사망과 암의 상관관계를 잘못 이해해서 발생하는 것과 같은 종류의 오류를 범하는 것이다. 전체 인구 대비 노인 인구의 비중이 증가하면, 암으로 사망하는 노인 인구의 비중은 줄어든다 하더라도, 암으로 인한 사망률 자체는 증가할 수 있다. 전체 GDP를 전체 인구라 생각하고, 기업 부문, 특히 금융 기업 부문의 GDP를 노인 인구라고 생각해보자. 이윤은 암으로 인한 사망이라고 생각해보자.

우선 기업 부문을 비금융 부문과 금융 부문으로 나누지 말고 하나의 부문으로 생각해보자. 기업 부문의 GDP에 대한 일련의 데이터를 살펴보면 기업들이 "놀라울 만큼 많은 이윤"을 얻고 있다는 것은 중립적인 분석이라기보다 월가에서 흘러나오는 주장에 가깝다.

2001년, 기업 부문 GDP 대비 세전 이윤은 1982년 이후 최저치를 기록했으며 기업 부문 GDP 대비 세후 이윤은 1986년 이후 최저치를 기록했다.[7] (경제분석청, 2006년 5월 24일)

기업 수익성의 회복 수준은 2001년 최저치와 비교했을 때에는 놀라운 수준이다. 그러나 2004년과 2005년에 기록적인 수준의 이윤을 창출했다고 보기는 어렵다. 2004년 전체 GDP 대비 세전 이윤 및 세후 이윤은 모두 1997년의 최고치에 미치지도 못했다. 2005년의 GDP 대비 세전 이윤 및 세후 이윤은 모두 1997년에 비해서는 약간 높은 수준이었지만 1940년대 중반부터 1960년대 중반에 이르기까지 주기적으로 나타났던 최고 수준에는 못 미쳤다.[8](경제분석청, 2006년 5월 24일)

자, 이제 전체 기업 부문에서 금융 부문만을 따로 떼어서 생각해보자. 금융 부문을 따로 분리하면, 제너럴모터스와 엑손모빌을 포함하는 비금융 부문의 이윤 성적이 나빠질 수밖에 없다. 2001년 비금융 부문의 GDP 대비 세전 이윤은 미국 경제가 대공황에 빠져 있던 1934년 이후 최저치를 기록했다. 같은 해, 비금융 부문의 GDP 대비 세후 이윤은 그나마 나은 1980년 이후 최저치를 기록했다.[9]

마찬가지로, 비금융 기업의 수익성 회복 수준은 2001년에 비하면 "놀라운 수준"이었다. 그러나 2004년과 2005년의 수익성은 모두 클린턴 시대에는 미치지 못했다. 뿐만 아니라 세전 이윤과 세후 이윤 모두 1940년대 중반부터 1960년대 중반에 이르기까지 주기적으로 나타났던 최고 수준에도 못 미쳤다.[10]

은행, 증권중개업체, 보험, 부동산 등을 포함하는 금융 기업 부문은 뛰어난 성과를 보였다. 그러나 비금융 부문과 마찬가지로 신기록을 세우지는 못했다. 2004년부터 2005년까지 금융 부문의 GDP 대비 세전 및 세후 이윤은 1940년대 중반에서 1970년대 초반의 **평균치**에도 못 미쳤고, 이 기간 동안 기록되었던 최고 수준에는 근접하지도 못했다.[11]

156

금융 부문 및 비금융 부문의 성장

주식시장이 붕괴되고 대공황이 시발점이 되었던 1929년부터 비교를 하는 것은 큰 의미가 없다. 따라서 2차 세계대전이 끝난 후 60년간의 기간만을 비교해보자.

기업 부문 GDP가 전체 GDP에서 차지하는 티중은 1940년대 중반 50퍼센트에서 1970년대 후반 60퍼센트로 증가하였으며, 이후에도 증가세를 유지했다. 그러나 기업 부문 내에서는 금융업체의 성장이 두드러졌다. 비금융 부문이 전체 GDP에서 차지하던 비중은 1940년대 중반 50퍼센트에 못 미치던 것이 1980년대 초가 되자 56퍼센트로 올라갔다. 2001년 이후 전체 GDP 대비 비금융 부문의 GDP는 51~52퍼센트 수준으로 떨어졌다. 비금융 부문이 차지하는 비중의 등락은 금융 부문에서 메웠다. 금융 부문이 전체 GDP에서 차지하는 비중은 꾸준히 증가해왔다. 1940년대 2퍼센트에 불과하던 것이 1970년대에는 4퍼센트로, 2000년에는 8퍼센트 수준까지 성장했다(물론 이후에도 그 비중은 점점 커지고 있다).[12]

기업 이윤이 전체 GDP에서 차지하는 비중의 변화는 일견 대단해 보이지만 거대하다고 보기는 어렵다. 그러나 금융 기업의 뛰어난 수익성이 이윤에 미치는 영향은 훨씬 커졌다. 《이코노미스트》가 75년 만에 최고치를 기록했다고 주장했던 2004년을 예로 들어보자. 2004년, 비금융 기업들은 100달러어치를 생산해낼 때마다 8.14달러어치의 세후 이윤을 창출한 반면, 금융 기업들은 100달러어치를 생산해낼 때마다 23.68달러어치의 세후 이윤을 창출했다.

다시 한 번 강조하지만, 이 수치들은 결코 신기록이 아니다. 8.14달러는 1997년의 9.35달러에 못 미치는 수치일 뿐 아니라 2차 세계대전 이후 최고치를 경신했던 1965년의 11.81에는 한참 모자란다. 금융 부문의

도표 10-1 **금융 부문**(금융 부문 GDP 100달러당 연간 평균 이윤)

	세전 이윤	세후 이윤
2004~2005년	11.63	8.27
1946~2005년	13.19	7.76

출처 : 경제분석청 　　　　　　　　　　　　　　　　주 : 수치는 달러

23.86달러도 1946년에서 1973년에 이르는 기간 동안의 평균 25.38달러 및 1948년의 최고치 31.15달러에 훨씬 못 미친다.[13]

그러나 접근 방식을 조금만 바꾸면 얘기는 달라진다. 100달러를 생산할 때마다 23.86달러의 이윤을 내는 금융 부문의 수익성은 100달러를 생산할 때마다 8.14달러의 이윤을 내는 비금융 부분에 비해 세 배 정도 크기 때문에, 전체 GDP에서 차지하는 비중은 기록적인 수준으로 보이기에 충분했던 것이다.

게다가 《이코노미스트》는 "미국의 이윤 증가는 금융업체에 지나치게 쏠려 있다"며 우려를 표했다.[14] 그러나 비금융 기업의 수익성을 계산할 때에는 비금융 부문 내의 이윤 증가만을 포함시킨다. 비금융 부문의 예전 기록과 비교해볼 때, 세후 수익성은 그럭저럭 괜찮은 성적을 보이고 있다.

우선 금융 기업부터 살펴보자(도표 10-1). 최근 2년간의 세전 수익성은 과거 60년 평균에 가깝다. 그러나 법인세로 인한 부담이 줄어들었기 때문에 최근의 세후 수익은 과거 60년간의 평균보다 훨씬 높다.

비금융 기업의 경우(도표 10-2), 최근 2년간의 세전 수익성이 과거 60년간의 평균보다 낮다. 그러나 법인세로 인한 부담이 감소하면서 최근 2년간의 세후 수익성은 과거 60년간의 평균보다 오히려 높아졌다.

최근 2년간 세후 이윤이 비금융 부문 GDP에서 차지한 비중은 과거 60

도표 10-2 비금융 부문(비금융 부문 GDP 100달러당 연간 평균 이윤)

	세전 이윤	세후 이윤
2004~2005년	11.63	8.27
1946~2005년	13.19	7.76

출처: 경제분석청   주: 수치는 달러

년 동안의 평균에 비해 높다. 비금융 부문의 GDP 성장 속도는 전체 GDP 성장 속도에 비해 전혀 뒤처지지 않는다. 전체 GDP 대비 비금융 부문 GDP가 최고치를 기록했던 1981년 이후의 기간을 대상으로 비교를 해보자. 1981년부터 2005년까지, 전체 GDP는 연간 평균 4.7퍼센트의 성장 속도를 보인 반면, 비금융 부문의 GDP는 연간 평균 4.2퍼센트씩 성장했다(GDP는 명목상 달러를 기준으로 한다).

보상에 관한 아이러니

자본가들이 이윤을 착취할 수 있도록 하고, 노동자들에게는 상대적으로 적은 보상만이 돌아가게 하는 금융업이 승승장구하는 데 대해 개탄의 목소리를 높이기에 여념이 없는 사람도 있을 것이다.

비금융 부문의 보상 비용을 살펴보면, 노동자에게 주어지는 보상 수준이 줄어들고 있다는 징후를 전혀 찾아볼 수 없다(도표 10-3). 2004년과 2005년에 비금융 부문의 GDP에서 노동자에게 돌아가는 보상 비용이 차지하는 비중은 1994년과 1995년에 비해 오히려 높은 수준이었으며, 과거 60년간의 평균과 비슷한 수준이었다.

그러나 금융 부문을 살펴보면 노동자에게 돌아가는 보상 비용이 그다

도표 10-3 **비금융 부문**(비금융 부문 GDP 100달러당 연간 보상 비용)

2004~2005년	64.88
1994~1995년	64.80
1946~2005년	65.39

출처 : 경제분석청　　　　　　　　　　　　　　　주 : 수치는 달러

도표 10-4 **금융 부문**(금융 부문 GDP 100달러당 연간 보상 비용)

2004~2005년	52.94
1994~1995년	56.80
1946~2005년	57.75

출처 : 경제분석청　　　　　　　　　　　　　　　주 : 수치는 달러

지 높아 보이지 않는다(도표 10-4). 노동자에게 주어지는 보상이 GDP에서 차지하는 비중이 비금융 부문에 비해 오히려 낮은 편이며, 2004년과 2005년의 보상 비용이 과거에 비해 오히려 낮아졌다.

《이코노미스트》의 주장처럼 금융 부문의 자본가들이 노동자를 희생시킨 대가로 국민 소득의 점점 많은 부분을 차지하고 있는지도 모른다.[15] 비금융 부문의 GDP 대비 보상 수준은 금융 부문에 비해 확실히 높은 편이다. 그러나 비중에 차이가 있다고 해서 금융 부문에서 일하는 사람이 비금융 부문의 노동자에 비해 벌어들이는 평균 수입이 반드시 낮다고 볼 수는 없다. 노동통계청의 자료를 보면, 금융 부문 종사자가 비금융 부문 종사자에 비해 오히려 더 많은 돈을 벌고 있다. 따라서 금융 부문 GDP에서 보상 비용이 차지하는 비중이 낮다고 해서 수입 자체가 낮다고 평가하는 것은 무리가 있다.

11장

임금 고용 데이터의
변화

미국의 경제 전문 채널 CNBC에서 〈스쿼크 박스〉라는 프로그램의 진행을 맡고 있는 마크 하인즈는 2004년 1월 9일 오전 8시 24분에 마치 괴물을 스튜디오 내에 풀어놓기라도 한 양 다급한 목소리로 다음과 같은 말을 남겼다. "지금부터 몇 분간 방송되는 내용을 놓치시면 안 됩니다. 다음 소식은 고용 동향입니다."[1]

〈스쿼크 박스〉는 광고를 몇 편 내보넌 후 초대 손님들간의 대담을 내보냈다. 다우존스의 예측 전문가들은 비농업 부문의 일자리 수가 15만 개 증가할 것이고 실업률은 현 상태를 유지할 것이라는 의견을 내놓았다. 영향력 있는 경제학자이자 〈스쿼크 박스〉의 보조 진행자이기도 한 래리 커들로는 "지난번에도 정답을 맞츠지 못하긴 했지만 저도 높은 쪽에 설게요"라고 말하며 15만 개 이상의 일자리가 늘어날 것이라는 의견을 내놓았다. 반면 하인즈는 "저는 좀 낮을 거라고 생각합니다"라고 말했다. 그는 "생산성이 증가하면 일자리가 상대적으로 줄어드는 경향이 있지 않습니까"라며 생산성이 일자리에 미치는 영향을 자기 식대로 해석해버렸다(노동자의 생산성이 높아져서 필요한 노동력이 줄어들 때에만 생산성의 증가가 일자리의 증가에 악영향을 미친다).

그러고 나서 하인즈는 갑자기 큰 소리로 "이제 그만 합시다. 이제 다른 주제로 넘어가죠. 데이터가 나오면 그때 봅시다"라고 외쳤다.

〈스쿼크 박스〉는 몇 편의 광고를 내보낸 후 다시 하인즈의 모습을 비추었다. 하인즈는 워싱턴에 있는 햄튼 피어슨 특파원을 생방송으로 연결해주었고 피어슨 특파원은 노동부라는 팻말이 달려 있는 문 앞에 서서 수치들을 빠른 속도로 읽어내려갔다. 이후에 수정된 발표자료를 보면 일자리에 관한 피어슨 특파원의 보도 내용은 모두 잘못되었거나 오해를 불러일으킬 만한 것들이었다. 다음은 피어슨의 보도 내용이다. "12월에는 일자리가 고작 1,000개 증가했습니다(이후 12만 2,000으로 수정되었다). 고용현황이 가장 열악했던 분야는 바로 소매 부문으로 무려 3만 8,000개의 일자리가 줄어들었습니다(이후 3,500개의 일자리가 늘어난 것으로 수정되었다). 11월의 수치들은 원래 발표되었던 수준에서 오히려 하향 조정되었습니다(이후 다시 상향 조정되었다)."[2]

피어슨 특파원은 12월의 고용 현황이 전반적으로 매우 실망스럽다고 말했다. 그러나 이후 수정된 데이터의 내용을 미리 알았더라면 결코 그와 같은 표현을 쓰지 않았을 것이다. 전문가들은 일자리가 15만 개 증가할 것이라고 했지만 피터슨은 겨우 1,000개의 일자리가 늘어났다고 설명했다. 그러나 수정된 데이터를 보면 12월에 늘어난 일자리 수는 12만 2,000개다. 하향조정이 아니라, 상향조정이 이루어진 것이다.

그 방송이 나간 날, 채권 수익률이 하락했다. 일반적으로 경제가 악화될 것이라는 보도자료가 발표되면 채권 수익률이 하락하곤 한다. 2004년 1월 9일, 재무부에서 발행하는 2년 만기 채권의 수익률은 무려 0.17포인트 하락하여 1.68퍼센트를 기록했다. 상향 수정된 수치가 같은 날 발표되었더라면 결코 이 같은 일은 발생하지 않았을 것이다.

〈스쿼크 박스〉는 비슷한 종류의 프로그램 중에서도 고용 동향, 경제 데이터 등에 많은 시간을 할애하는 아침 프로그램이다. 나는 지난 몇 년간 〈스쿼크 박스〉를 시청해왔고 게스트로 출연한 적도 있다. 11장에서 〈스쿼크 박스〉의 질에 대해 언급하는 내용이 무자비하게 느껴질 수도 있다. 그러나 〈스쿼크 박스〉뿐 아니라 이 프로그램과 경쟁을 하는 다른 프로그램들도 같은 문제를 안고 있다.

〈스쿼크 박스〉에서 매달 내보내는 고용 동향에 관한 방송에는 통찰력이 담겨 있다. 쇼의 진행자인 마크 하인즈는 가끔 실수를 하기도 하지만 필요할 때에는 게스트의 부질없는 자만을 꼬집기도 하는 현명한 사람이다. 하인즈는 상식을 벗어난 발언을 하는 광신자들을 저지하기도 하고 항상 시장이 상승세를 타고 있다고 치켜세우는 래리 커들로를 "미국의 로렌스"라고 얘기하기도 한다. 하인즈는 특유의 손짓으로 신뢰성이 떨어지는 분석을 내놓는 초대 손님들에게 무안을 주기도 한다. CNBC의 스티브 리스먼 수석 경제 전문기자가 허리케인이 발생한 이후의 고용 자료에 대한 분석을 내놓았을 때도 하인즈는 브실한 기록을 가지고는 그 어떤 것도 추정할 수 없다고 따끔하게 일침을 놓았다.

그러나 하인즈가 필요할 때마다 끼어든다면, 프로그램의 진행 자체가 매번 지연될 수도 있다. 각종 데이터가 좀더 그럴듯하게 보이도록 만들다 보면 데이터의 중요성 자체는 자칫 뒷전으로 밀려날 수 있다. 보고서의 세부 내용에 지나치게 집중하다 보면 의미 없는 수치를 계속 언급하게 될 수도 있다. 리스먼 기자가 실업률 데이터의 0.01퍼센트라는 미세한 차이에 대해 끊임없이 언급했던 것도 비슷한 경우다. 사실 노동통계청에서는 0.1퍼센트까지의 차이는 통계적 오류 범위 내에 들어 있다고 설명하고 있다(12장에서 관련 내용을 다룰 것이다). 노동통계청에서 40만 개 이하의 일자리 변화는 의미가 없다고 계속해서 경고를 하는데도 불구하고 커드로우가 가계조사 결과 일자리가 22만 개 증가했다는 점을 강조하는 것도 비슷한 경우다.[3]

보도 내용 자체가 완전히 틀린 경우도 있다. 도대체 누가 그런 내용을 보도하기로 결정한 건지는 모르겠지만 2004년 11월 5일에 보도된 제조 부문 고용 현황에 대한 내용은 완전 엉터리였다. 《월스트리트 저널》의 레베카 퀵 기자는 생산 현장에서의 고용이 전반적인 고용 증가와 거의 비슷한 추세로 움직이다가 지난달에야 생산 현장에서의 일자리가 1만 8,000개 줄어들었다며 설명을 시작했다. 그러나 실상은 미국 내 전체 고용은 지난 12개월 동안 1.3퍼센트 증가해왔으나 생산 현장에서 늘어난 일자리 수는 겨우 9,000개로 겨우 0.06퍼센트 증가한 것에 불과했다. 퀵 기자는 곧 발표될 예정인 10월분 데이터에서 제조업 부문의 고용이 다시 증가하지 않는다면 "일각에서 우려하는 것처럼 미국 경제가 둔화되는" 징조라고 볼 수 있다고 설명했다.[4] 10월분 데이터가 발표되자, 퀵 기자의 발언은 조용히 잊혀졌다(10월 데이터에는 생산 현장에서의 고용 증가는 주로 임시 서비스직에서 나타난 것으로 드러났다. 임시 서비스직 일자리는 지난 12개월 동안 24만 개 증가했다).

같은 날, 하인즈는 한 가지 실수가 발생하는 걸 막지 못했다. 논평가 잭 부루지안은 대통령 선거가 끝나고 사흘 후에 고용이 증가했다는 데이터가 발표된 만큼, 고용이 증가했다는 데이터에는 아무런 "정치적 의도" 가 없다고 주장했다. 부루지안은 "고용이 진짜 증가한 겁니다"[5]라고 소리쳤다. 부루지안의 얘기는 마치 노동통계청에서 잘못된 데이터를 발표해 선거에 이용되도록 한 책임이라도 있는 양 들렸다.

무디스의 민간 연구소인 이코노미닷컴의 수석 경제학자 마크 잔디는 분별력 있기로 유명한 인물임에도 불구하고 고용주들이 주식 투기하듯 고용을 결정하는 사람들이기라도 하다는 듯 선거 직전인 10월에 노동시장이 상승세를 보였다는 소식에 사뭇 고무된 듯했다.[6]

하인즈는 실제 고용 현황이 발표되기 직전에 쇼에 출연한 게스트에게 앞으로 고용 시장이 어떻게 움직일지 질문을 던지곤 한다. 경제분석청에서 통계학자로 근무했던 로버트 파커가 불만을 토로했던 것처럼 실제 발표되는 수치뿐 아니라 이 프로그램에서 발표하는 자체 예상도 많은 관심을 끌기 때문에 이 같은 진행 방식에는 문제가 있다. 게스트들의 의견을 모아 하나의 통일된 의견을 발표하는 과정에서 프로그램의 질이 떨어지곤 한다.

하인즈가 게스트들의 의견을 모아 내놓은 합의 전망치가 얼마나 정확한지 묻지만 않는다면 조금은 나을 것이다. 대부분의 경우, 〈스퀘크 박스〉에 출연한 게스트들이 내놓은 의견을 하나로 종합한 합의 전망치는 공식 발표된 수치를 기준으로 오차 범위 50퍼센트 내에도 들어가지 못한다.

신문에 대문짝 만하게 등장하는 숫자를 맹신하지 말자

〈스퀘크 박스〉를 예로 들어 지적한 문제는 빙산의 일각일 뿐이다. 이론적으로는 고용 추이를 매 시간, 매일, 매주, 매달, 매 분기, 매년, 10년마다 발표할 수 있다. 수십 년 전에 매달 발표하기로 결정한 것뿐이다. 그러나 어떠한 결정이 내려졌다고 해서 그 결정이 반드시 최선인 것은 아니다. GDP 추정치를 분기별로 발표하는 대신 매달 발표하자는 제안이 있었던 적도 있다. 매년 GDP에 대한 자료가 단 네 번 발표되는 대신 열두 번 발표되는 쪽으로 결론이 내려졌다면 시장의 반응은 뜨거웠을 것이다.

칼자루를 쥔 사람들이 이 제안을 무산시키는 쪽으로 결론을 내렸으니 그 저 감사할 따름이다.

임금 고용 동향이 매달, 매 분기, 매 반기 발표될 때마다 여기저기서 흘러나오는 잡음들이 모두 사라질 수 있다면 얼마나 좋을까.

내가 제안하고 싶은 것은 일종의 타협이다. 노동통계청에서는 매달 발표하는 새로운 수치와 전월에 발표한 수치를 수정한 데이터가 우리가 알아야 할 지식의 12분의 1에 불과하다는 점을 분명하게 밝혀야 한다. 열두 달치의 데이터가 모두 모여 어떤 일이 일어나고 있는지 이해할 수 있을 때가 되기 전에는 섣불리 데이터를 분석해서는 안 된다. 즉 노동통계청에서는 지금까지와 마찬가지로 매달 보고서를 발표하겠지만 각 매체에서는 매달의 변화에 대해 대문짝 만한 기사를 싣는 대신 12개월간의 변화에 대한 정보를 제공해야 한다.

그림 11-1 비농업 부문 임금 고용

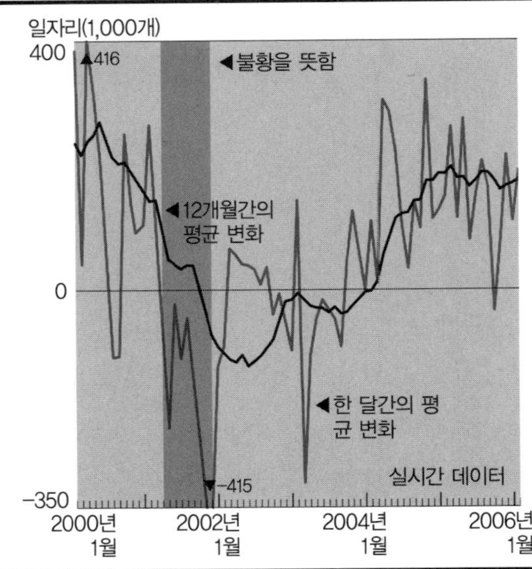

출처 : 노동통계청

166

자, 내 의견에 동의한다면 12개월간의 평균치가 무엇을 할 수 있는지, 지난 몇 년 동안 어떻게 움직여왔는지 살펴보자.

한 개의 그래프가 천 마디만큼의 값어치가 있다면, 그림 11-1에서 11-4에 이르는 네 개의 그림은 백만 마디 이상의 값어치가 있다. 시장, 언론 매체, 정책 입안자들, 〈스퀘크 박스〉의 출연자들이 조금만 관심을 갖고 이 그래프들을 살펴본다면 최소한 수백만 마디의 불필요한 말을 아낄 수 있다. 네 개의 그래프는 각각 실시간 데이터, 즉 당시에 알려져 있던 데이터를 사용하고 있으며 12개월 평균 임금 고용의 변화 현황을 한 달 평균, 석 달 평균, 여섯 달 평균치의 변화 현황과 비교하고 있다. 네 개의 그래프는 사실상 모든 월별 변화를 보여주고 있다고 해도 과언이 아니다.

네 개의 그래프를 통해 얻을 수 있는 교훈은 바로 임금 고용의 추세를 파악하고자 할 때 1개월, 3개월, 6개월간의 평균 변화 데이터는 아무런 의

그림 11-2 비농업 부문 임금 고용

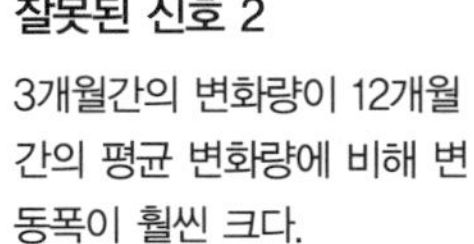

잘못된 신호 2

3개월간의 변화량이 12개월 간의 평균 변화량에 비해 변동폭이 훨씬 크다.

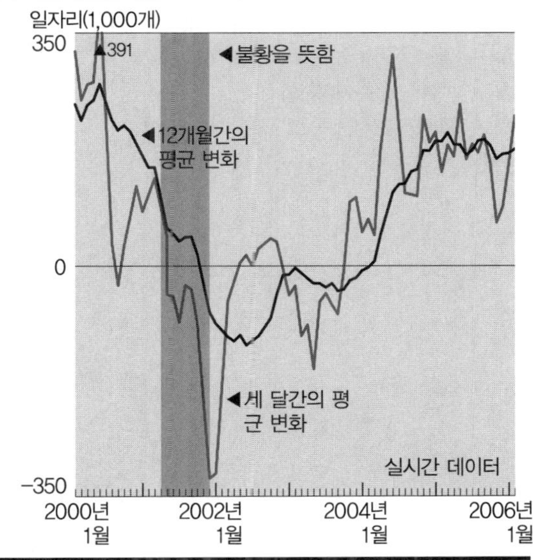

출처 : 노동통계청

미가 없다는 것이다. 다만 이 데이터들은 시의성이 뛰어날 뿐이다. 추세에 변화가 생기면, 이 세 종류의 데이터는 갑작스러운 변화를 나타낸다. 그러나 이 세 가지 데이터는 사실상 혼란을 가중시킬 뿐이다. 잘못된 신호와 진짜 신호를 구별하는 것이 불가능하다. 물론 12개월 평균 변화 현황에 대한 데이터에서도 급작스러운 변화가 나타나는 경우가 있다. 그러나 대부분의 경우 12개월간의 평균 변화를 보여주는 데이터에 변화가 감지되기 시작했는데 다시 갑자기 전체적인 흐름이 뒤바뀌는 경우는 없다.

혹여라도 주식시장에서 주가에 지대한 영향을 미치는 업체들이 이미 파산해버린 경우가 아니라면 한 달간의 변화를 나타내는 수치가 무슨 의미가 있을까? 2003년 5월, 노동통계청에서는 월간 변화량의 변동폭을 줄이기 위해 계산 방법을 개선했다. 방법을 개선함으로써 어느 정도는 도움이 되었지만 월간 변화 추세가 마치 심전도 그래프처럼 보이는 건 어

그림 11-3 비농업 부문 임금 고용

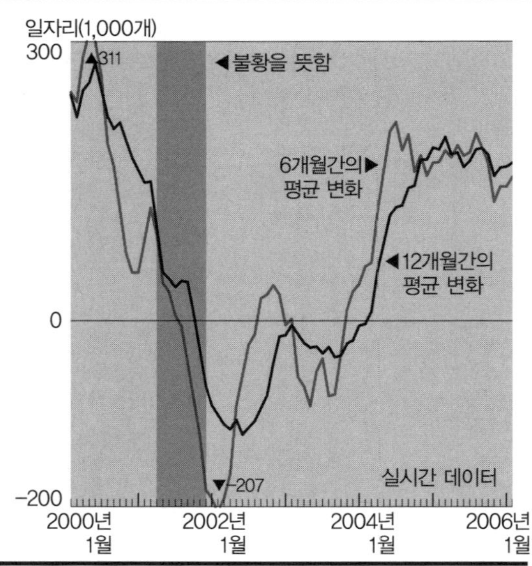

출처 : 노동통계청

168

쩔 수 없었다. 그렇다면 3개월간의 평균치를 나타내는 데이터는 12개월 간의 평균치를 나타내는 데이터에 비해 변화를 빨리 예측하는가? 수많은 잘못된 신호를 계산에 넣는다면 그렇지 않다. 2001년 2월과 2002년 9월 을 살펴보면, 마치 임금 고용이 회복세를 띠는 것처럼 보이지만, 곧 하락 세로 돌아서고 만다. 2004년 초에도 급상승하지만 곧 하락한다. 6개월간 의 평균치를 나타내는 그림 11-3의 그래프를 보면, 2004년 여름에 임금 고용이 상승하는 것처럼 보이지만 곧 하락세로 접어든다. 좀더 최근의 추세를 보면, 6개월 평균치가 12개월 평균치에 근접해서 움직이고 있다. 그러나 6개월 평균치의 추세가 갑작스레 바뀐다면 그 변화를 믿어야 할 이유가 없지 않은가.

　네 개의 그래프는 일반적으로 널리 쓰이는 방식대로 1,000개의 일자리 를 기본 단위로 하고 있다. 그러나 나는 노동통계청 측에 매달의 변화량

임금 고용의 실제 월별 변화
추세는 계절조정 변화 추세
에 비해 변동폭이 크다.

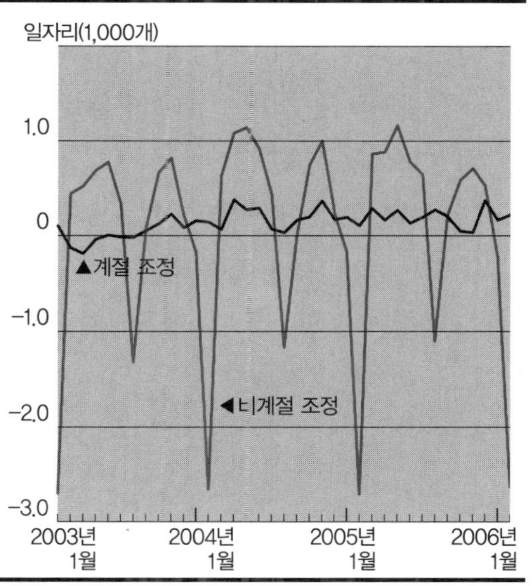

출처 : 노동통계청

을 전년 동기 대비 퍼센트 변화로 표시해줄 것을 요청했다. 그 이유에 대해서는 뒤에서 설명할 것이다. 가령 "지난 1월 비농업 부문 고용이 19만 3,000개 증가했다"고 하는 대신 "지난 1월 비농업 부문의 고용이 전년 동기 대비 1.6퍼센트 상승했다"고 하는 식으로 바꾸자는 것이다. 각 부문 및 산업별(제조, 소매 등) 고용의 변화도 이와 같은 방식으로 기록하는 것이 바람직하다.

1,000개 단위로 일자리의 변화 추세를 기록하는 것은 데이터 자체의 의미를 퇴색시킨다. 게다가 데이터의 잘못된 기록 방식 때문에 노동시장에 대한 위험한 오해가 발생하기도 한다.

〈스퀴크 박스〉 식의 오류

전월 대비 데이터가 변동성이 높은 건 사실이다. 그러나 변동성이 없는 데이터가 어디 있냐며 반문을 하는 사람도 있을 것이다. 가령 시장의 변동성 또한 높지만 그 변화는 주가 지수에 고스란히 반영된다. 임금 고용 데이터가 과연 같은 달에 실제 발생한 변화를 반영한다는 이유로 보고될 가치조차 없는 것일까라는 의문을 제기할 수도 있다.

〈스퀴크 박스〉 식으로 데이터를 취급하려면, 모든 종류의 데이터를 시장이 마감할 때의 데이터처럼 여겨야 할 것 같다. 그러나 그럴 수도 없고 그래서도 안 되는 세 가지 이유가 있다. 그 이유란 다름 아닌 **표본 오차, 수정, 계절조정**이다. 이 세 가지에 대해 자세히 살펴보자.

표본 오차

임금에 관한 조사는 민간 및 정부 부문에 있는 40만 개의 기업을 대상

170

으로 이루어진다. 비교적 표본의 범위가 넓은 것은 사실이지만 전월 대비 변화량을 추정할 때 표본 오차는 무려 10만에 가깝다. 즉 일자리 7만 개가 늘어났다는 조사 결과가 발표됐다면, 실상 3만 개의 일자리가 줄어들었을 수도 있는 것이다.

산업별 일자리 데이터의 경우 각 산업의 규모에 따라 표본 오차가 더욱 심해질 수도 있다. 어느 달이건 간에, 산업별 표본 오차가 발표 변화량보다 큰 경우가 많다. 하인즈를 비롯한 출연자들이 이러한 변화들을 인용한다면 이 수치들은 의미를 잃게 될 것이다.

경제컨설턴트 버나드 보몰은 자신의 저서 『세계 경제지표의 비밀』에서 "미국 재계는 3만 개의 일자리를 창출할 만큼 건전하다"[7]고 설명했다. 그는 그 경우의 표본 오차가 ±9만이라는 사실을 잊어버렸던 듯하다. 표본 오차를 염두에 두고 위 문장을 재해석하면, "미국 재계"가 6만 개의 일자리를 줄여야 할 만큼 **건강하지 못한** 상태일 수도 있다. 그러나 전년 동기 대비 데이터를 사용하면 표본 오차는 무시할 수 있는 수준으로 줄어든다.

수정

표본 오차 외에도 데이터 수정이라는 또 다른 문제가 있다. 모든 수정치에는 최초로 발표한 데이터와 전혀 다를 위험이 내재되어 있다. 2001년 1월에는 일자리가 26만 8,000개 늘어났다는 발표가 있었지만 수정 후에는 오히려 일자리가 5만 3,000개 줄어든 것으르 나타났다. 어디 이뿐인가. 1998년 10월에 발표된 고용 동향 보고서는 9월에는 일자리가 총 15만 7,000개 늘어났으며 10월에는 11만 6,000개 늘어났다고 했다.[8] 이 보고서로 인해 연방준비위원회는 단기 금리를 0.25퍼센트 낮추었다. 그러나 실제로는 9월에는 22만 1,000개, 10월에는 19만 7,000개의 일자리가 늘어난 것을 알았더라면, 연방준비위원회의 결정은 달라지지 않았을까.

수정이 끝난 후에도 월별 데이터는 여전히 근사치에 불과하다. 매년 1월이면 각 주의 실직 보험 제도의 데이터를 바탕으로 하는 '분기별 고용 및 임금 동향 보고서'의 결과에 맞춰 지난해 3월에 발표된 데이터가 수정된다. 그러나 매년 3월을 기준으로 수정을 하기 때문에 매달의 변화를 정확하게 반영한다고 보기는 어렵다. 3월을 제외한 다른 달의 데이터는 추정치라고 볼 수 있다.

노동통계청의 데이터 집계 방식은 지난 몇 년 동안 개선되어왔다. 물론 그렇다고 해서 수정의 필요성이 훨씬 줄어들었다고 장담할 순 없다. 그러나 한 가지 확실한 사실은 12개월간의 추세는 확실히 월간 데이터보다 정확하다는 것이다.

계절조정

자, 이제 좀더 놀라운 이야기를 해보겠다. 통계청에서 발표하는 데이터와 현실 간에는 너무나도 큰 차이가 있다. 그 이유는 바로 계절조정 때문이다.

사실 이 책에서 지금까지 인용한 모든 수치들은 '계절적 요인에 맞추어 수정한' 수치들이다. 계절조정의 과정에 대한 설명 없이 조정이 되었다고만 말하는 것은 아무런 의미가 없다. 계절조정이 필요한 이유는 사실상 모든 경제 관련 데이터들이 계절적 요인에 의해 크게 좌우되기 때문이다. 가령 매년 1월이면 일자리 수가 현저하게 줄어든다. 고용 경기가 좋다 하더라도 마찬가지다. 반대로 매년 4월이 되면 일자리 수가 급증한다. 경기가 나쁜 해에도 결과는 같다. 따라서 노동통계청에서는 해당 월에 일반적으로 고용이 어느 정도 증가 또는 하락할 것으로 예상되는지에 따라 원래의 수치를 늘리거나 줄여서 발표한다. 고용 현황이 예년의 수

172

준을 넘어서야 계절조정을 한 뒤에도 고용이 증가한 것으로 나타난다. 반대로 고용 현황이 예년에 비해서도 나쁜 경우에는, 계절조정 이후에도 고용이 줄어든 것으로 나타난다. 계절 요인에 따른 변화가 너무 심해서 계절조정이 끝난 수치를 보면 상대적으로 비현실적인 것처럼 느껴지는 경우가 많다.

2006년 1월, 노동통계청에서는 "1월 한 달간 19만 3,000개의 일자리가 늘어났다"고 발표했다.[9] 그러나 전혀 가공을 거치지 않은 실제 데이터를 보면 오히려 262만 5,000개의 일자리가 줄어들었다. 노동통계청에서 **계절조정** 결과 일자리가 19만 3,000개 늘어났다고 표현했다 하더라도, 이 발표문을 통해 실제 어떤 일이 일어났는지 추측하기란 불가능하다. 실제 고용 증가 현황에 대한 좀더 정확한 표현은 다음과 같다. "일자리 수가 **예년 1월 평균치에 비해** 19만 3,000개 덜 줄어들었다." 그러나 이 표현만으로는 변화의 크기를 가늠하기가 쉽지 않다. 따라서 1월의 고용 현황에 대한 가장 정확한 표현은 다음과 같다. "1월 한 달 동안 일자리가 262만 5,000개 줄어들었다. 19만 3,000개의 일자리가 더 줄어들었더라면, 예년 1월 수준과 같아져 계절조정 고용 현황에는 변화가 없었을 것이다. 그러나 예년에 비해 19만 3,000개 덜 줄어들었기 때문에, 계절적인 요인을 고려하였을 때 일자리가 19만 3,000개 늘어났다고 표현하는 것이다."

1월에 일자리 수가 가장 많이 줄어드는 이유는 소매, 건설, 교육 등을 포함한 주요 산업에서 1월이 되면 인원을 감축하기 때문이다. 그러나 1월을 제외한 다른 달에도(그림 11-4), 계절적 요인을 고려하지 않은 실제 변화의 정도는 계절 요인을 감안한 변화 수준보다 크다. 일자리가 가장 많이 증가하는 시기는 4월과 10월이다. 2003년 4월에는 실제 일자리 수가 65만 2,000개 증가하였다. 그러나 노동통계청에서 발표한 계절 조정 데이터에서는 일자리 수가 오히려 6만 8,000개 줄어든 것으로 나타났다.

노동통계청의 조사 결과를 좀더 자세히 설명하자면 다음과 같이 표현할 수 있다. 실제로는 일자리가 65만 2,000개 증가했지만 **예년 같은 달에 비해서는** 오히려 일자리가 6만 8,000개 **줄어들었다.**[10]

계절조정의 타당성에 의문을 제기하기 위해 위 내용들을 언급한 것은 결코 아니다. 오히려 데이터 수집 기간이 12개월이 채 되지 않을 때에는, 계절조정은 필수적으로 거쳐야 하는 과정이다. 여기서 말하고자 하는 내용은 바로 계절조정은 실제로 발생한 일을 정확하게 반영하기 위해 만들어진 것이 아니라 왜곡하기 위해 만들어진 것이라는 점이다. 계절조정의 목적은 숨어 있는 추세를 파악하는 것이다.

그러나 원하는 자료가 1년간의 추세라면 계절조정을 반드시 거칠 필요는 없다. 월별 전년 동기 데이터를 비교할 때에는 증권가에서 분기별 성과를 전년 동기에 대비할 때와 마찬가지로 계절조정 기능이 내재되어 있다고 볼 수 있다. 사실 12개월을 주기로 데이터를 비교할 때에는 계절조정 데이터나 계절조정 과정을 거치지 않은 데이터나 그 비교 결과에는 큰 차이가 없다.

정말 그런지 살펴보려면, 계절조정 데이터에서 계절조정 과정을 거치지 않은 데이터를 빼서 비교해보면 된다(도표 11-1). 1월에는 계절조정 데이터와 계절조정 과정을 거치지 않은 데이터 간의 차이가 가장 크게 나타난다. 그러나 12개월을 기준으로 하면 두 데이터간의 차이는 미미한 수준이다.

계절조정을 거친 경우와 그렇지 않은 경우를 각각 계산해보자. 2006년 1월 데이터에서 2005년 1월 데이터를 빼서 12로 나누어보면 월별 평균 증가치는 17만 4,000개 또는 17만 1,000개다.

또는 2006년 1월의 데이터를 2005년 1월의 데이터로 나누면 두 경우 모두 1.6퍼센트 증가라는 결론이 나온다.

도표 11-1 **비농업 부문 전체 임금 고용 현황**

	(1) 2006년 1월	(2) 2005년 1월	[(1)−(2)]/12
계절조정	134,564	132,471	174
비계절조정	132,419	130,368	171

출처 : 노동통계청 　　　　　　　　　　　　　　　　주 : 숫자 단위는 천

제멋대로의 표현은 이제 그만

2006년 1월을 기준으로 과거 12개월 동안 일자리가 매달 평균 17만 4,000개 늘어난 걸까, 일자리 수가 전년 동기 대비 1.6퍼센트 상승한 것일까? 두 가지 모두 틀린 건 아니지만 난 두 번째 표현법을 선호한다. 그 이유는 다음과 같다.

우선 과거의 데이터와 비교할 때 가장 적절한 방법이 바로 퍼센트로 변화량을 표현하는 것이다. 2005년에 17만 8,000개의 일자리가 늘어난 것과 1995년에 17만 8,000개의 일자리가 늘어난 것은 전혀 다른 의미를 갖는다. 2005년에는 1995년에 비해 일자리 자체가 많았기 때문에, 늘어난 일자리 수가 아니라 퍼센트로 변화의 정도를 표현해야 한다. 생각해 보라. GDP가 420억 달러 증가했다고 말하는 대신, 3.5퍼센트 증가했다고 표현하지 않는가.

둘째, 퍼센트로 변화의 정도를 표현하면 실수를 줄일 수 있다. 경제학자들이 사람들을 웃겨볼 요량으로 일부러 그러는 건지 모르겠지만 예상치를 내놓을 때 단위를 아무렇게나 사용한다. 노동통계청에서는 고용의 증가를 표현할 때 세자릿수 단위로 표현한다. 앞서 살펴본 도표 11-1의

경우에서라면 퍼센트 증가치가 1.66퍼센트가 된다. 그러나 이 같은 표현 방식은 바보들이나 좋아할 만한 것이다.

마지막이자 가장 중요한 이유는 바로 **제멋대로 표현함으로써 발생하는 오류를 줄일 수 있다는** 것이다.

> 미국 경제는 33만 7,000개의 신규 일자리를 **창출했다.**[11] (《뉴욕 타임스》, 2004년 11월 6일)

> 고용주들은 20만 7,000개의 일자리를 **만들어냈다.**[12] (《USA 투데이》, 2005년 8월 25일)

> 지난 금요일, 노동부는 기업들이 경제학자들의 예상치의 절반에 불과한 11만 2,000개의 일자리를 새롭게 **창출했다고** 발표했다.[13] (《월스트리트 저널》, 2004년 12월 6일)

계절조정을 거치지 않았다 하더라도, 이 수치들은 너무나도 잘못된 방식으로 표현되어 있다. 위 세 가지 예는 한 달간의 일자리 창출 현황을 묘사하는 각 언론 매체의 표현 방식이 얼마나 다른지를 보여준다. 노동통계청에서 발표하는 **분기별 고용 및 임금 동향**에 의하면 민간 부문에서는 통상적으로 매년 1,400~1,600만 개 정도의 일자리를 창출하며, 이는 곧 매달 평균적으로 100만 개 이상의 일자리가 새롭게 생겨난다는 뜻이기도 하다.[14] 만일 한 해 동안 200만 개의 일자리가 생겨난다고 하면, 이는 단지 새롭게 생겨난 일자리와 사라진 일자리 간의 차이를 나타낼 뿐이다. 바로 그것이 "11만 2,000"이라든지 "20만 7,000"이라고 표현하는 것의 의미다. 그러나 언론에서는 계속해서 이같이 작은 수치들과 실

176

제 창출된 일자리 수를 혼동한다.

왜 이것이 중요한가? 만일 우리가 20만 7,000거의 일자리가 새로 생겨났다는 소식을 듣고 한 달간의 고용 시장 현황이 좋다고 생각한다면 외국인들이 미국인들의 일자리를 빼앗아간다며 겁을 주는 루 답스나 로스 페롯 같은 사람들의 말에 농락당하기 십상이다(6장에 관련 내용이 자세히 나와 있다). A라는 회사가 만 명의 직원을 해고했다고 생각해보자. 비슷한 발표가 스무 번만 나더라도 신규 **창출된** 일자리 수를 상쇄하게 된다. 2015년경이 되면 '340만 개의 화이트칼라 서비스직'이 임금 수준이 낮은 나라로 옮겨갈 것이라는 말은 엄청난 위협처럼 들린다. 하지만 민간 부문이 현 상태를 유지하기 위해서는 매년 최소 1,200만 개 이상의 일자리를 만들어낼 수밖에 없다는 사실을 알고 있는 사람이라면 이 같은 소식에 눈도 깜짝하지 않을 것이다.

노동통계청에서 전년 동기 대비 변화 정도를 퍼센트로 발표한다면, 제멋대로 표현하는 관행은 사라질 것이다. 뿐만 아니라 계절요인을 반영하지 않은 수치들을 멋대로 표현하는 관행은 사라져야 한다.

"지난 1월 고용의 증가세가 지속되면서 미국 노동자들의 걱정을 덜어주었다."[15] (《파이낸셜 타임스》, 1999년 2월 6일)

그러나 매년 1월에는 일자리가 200만 개 이상 줄어든다.

"경기가 좋지 않은 가운데 기업들이 인원 감축에 나서서 신규 일자리 창출이 어려워지고 있다."[16] (《뉴욕 타임스》, 2001년 5월 5일)

그러나 매년 4월에는 고용이 50만 개 이상 증가한다.

나는 이 같은 오류들이 더 이상 발생하지 않기를 원한다. 시의성 있는 데이터를 발표하겠다는 일념으로 데이터의 질을 손상시켜서는 안 된다. 통계자료를 발표하는 기관에서 제대로 된 데이터를 발표해야 할 의무를 다하지 않으면, 대중의 강한 반발에 부딪히게 될 것이다(연방준비위원회에서 단기 데이터에 관해 좀더 신경을 쓴다면, 채권시장도 그렇게 될 것이라는 주장이 있다. 자세한 내용은 12장을 참조하기 바란다).

그러나 그렇다고 해서 언론에서 보도하는 임금 고용 데이터를 무시하라는 뜻은 아니다(또한 임금 고용 데이터만 문제라는 뜻도 아니다). 11장에서 내가 언급한 모든 내용은 소매 판매, 산업 생산량, 무역 적자, 주택 판매, 소비자 물가 지수 등 사실상 모든 종류의 월간 데이터에도 똑같이 적용되는 것들이다.

12장

실업률을 둘러싼
소동은 이제 그만

노동통계청에서 매달 발표하는 고용 동향 보고서에는 채권시장을 움직이는 힘이 있다. 그런데 그것이 과연 채권시장이 올바른 방향으로 흘러가는 데 도움이 될까? 각종 자료들을 살펴보면 고용 동향 보고서는 잘못된 신호를 보내는 경우가 그렇지 않을 때보다 훨씬 많다. 이 장에서는 연방준비위원회가 2004년 6월 단기 금리를 인상한 후 계속되고 있는 단기 금리 증가 추세에 대해 살펴볼 것이다. 고용 동향 보고서의 역할은 실제 경제 흐름을 잘 반영하여 채권시장이 합리적인 방향으로 움직일 수 있도록 정보를 주는 것이지만, 실제로는 그렇지 못하다. 문제는 매달 발표되는 변동성이 높은 데이터에 시장이 지나치게 집착한다는 것이다. 이것이 바로 내가 임금 고용 변화 추세를 발표할 때 월간 변화가 아닌 연간 변화를 기준으로 해야 한다고 주장하는 이유 중 하나다.

그렇다면 실업률은 어떨까? 실업률이란 것은 실업자와 노동인구 간의 비율을 나타내는 것이기 때문에 임금 고용 변화 추세에 비해 변동성이 적다. 따라서 실업률은 반기 변화를 기준으로 하면 된다.

우선 월간 변화 추세를 반기 변화 추세로 대체했을 때 어떤 문제를 예방할 수 있는지 살펴보고, 연간 임금 고용 변화율과 반기 평균 실업률을 사용했을 때 채권시장이 어떻게 움직일 수 있는지 생각해보자.

이 장의 뒷부분에서는 지금껏 알려지지 않았던 닉슨 대통령의 '실업 게이트'에 관한 얘기를 들려줄까 한다. 1971년 닉슨 대통령은 노동통계청의 문제아로 여겨지던 일부 유대인 직원들을 해고했다. 이 얘기를 읽고 나면 노동통계청에서 월간 실업률을 발표하는 대신 6개월 평균 실업률을 발표한다면 결과가 달라질 수 있으리라는 제안이 실현 불가능하다고 생각하게 될지도 모른다. 그러나 월별 수치의 변동성이 높다는 사실은 누구도 부인할 수 없다.

통계적으로 유의미하지 않은 데이터

다음 세 문장은 실제 보도되었던 내용이다. 이 세 문장의 공통점은 바로 통계적으로 의미가 없다는 것이다.

실업률이 5.6퍼센트에서 5.7퍼센트로 상승했다.[1] (《CNN 머니》, 2004년 4월 2일)

실업률이 지난 7월 6.2퍼센트에서 6.1퍼센트로 하락했다.[2] (《뉴욕 타임스》, 2003년 9월 6일)

지난 금요일 노동부에서는 12월 5.7퍼센트를 기록했던 실업률이 1월 5.6퍼센트로 떨어져 2년 만에 최저치를 기록했다고 발표했다.[3] (《월스트리트 저

노동부 산하 기관인 노동통계청에서는 위 세 가지 중 그 어떤 발표도 한 적이 없다. 다만 실업률에 대해 "대략"이라거나 "본질적으로 변화가 없다"고 했을 뿐이다.[4]

실업률이 전월에 비해 0.1퍼센트 높거나 낮은 경우 노동통계청에서는 위와 같은 용어를 꼭 집어넣는다. 노동통계청이 설명한 바와 같이, 월간 상승 또는 하락율이 0.2퍼센트 이내일 때는 통계 오차 내에 있다고 판단할 수 있다. 즉 전국 표본이 6만 가구에 불과한 상황에서 0.2퍼센트의 변화량은 지나치게 미미하다는 뜻이다. 가령 실업률이 5.7퍼센트에서 5.6퍼센트로 떨어졌다면, 새로운 60만 가구의 표본을 선출해서 조사를 실시할 경우 실업률이 오히려 5.8퍼센트로 상승할 수도 있다는 뜻이다.

그러나 0.2퍼센트라는 수치는 표본 오차만을 고려한 것으로 실제 발생할 수 있는 오류에 비해 지나치게 낮은 수치다. 노동통계청에서도 인정했듯이 표본 오차 외에도 다양한 이유들로 인해 오차가 발생할 수 있다. 노동통계청에서는 표본 선정의 문제, 표론에 속하는 응답자로부터의 정보 취득 실패, 응답자가 필요한 시간 내에 정확한 정보를 제공할 수 없거나 제공하기를 원치 않는 경우, 응답자의 실수, 데이터 수집 또는 처리 과정에서 발생하는 오류 등을 오류 발생 원인으로 들고 있다.[5]

노동통계청의 캐슬린 웃고프 위원은 '데이터 발표 및 보도 개선'이라는 주제로 기자클럽에서 열린 한 포럼에서 "X년 이후 최초로 나타난 하락", "Y년 이후 최대 증가"와 같은 통계적으로 유의미하지 않은 변화를 실제로 발생한 중요한 변화인 양 보도하는 언론의 관행에 반대한다는 뜻을 밝혔다.[6]

당시 《워싱턴 포스트》의 기자로 일하고 있던 존 베리는 웃고프의 주장에 대해 뉴스 보도 관행과 맞지 않다고 일축하며 다음과 같이 얘기했다. "당신이 0.1퍼센트의 변화가 통계적으로 유의미하지 않다고 생각한다는 걸 기사에 실을 순 없습니다. 내가 만일 기사에 넣는다 하더라도 편집장이 그 부분은 삭제해버릴 겁니다. 그렇게 사소한 내용들까지 일일이 보도할 순 없지 않습니까?"[7]

그러나 웃고프가 "사소한 내용들까지" 보도해줄 것을 요청한 것은 아니다. 포럼이 열리기 한 달 전 베리는 실업률이 0.1퍼센트 하락한 것을 두고 "지난 봄 이후 실업률이 최저 수준으로 떨어졌다"고 보도했다.[8] 똑같은 변화를 두고 노동통계청에서는 "본질적으로는 변화가 없다"고 표현했다.[9] 베리가 통계청의 설명을 덧붙이는 것은 그리 어려운 일은 아니었을 것이다.

웃고프가 얻은 교훈은 매우 간단하다. 언론에서 0.1퍼센트의 변화를 보도하지 못하게 하는 유일한 방법은 아예 월간 변화 데이터에 접근하지 못하게 하는 것이다. 접근을 막을 수 있는 한 가지 좋은 방법은 바로 월간 변화 추이를 발표하는 대신 반기 변화 추이를 발표하는 것이다.

분모 분해하기

한 가지 아이러니컬한 사실은 언론에서는 실업률이 0.1퍼센트 하락하면 마치 의미가 있는 것처럼 보도하면서 0.2퍼센트 하락하면 의혹의 눈초리를 보낸다는 것이다. 이들은 한결같이 실업률과 노동인구가 동시에 하락하기 때문이라고 주장한다. 그러나 노동인구를 구성하는 두 가지 요소, 즉 고용자와 실업자의 월 변화는 통계적으로 유의미하지 않다.

통계적으로 유의미하지 않다는 것은 실제로는 아무 일도 발생하지 않았다는 것과 같은 뜻이다. 《뉴욕 타임스》의 유키켈 기자는 2003년 12월의 실업률 하락에 대해 다음과 같은 기사를 썼다.

> 수만 명의 미국인들이 일자리를 찾아나서는 대신 노동인구에서 사라지고 있다. 실업률은 5.9퍼센트에서 5.7퍼센트로 줄어들었다. 실업률 하락의 주된 이유는 많은 사람들이 구직 자체를 포기했기 때문이다. 구직활동을 멈추면 더 이상 실업자로 집계되지 않는다. 일반적으로 실업률이 떨어진다는 것은 실업자들이 구직활동을 통해 일자리를 찾았다는 뜻이다. 그러나 노동통계청에서는 12월에는 구직활동을 해야 할 30단 9,000명의 남녀가 노동인구에서 벗어났거나 아예 일자리 찾기를 포기했다고 밝혔다.[10]

12월에는 실업자 25만 5,000명, 고용자 5만 4,000명이 줄어들어 전체 노동인구가 30만 9,000명 줄어들었다. 일반적으로 노동인구의 하락 추세는 오래 지속되지 않는다. 1951년 이후 한 해도 빠짐없이 노동인구가 증가했기 때문에 유키텔 기자는 12월에 노동인구가 감소했음을 나타내는 데이터를 보고서 혼란스러워하며 다음과 같은 허석을 내놓은 것이다. (1) 25만 5,000명의 실업자가 구직활동을 포기했기 때문에 노동인구가 그만큼 줄어들었다. (2) 직장이 있던 5만 4,000명의 고용자들이 일자리를 잃은 후, 구직활동을 하는 대신 노동인구에서 빠져나가버렸다. (3) 노동인구에서 빠져나간 위의 30만 9,000명의 사람들이나 이들과 유사한 부류의 사람들이 새롭게 구직활동을 하기 시작하면 실업률은 다시 증가하게 될 것이다.

조금 달리 생각해보자. 가령 고용자의 숫자가 5만 4,000명 줄어든 것이 아니라 23만 6,000명 증가했다고 상각해보자. 이 경우, 고용자가 23만 6,000명 증가했다는 것은 곧 실업자가 23만 6,000명 줄어들었다는 것과 같은 뜻이 된다. 이전에는 실업자로 집계되었던 23만 6,000명의 사람들이 고용자로 나타나게 된다. 즉 노동인구는 변함이 없지만 실업률은 5.9퍼센트에서 5.7퍼센트로 줄어들게 된다.

내가 유키텔 기자와 다른 해석을 내놓는 이유는 다음과 같다. 노동통계청에서 내놓는 수치들의 표본 오차를 감안했을 때, 내가 해석한 경우와 같은 일이 실제로 일어났을 수도 있기 때문이다. 노동통계청은 2003년 12월 고용 동향 보고서를 발표하면서 "**고용자** 데이터의 전월 대비 변화량"의 표본 오차가 플러스, 마이너스 29만 명이라고 밝혔다.[11] 다시 말해서, 노동통계청에서는 고용자의 수가 5만 4,000명 줄어들었다고 발표했지만 오히려 23만 6,000명 **증가했을** 수도 있다는 것이다.

노동통계청 측은 같은 보고서에서 "**실업자** 데이터의 전월 대비 변화량"의 표본 오차는 플러스, 마이너스 27만 명이라고 밝혔다.[12] 노동통계청의 공식 발표는 실업자가 25만 5,000명 줄어들었다고 했지만 이 수치가 실제보다 과장되었을 수도 있다는 뜻이다. 실제로는 25만 5,000명이 아닌 23만 6,000명의 실업자가 줄어들었을 수도 얼마든지 있다.

통계적 오류라는 요인이 없었더라면 유키텔 기자는 실업률이 진짜 하락했다고 받아들이지 않았을까.

실업률이 선행지수라고?

비교 기간이 지나치게 짧은 실업률 데이터가 가져올 수 있는 문제점에 대한 마지막 이야기다. 버나드 보몰은 『세계 경제지표의 비밀』이라는 책에 "실업률은 향후에 나타날 경제 둔화 현상을 경고하는 역할을 하기 때문에 선행지수의 역할을 할 수 있다"고 썼다.[13] 이 책을 출판한 와튼 경영

대학원의 출판팀은 실제 결정을 내려야 하는 상황에서 활용할 수 있는 생각과 통찰력 등 중요한 주제를 주로 다루고 있으며 와튼의 기준에 부합하는 책만을 출판하기로 알려져 있다.[14] 버나드 보몰은 실업률 데이터가 과거에 일어났던 두 번의 불경기를 미리 알려주는 역할을 했었다고 설명한다. "1990년과 1991년에 실업률이 3개월 동안 상승했고 이후 경기가 나빠지기 시작했다. 뿐만 아니라 실업률이 바닥을 친 지 1년이 지난 2001년 미국 경제가 불황에 접어들었다."[15]

그러나 보몰이 간과하고 지나친 사실이 있다. 1992년 7월, 1995년 4월, 2003년 6월에 발표된 실업률 데이터를 보면 마치 불황이 코앞에 닥친 것처럼 보이지만 몇 달이 지나도 미국 경제에는 불황의 조짐조차 보이지 않았다.

실업률을 제대로 활용하는 방법

그림 12-1과 12-2에서는 실업률 데이터를 6개월 이동 평균(추세의 변동을 알 수 있도록 구간을 옮겨가면서 구하는 평균–옮긴이)으로 나타내고 있다(이동 평균을 이용하는 까닭은 최근 6개월간의 평균 실업률이 계속해서 갱신되기 때문이다).

6개월 평균 그래프는 2004년 3월에서 2006년 3월까지 지속적으로 하락세를 보이고 있다. 그러나 1개월 평균 그래프는 같은 기간 동안 최소한 세 번 이상 실업률이 상승하고 있다는 잘못된 신호를 보내고 있다(그림 12-1 참조).

3개월 평균 데이터도 마찬가지다. 같은 기간 동안 최소한 두 번 이상 실업률이 상승하고 있다는 잘못된 신호를 보내고 있다(그림 12-2 참조).

1개월 평균 실업률은 6개월
이동 평균 실업률보다 변동
이 심하다.

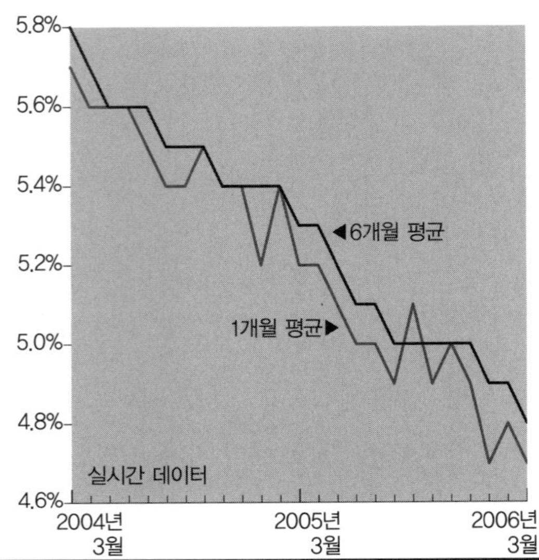

출처 : 노동통계청

3개월 평균 실업률은 6개월
이동 평균 실업률보다 변동
이 심하다.

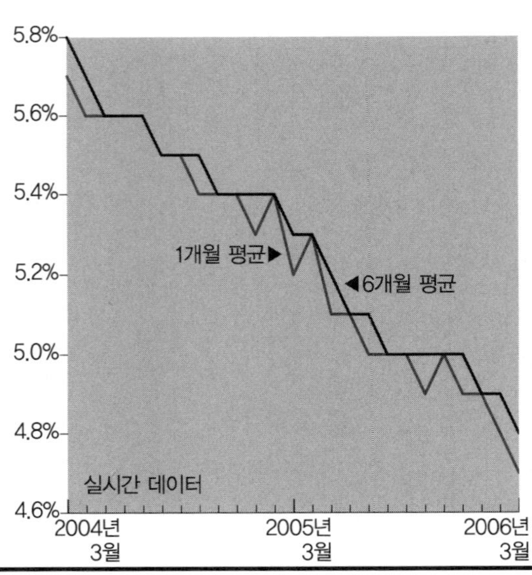

출처 : 노동통계청

186

마지막으로, 임금 고용 데이터를 액면 그대로 받아들이는 대신 계절적 요인에 맞추어 조정을 해야 하는 것처럼 실업률 데이터도 계절조정을 필요로 한다. 봄이 되면 계절 요인으로 인해 실업률이 하락하며 여름과 겨울에는 계절 요인으로 인해 실업률이 상승하기 때문이다.

고용 동향 보고서와 채권시장

고용 동향 보고서가 채권시장에 올바른 신호를 보내기보다 잘못된 신호를 보내는 경우가 많다는 내용으로 12장을 열었다.

그렇다면 우선 합의 전망치가 얼마나 저 역할을 잘하고 있는지 살펴보자. 합의 전망치가 고용 동향의 변화를 잘 예측한다면 실제 수치가 보도되기 전에 채권 가격이 변화를 반영할 수 있도록 돕는 역할을 한다. 반대로 합의 전망치가 고용 동향의 변화를 잘 예측하지 못하면, 채권 가격은 제멋대로 움직이게 된다.

사실, 11장에서도 잠깐 언급했던 것처럼 합의 전망치는 제 역할을 전혀 해내지 못하고 있다. 1998년 1월부터 2006년 3월까지 발표된 합의 전망 데이터 99개를 찾아내 과연 실제 공식 발표된 수치를 기준으로 오차범위 25퍼센트에 있는 수치가 얼마나 되는지 조사해보았다. 예를 들어 실제 발표된 수치가 20만 명이라고 했을 때, 합의 전망치가 15만 명과 25만 명 사이라면 오차 범위 내에 들어 있는 것이다. 독자 여러분 중 많은 수가 오차 범위가 25퍼센트라면 충분히 넓다고 생각할 것이다.

그러나 조사 결과 99개의 데이터 중 무려 75퍼센트가 이 범위 안에 들지 못했다.

기준을 좀더 낮춰 오차 범위를 50퍼센트로 잡아보았다. 좀더 쉽게 설

연령	99개의 데이터 중 오차 범위 내에 들어가는 데이터의 수
25퍼센트	28
50퍼센트	50

출처:「미 경제 전망에 관한 시장 소식 연구:고용」, 《마켓 뉴스 인터내셔널》, 「산업별 비농업 부문 임금 고용 현황 및 일부 산업 해부」, 노동통계청

명하자면, 보도된 수치가 200명일 때 전망치가 100명에서 300명 사이면 되는 것이다. 그 결과는 어땠을까? 99개의 데이터 중 이 범위에 들어가는 수치는 겨우 절반에 불과했다(도표 12-1 참조).

그렇다면 최근 데이터만 추려서 보면 사정이 좀 나을까? 그렇지 않다. 2003년 1월 이후 발표된 합의 전망치가 오차 범위 50퍼센트 내에 들어간 경우는 절반도 채 되지 않았다(도표 12-2 참조).

그러나 합의 전망치가 올바르지 않아 채권시장에서 비농업 부문 고용 동향을 제대로 파악하지 못한다 하더라도 한 번의 기회가 더 남아 있다. 합의 전망치가 8시 30분경에 발표되면, 채권 가격이 상황에 따라 반응할 수 있다.

오차범위	39개의 데이터 중 오차 범위 내에 들어가는 데이터의 수
25퍼센트	10
50퍼센트	16

출처:「미 경제 전망에 관한 시장 소식 연구:고용」, 노동통계청

그러나 과연 채권 가격이 올바른 방향으로 반응할까? 최근에는 단기 금리가 급등했지만 투자 심리 회복에는 도움이 되지 않았다.

2004년 6월 30일부터 2006년 3월 28일까지, 연방준비위원회에서는 연방기금 금리를 0.25퍼센트씩 총 15회 인상했다. 그 결과, 2004년 7월 2일 (2004년 6월 고용 동향 보고서 발표 전날) 2.64퍼센트였던 2년 만기 재무부 채권 수익률이 2006년 4월 7일(2006년 3월 고용 동향 보고서 발표 당일) 4.89퍼센트로 상승했다.

이 기간 동안 고용 동향 보고서가 총 22회 발표되었다. 과연 고용 동향 보고서는 2년 동안 상승한 2.25퍼센트의 금리에 대해 채권시장에 얼마나 정확한 신호를 보내고 있었을까? 제대로 된 신호는 전혀 보내지 못했다고 볼 수 있다.

22개월의 기간 동안 2년 만기 재무부 채권의 수익률이 대략 하루에 0.005퍼센트씩 상승했으므로, 고용 동향 보고서가 발표되었던 22개 날짜에는 채권시장의 금리도 같은 수준으로 상승했어야 마땅하다. 채권시장에서는 총 22회 중 금리가 상승한 횟수는 11회이며, 하락한 횟수는 9회이고, 나머지 2회에는 변화가 없었다. 결국 채권시장에서의 금리는 0.11

도표 12-3 **고용 동향 보고서는 보고서 발표 전날부터 당일까지의 재무부 2년 만기 채권의 변화를 얼마나 잘 예측하였는가(2004년 6월~2006년 3월)**

	일수(일)	전체 상승률(%)
상승	11	82
하락	9	-71
변화 없음	2	0
전체 상승률	22	11

출처:「2년 만기 재무부 채권 수익률」, 연방준비위원회

도표 12-4 **고용 동향 보고서는 보고서 발표 이틀 전부터 하루 전까지의 재무부 2년 만기 채권의 변화를 얼마나 잘 예측하였는가(2004년 6월~2006년 3월)**

	일수(일)	전체 상승률(%)
상승	13	40
하락	7	-30
변화 없음	2	0
전체 상승률	22	10

출처:「2년 만기 재무부 채권 수익률」, 연방준비위원회

퍼센트 상승하여(도표 12-3 참조), 22일 전체를 기준으로 보면 마찬가지로 하루에 0.005퍼센트씩 상승한 셈이 된다.

보고서가 발표되기 바로 전날 금리의 증가율이 더 클 것이라고 생각할 수도 있다. 그러나 하루 평균 0.005퍼센트씩 증가하여 별로 다를 바가 없다. 무언가 결정적인 것을 증명하기에 이 기간이 너무 짧은 것일까? 나는 그렇다고 생각한다. 그러나 그 동안 데이터에 관한 요란한 해석들로 인해 정작 소리 없이 흘러가는 잠재된 실제 추세를 보지 못한 것은 아닌지 생각해볼 필요가 있다. 2006년 3월에 발표된 보고서를 보면 22개월 동안 비농업 부문 일자리가 월 평균 16만 개 증가했다. 1990년대를 기준으로 하면 증가 수준이 대단치 않아 보일 수도 있지만 2006년 3월 당시에는 실업률이 1퍼센트나 하락해 4.8퍼센트로 떨어졌다.[16]

임금 고용 현황 데이터의 연간 변화와 실업률 데이터의 반기 변화를 보면 노동시장이 점점 경직되고 있으며 그 결과 금리가 상승하고 있는 것을 알 수 있다.

대응 방법

노동통계청에서는 변화를 요구하는 내 목소리에 과연 귀를 기울일까? 그럴 리가 없다. 투자자들은 항상 최신 정보를 내놓을 것을 요구한다. 뉴스를 보도하는 기자들은 말할 것도 없고, 언론인, 경제학자, 정부의 통계 전문가들도 자신들의 일자리가 걸려 있는 만큼 이 같은 변화를 환영할 리가 없다.

그렇다고 해서 독자 여러분들이 잘못된 데이터를 있는 그대로 받아들이는 습관을 버리기 위한 노력을 그만둘 필요는 없다.

닉슨과 실업률

"복사본은 없습니다. 이 내용을 절대로 외부에 유출시키지 마세요. 이 메모를 읽은 후에는 파기해주십시오."[17]

1971년 12월 8일 백악관의 찰스 콜슨 특별고문이 백악관의 인사 담당자 H.R. 밥 홀더만에게 전해준 문서에는 과연 어떤 내용이 적혀 있었을까? 거기에는 노동통계청에서 실업률을 계절적 요인에 맞추어 조정하는 방식에 관한 내용이 담겨 있었다.

같은 해 초, 닉슨 행정부가 월별 실업률 데이터에 지나치게 집착하기 시작한 것이 사건의 발단이었다. 닉슨 대통령은 의욕에 차서 노동통계청에서 유대인의 영향력이 얼마나 큰지 조사하라는 지시를 내렸다. 닉슨 대통령의 지시는 결국 노동통계청에서 근무하던 세 명의 유대인에게 큰 피해를 입히게 되었다. 독자 여러분들 중에 역사가가 있다면 좀더 눈을 크게 뜨기 바란다. 이 이야기에 얽혀 있는 몇몇 사건들을 이처럼 잘 엮어서 설명해주는 책은 여태껏 없었다.

1971년 3월 22일, 닉슨 행정부의 노동부 장관으로 일하던 제임스 D. 호지슨은 앞으로는 노동통계청 월간 데이터 발표 시에 기자회견을 하지 않겠다는 깜짝 발표를 했다. 호지슨은 "노동통계청 직원이 정책 관련 질문을 받는 이상한 사태를 피하기 위해" 이 같은 결정을 내렸다고 설명했다.[18]

그러나 기자회견에 대해 좀 아는 사람이라면 누구나 짐작할 수 있듯이 진짜 목표는 해럴드 골드스타인의 입을 막는 것이었다. 골드스타인 부국장은 실업률이 실제로 떨어지고 있는가에 대해 줄곧 회의적인 응답을 하여 3개월 동안 계속해서 백악관의 성미를 돋구고 있었다.

이제 골드스타인은 기자들 앞에 서지 않게 되었다. 호지슨이 기자회견을 하지 않겠노라는 발표를 한 직후 윌리엄 프록스마이어 상원의원은 따로 발표문을 작성하여 자신의 뜻을 밝혔다. 당시 의회 공동경제위원회의 의장으로 일하고 있었던 프록스마이어 상원의원은 골드스타인과 노동통계청의 제프리 무어에게 편지를 보내 고용 데이터가 발표되는 날 공청회에 나와줄 것을 요청했다.

골드스타인은 계속해서 주목을 받았고, 이는 결국 골드스타인의 파멸로 이어졌다.

1971년 7월 2일 공동경제위원회 앞에 등장해 6월의 데이터에 대해 발표하던 골드스타인은 급기야 대통령의 분노를 사고 말았다. 6월 데이터를 보면 실업률이 6.2퍼센트에서 5.6퍼센트로 하락했다. 이 수치를 본 호지슨은 "고용 현황이 실제 개선되었다"[19]며 반가워했다. 그러나 골드스타인은 "실업률의 하락분 중 어느 만큼이 실제 상황을 반영한 것이며 얼마만큼이 통계적인 요인으로 인한 것인지 알 수 없다"는 말을 하고 말았다.[20] (이후에, 골드스타인이 옳았다는 것이 밝혀졌다.)

공식 기록에 의하면 위와 같은 발언들로 인해 닉슨 행정부는 당황스러

움과 분노를 느끼며 어찌할 바를 몰라 했고 노동부에는 이 일로 인한 닉
슨 대통령의 분노가 전해졌다.[21]

공청회 다음 날 아침 닉슨 대통령이 인사 담당자 홀더만과 나누었던
대화 기록을 보면 계속해서 "골드스타인"이라는 이름을 들먹인 것을 알
수 있다. 닉슨 대통령은 찰스 콜슨 특별고문과의 대화에서 골드스타인에
대해 "백악관으로 하여금 노동통계청으로 전화를 걸게 한 똑똑한 놈"이
라고 평가했다는 얘기를 홀더만에게 전했다. 대통령이 콜슨에게 "그 사
람들 모두 유대인이지?"라고 물어보자 콜슨은 "네. 모두 유대인입니다"
라고 답했다.[22]

대통령이 말했다. "이보게, 홀더만. 난 유대인이 관련되어 있는 민감
한 분야들을 살펴보고 싶어. 이것 보라구. 유대인들은 정부 곳곳에 손을
뻗치고 있어."[23]

7월 5일, 대통령은 홀더만에게 지시를 내려 프레드 말렉 특별보좌관으
로 하여금 노동통계청의 고위직에 있는 유대인의 수가 얼마나 되는지 조
사하게 했다.[24] 상부의 지시를 받은 말렉은 조사에 착수해 7월 27일, 13명
의 유대인이 노동통계청의 고위직에 포진하고 있다는 메모를 홀더만에
게 건넸다.[25]

노동통계청의 제프리 무어 국장은 유대인이 아니었지만 무어 국장의
두 보좌관 피터 헨레 수석 경제학자와 레온 그린버그 수석 통계학자는
모두 유대인이었다. 9월 29일 노동통계청은 수석 경제학자 및 수석 통계
학자직을 없앤다고 발표했고, 두 사람 모두 노동통계청을 떠났다. 뿐만
아니라 골드스타인의 직무도 변경되었다.[26] 2년 후, 골드스타인은 정부에
서 아예 떠나야 했다.

일부 유대인 직원들을 축출하고 나서도 콜슨은 조사를 멈추지 않았다.
찰스는 홀더만에게 전달한 메모지에 "오는 9월에는 말도 안 되는 숫자

때문에 우리의 정치 인생을 끝장낼 일이 없길 바랍니다"라고 적었다.[27]

콜슨은 당시 노동통계청에서 11월에 있을 선거 전에 실업률이 닉슨 행정부에 불리하게끔 하는 방향으로 계절조정을 한다고 믿었다. 결국 노동통계청의 제프리 무어 국장은 이 같은 음모를 저지하기에는 역부족이기 때문에 무어 국장도 숙청할 수밖에 없는 상황이었다. 콜슨은 무어의 후계자, 콜슨의 표현을 빌자면 "문제를 이해하고 내일로 나아갈 준비가 된 사람"을 물색하고 있었다.[28]

콜슨이 보내온 경고의 메시지를 이해하지 못한 무어 국장은 끝내 밀려나게 되었다. 그러나 무어 국장이 노동통계청의 국장 자리를 내놓은 것은 선거 이후였다.

경제학자인 조엘 팝킨은 비슷한 이야기를 하나 더 들려주었다. 제임스 호지슨 당시 노동부장관은 노동통계청에서 기자회견을 하기 전에 모든 내용을 노동통계청에 제출하고 허가를 받을 것을 요구했다.[29] 당시 매월 시행되던 월간 기자회견에서 소비자 물가 지표에 관한 내용 작성을 담당하고 있던 팝킨 부국장은 협박의 어조를 띤 노동부의 요청을 받고 고전적인 방법으로 대응했다고 한다.

호지슨이 중요한 내용에 관심을 갖고 문제 삼지 못하도록 하기 위해 팝킨은 매번 글을 쓸 때마다 일부러 호지슨이 반대할 만한 내용들을 조금씩 넣어두었다고 한다. 팝킨의 연막 작전은 성공적이었고 호지슨은 행정부의 심기를 자극할 만한 내용을 놓치기 일쑤였다고 한다. 그러면 팝킨은 이상한 단어들을 집어내며 그것들을 빼는 게 어떻겠냐고 제안을 하곤 했다고 한다.[30]

194

13장

그린스펀에 대한
맹목적인 숭배

1987년 연방준비위원회 의장직을 처음 맡았을 때, 앨런 그린스펀은 카리스마 넘치는 전임자 폴 볼커의 그늘에 가려 눈에 띄지 않았다. 그리고 앨런 그린스펀의 뒤를 이어 현재 연방준비위원회의 의장직을 맡고 있는 벤 버냉키는 한층 더 어려운 처지에 놓여 있다. 그린스펀에 대한 사람들의 숭배는 하나의 미신이라고 해도 과언이 아닐 정도로 맹목적이다.

2004년 11월 18일자 《월스트리트 저널》 1면어는 "그린스펀이 남긴 유산"을 회고하는 그레그 입 기자의 특집기사가 실렸다. 그레그 입은 "올해로 78세가 되는 그린스펀 의장은 지난 17년 동안 미국 경제를 **능숙하게 움직여왔다**"고 썼다.[1] 그는 객관적인 사실을 보도하기보다 그린스펀을 치켜세우기에 여념이 없었다.

나는 이 장에서 연방준비위원회의 의장으로서 그린스펀이 어떤 일을 했는지 총체적으로 평가할 생각은 전혀 없다. 다만 그린스펀 전 의장에 관한 세 가지 잘못된 생각을 살펴보고자 한다. 우선 첫 번째는 1994년부터 1995년까지의 인플레이션을 잡기 위한 노력에 관한 것이며, 두 번째는 1990년 말 미국 경제가 호황을 구가하던 시절 미래를 내다보는 안목이 있다고 알려져 있던 그린스펀이 보여준 리더십에 관한 것이다(아마도 이 시기의 활약 덕택에 지금과 같은 숭배를 받게 된 것이 아닌가 한다). 그리고 마지막으로 그린스펀이 갖고 있는 매력적인 예측 전문가 이미지에 대해 얘기를 할 것이다.

이 밖에도 앨런 그린스펀에 대한 많은 논란들이 있지만 이 책에서는 논란이 되고 있는 내용은 피하고자 한다. 13장의 내용은 특별한 상상력을 필요로 하지 않는다. 물론 그린스펀에 대한 맹목적인 숭배자들은 좀 다르겠지만.

경기 둔화를 감수할 필요는 없었다

우선 1994년 말부터 1995년까지 인플레이션을 잡기 위해 앨런 그린스펀이 감행한 대담한 금융정책에 대해 살펴보자. 앨런 그린스펀은 한 번에 0.25퍼센트씩 총 3회에 걸쳐 연방기금 금리를 3퍼센트에서 3.75퍼센트로 인상한 후, 다시 0.5퍼센트의 금리 인상을 2회 단행하여 연방기금 금리를 3.75퍼센트에서 4.75퍼센트로 인상시켰다. 연방준비위원회의 금리 인상 이후 《월스트리트 저널》의 그레그 입 기자는 다음과 같은 기사를 썼다.

연방준비위원회의 그린스펀 의장은 금리 결정권을 갖고 있는 연방공개시장위원회에 유례 없이 단기 금리를 한 번에 0.75퍼센트 인상하자는 제안을 했다. 그린스펀 의장은 이런 대담한 금융정책이 연방준비위원회의 결의를

표현하는 것일 뿐 아니라 인플레이션에 대한 우려를 씻어내는 데에도 도움이 될 것이라고 보고 있다.[2]

그린스펀을 제외한 연방공개시장위원희의 구성원들은 연방기금 금리 인상폭을 낮추는 쪽을 선호했다. 그러나 입 기자의 표현을 빌리자면 "그린스펀 의장은 완강했다." 결국 2004년 11월 15일, 연방준비기금 금리는 0.75퍼센트 상승하여 5.5퍼센트가 되었다. 11주 이후인 이듬해 2월 1일에는 금리가 다시 0.5퍼센트 상승하여 6퍼센트에 이르렀다.

그레그 입은 "그린스펀 의장의 전략은 성공적"이었다고 평가한다. 그러나 지금 생각해보면 그린스펀의 고집 때문에 경확하지도 않은 이익을 위해 지나치게 많은 대가를 지불해야 했다. 과도한 금리 인상으로 인해 경제 성장률은 바닥을 기었다. 미국의 실질 GDP 성장률은 1994년 4분기 4.8퍼센트에서 1995년 1분기에는 1.1퍼센트토, 같은 해 2분기에는 0.7퍼센트로 급락했다. 1994년에 하락세를 유지했던 실업률도 1995년 상반기에 상승세로 돌아섰다.

그토록 많은 임금과 일자리를 앗아가면서까지 물가 인상을 막을 필요는 없었다. 어쩌면, 그린스펀 의장이 과거의 현실과 맞서 싸우고 있음을 깨닫지 못했다고 탓할 필요는 없을 수도 있다. 한 가지 이해할 수 없는 점은 그린스펀 의장은 곧 물가 상승 완화 압력이 이미 나타났으며 이는 곧 자신이 주장했던 과도한 금리 인상이 과잉반응이었음을 반증한다는 것을 깨달았다는 사실이다. 그렇다고 해서 그린스펀 의장이 저금리 정책으로 돌아섰어야 했다는 뜻은 아니다. 1994년 당시 미국 경제는 호황을 구가했던 만큼, 경제가 좀더 안정적인 속도로 성장할 때 성장을 지속할 수 있다는 믿음은 옳다. 그러나 단기간에 지나치게 빠른 속도로 금리를 인상하여 경제에 타격을 주는 대신 연방준비위원회 동료들의 바람에 따라 연방기금 금리 인상률을 낮추는 편이 훨씬 좋았을 것이다.

그린스펀 의장은 자신이 물가 상승에 대해 지나친 과잉반응을 보이고 있다는 사실을 아마도 깨닫고 있었을 것이다. 그린스펀 의장은 1995년 2월 1일 금리를 6퍼센트로 인상하고 3주가 흐른 후, 사실상 금리 인하를 시사하는 내용의 공식 발표문을 내놓았다. 당시 연방준비위원회의 앨런 블라인더 부의장은 연방기금 금리 인상 이후 장기금리가 하락세로 돌아섰기 때문에 연방기금 금리의 인하를 결정하게 되었다고 설명했다. 앨런 그린스펀 의장은 1995년 7월부터 1996년 2월까지 연방기금 금리를 0.25퍼센트씩 총 3회에 걸쳐 6퍼센트에서 5.25퍼센트로 인하했다.

그린스펀 의장의 이 같은 결정에 대해 《월스트리트 저널》의 그레그 입 기자가 어떤 평가를 내렸는지 살펴보자.

그린스펀 의장의 전략은 성공적이었다. 투자자들은 연방준비위원회의 대담한 조치로 인해 물가 상승을 억제할 수 있었다는 결론을 내렸다. 11월의 금리 인상 직후 장기금리가 안정되었고 2월에 금리를 인상한 후에는 장기금리가 서서히 떨어지기 시작했다. 주식 시장은 호황을 이루었다. 1995년 상반기에 경제 성장률이 급격히 둔화되었지만 불황의 나락으로 떨어지지는 않았다. 1995년 하반기에는 미국 경제가 성장세를 회복했으며 물가 상승률은 3퍼센트 수준에 머물렀다. 그린스펀 의장은 연방준비위원회의 숙원이랄 수 있는 "미국 경제의 연착륙"을 이루어냈다. 그린스펀 의장의 대담한 금융정책은 이후 6년간의 미국 경제 성장 및 미국 역사상 최장기 경기 확장의 밑거름이 되었다.[3]

입 기자의 기사 내용 자체에는 문제가 있다고 할 수 없다. 하지만 중요한 내용이 빠져 있는 것만큼은 분명하다. 우선 위 기사 내용을 보면 2월

금리 인상 이후 장기금리 하락에 대해 언급하면서 정작 장기금리 하락의 주요인이 무엇이었는지는 분명하게 기술하지 않고 있다. 당시 장기금리 인하를 불러온 주요인은 2월 1일에 단행한 금리 인상이 아니라 2월 22일 그린스펀 의장이 상원은행위원회에서 꺼낸 금리 인하를 시사하는 발언이었다. 1995년 2월 23일자 《월스트리트 저널》에는 "금리 인상에 종지부를 찍으려는 그린스펀 의장—물가 인상에도 불구하고 금리 인하를 시사한 그린스펀 의장의 발언에 반색을 표하는 월가"라는 제목의 기사가 실렸다.[4] 연방준비위원회의 앨런 블라인더 전 부의장은 다음과 같이 얘기한다. "그린스펀 의장의 발언 그 자체가 사실상 금융 완화 정책을 시사하는 것이었죠. 그린스펀 의장의 발언 이후 연방준비위원회에서 실제 금리 인하를 단행할 때까지 채권시장은 오랜 기간 호황을 누렸습니다."[5]

그레그 입이 쓴 기사 내용 중 "1995년 하반기에는 미국 경제가 성장세를 회복했으며"라는 부분과 "그린스펀 의장의 대담한 금융정책은 이후 6년간의 미국 경제 성장 및 미국 역사상 최장기 경기 확장의 밑거름이 되었다"는 내용에 대해 좀더 자세히 살펴보자.[6] 미국 경제가 성장세를 회복한 이유를 완벽히 꿰뚫고 있지 못하더라도 그레그 입이 빼먹은 내용이 무엇인지 찾아내는 것은 그리 어렵지 않다. 그레그 입은 그린스펀 의장이 같은 해 2월 금융 완화 정책을 발표했다는 내용 자체를 생략했을 뿐 아니라, 7월 초 연방기금 금리를 인하하기 시작했다는 설명도 생략했다. 만일 1995년 2월의 금리 인상이 6년간의 미국 경제 성장의 밑거름이 되었다면, 12개월 후 5.25퍼센트로 인하된 연방기금 금리는 어떤 역할을 한 것일까?

마지막으로, 금리 인하의 비용과 이득에 대한 그레그 입의 평가에 대해 생각해보자. 그는 "1995년 상반기에 미국 경제 성장률이 급격히 둔화되었지만 불황의 나락으로 떨어지지는 않았다. 물가 상승률은 3퍼센트 수준에 머물렀다"는 평가를 내렸다. 하지만 경기가 급격하게 둔화되지 않았더라면 물가 상승률이 그토록 높아졌을까? 그레그 입은 그린스펀 전 의장이 인플레이션을 잡기 위한 전략에서 생산성을 중시하는 전략으로 전환했다는 설명을 함으로써 자신도 모르게 이 질문에 '그렇지 않았을 것이다'라고 대답한 꼴이 됐다. 1996년 9월, 그레그 입은 그린스펀과 함께 일하는 "연방준비위원회의 동료들은 경제 성장 속도가 지나치게 빨라 심각한 물가 상승에 대한 우려를 하고 있다"는 내용의 기사를 작성했다. 그러나 그린스펀 의장은 아니었다. 생산성이 더욱 빠르게 늘어나고 있기 때문에 가파른 경제 성장도 물가 상승을 야기하지 않는다는 사실을 알고 있었기 때문이다.

다음은 그레그 입의 기사에서 발췌한 내용이다.

그린스펀 의장은 전기라는 놀라운 혁신이 생산성 향상에 기여하기까지 수십 년이 걸렸다는 사실을 잘 알고 있다. 그는 컴퓨터의 등장도 마찬가지라고 여긴다. 그린스펀 의장은 자신의 통찰력에 대한 확신이 있기 때문에 미국 경제의 운명을 걸고 내기를 할 준비가 되어 있다.[7]

그러나 그린스펀 의장이 처음부터 경제 성장이 물가 상승을 야기할 것에 대한 우려를 했던 것은 아니며, 시간이 한참 흐른 후에야 새로운 금융 정책을 도입하기 위해 연방준비위원회의 동료 직원들을 설득했을 뿐이다. 그레그 입은 이 같은 사실을 모두 외면하고 있다. 그러나 그린스펀 의장이 그러했는지는 여전히 의문이다.

1995년 2월, 그린스펀 의장은 의회에서 "컴퓨터 소프트웨어 산업에서 미국이 갖고 있는 절대적인 영향력"이 "장기적인 생산성 향상"에 도움을 주어 세계 2차대전 직후의 가파른 성장세에 가까운 수준의 경제 성장을 이룩할 수 있을지 "판단하기는 시기상조"라고 말했다.[8] 1년 반이 지난 후, 그린스펀 의장은 더 이상 "시기상조"가 아니라고 판단했던 것으로 여겨진다. 사실 추세라는 것은 특정한 현상이 나타난 이후에만 파악할 수 있는 것인 만큼, 그린스펀 의장은 1995년 당시의 둘가 상승을 상쇄하는 생산성의 힘이 1996년만큼이나 강했었다는 것을 꺼달았음이 틀림없다. 물론 그린스펀의 추종자들은 그렇게 생각하지 않을 수도 있겠지만.

1990년대의 경제 성장

1990년대 말 미국의 경제 성장이 그린스펀 의장의 전략이 맞아떨어진 덕분이라는 데에는 의심의 여지가 없다. 그린스펀 의장은 금리를 인상하는 대신, 같은 수준을 유지케 하는 안목을 갖고 있었다. 그러나 경기가 과열되면서 결국 거품이 터지고 말았다. 물론 불황을 감수하지 않고서는 증시의 거품을 뺄 수가 없었다는 그린스펀의 주장도 일리가 있다. 그러나 그린스펀 의장은 경제가 적당한 성장세를 유지할 때 성장이 지속될 수 있다는 믿음의 소유자가 아니던가. 그린스펀 의장이 1996년부터 시작된 호황이 걷잡을 수 없는 거품으로 번져나가지 않도록 막았더라면, 1996년부터 2000년까지의 성장세는 둔화되었을 것이고 2000년 이후에도 경제가 지속적인 성장세를 유지할 수 있었을 것이다.

그린스펀의 추종자들은 이런 생각은 결코 하지 않는다. 그레그 입의 기사를 보자.

금리 결정을 위한 회의에서 그린스펀 의장은 금리를 현 수준으로 유지해야 한다고 주장했다. 그린스펀 의장은 생산성 데이터 분석을 바탕으로 기업들이 신규 채용 없이도 더 많은 제품을 생산하고 판매하여 물가 상승의 위협을 줄일 수 있을 것이라고 믿었다. 회의 참석자들은 어떠한 염려도 없이 그린스펀 의장과 뜻을 같이했다.

그레그 입의 기사를 보면, 생산성이 높아지면 물가 상승의 위협이 줄어든다는 그린스펀 의장의 주장은 흠잡을 데 없이 완벽해 보인다. 그러나 노벨경제학상 수상자 로버트 솔로의 생각은 다르다.

앨런 그린스펀 의장이 금리를 인상하지 않았기 때문에 물가 상승률의 하락에도 불구하고 미국 경제는 성장을 거듭하고 있으며 실업률이 30여 년 만에 최저치로 떨어졌다. 다음은 로버트 솔로의 말을 인용한 것이다. "다른 나라의 중앙은행들이라면 금리 인상을 통해 강한 압박 조치를 취했을 것이다. 그린스펀 의장은 원칙을 따르기를 거부했다. 그린스펀 의장은 계속해서 '주변을 돌아보고 어떤 일이 일어나고 있는지 살펴본 다음, 그에 맞게 행동하자'고 주장했다."[9]

금리를 인상하지 않은 탓에 미국 증시가 비정상적인 수준으로 과열되었고 결국 2000년 이후에 거품이 터지고 말았다. 게다가 1996년 그린스펀 의장의 정책은 금리를 인하하거나 유지하는 것뿐이었다. 그린스펀 의장은 동료들이 원래 주장했던 것처럼, 그리고 자신이 2004년과 2005년에 직접 지켜보았던 것처럼, 금리를 0.25퍼센트씩 천천히 인상함으로써 과열된 거품을 조금씩 줄여나갔어야 했다. 1998년, 아시아에 금융 위기가 몰아닥친 이후 금리 인하를 단행한 것은 적절한 조치였다고 여겨진다. 그러나 금리 인하폭을 줄이는 편이 더 바람직했을 것이다. 1996년부터 2000년까지의 경제 성장률은 조금 낮아졌을 수도 있겠지만 1996년부터

2004년의 경제 성장률은 오히려 더 높아졌을 수도 있다. 증시 거품과 같이 경기 과열을 불러온 과잉 현상도 일부 억제할 수 있었을지도 모른다.

1990년대 말 미국 경제가 흘러가는 대로 두고 브겠다는 그린스펀 의장의 표면상의 결정이 운이 좋지 않았던 탓일 수도 있고 아니면 적어도 지금까지 믿어온 것과는 반대로 그린스펀 의장의 정책이 성공적이지 못했던 탓일 수도 있다. 그런 가능성 자체에 칸대 의견을 표할 사람은 그리 많지 않을 거라고 생각한다. 그럼에도 불구하고, 이런 가능성이 좀더 널리 받아들여지지 않는 근본적인 이유는 무엇일까?

우선, 2000년까지 미국 경제가 눈부신 성장을 거듭하며 사람들의 상상력을 자극한 탓이다. 성장 속도가 좀더 온만했더라면 오랜 기간 동안 성장세를 유지했을 수도 있다. 그러나 이런 이야기는 너무 진부하게 들리기 쉽다.

사람들이 성장 속도와 그 여파를 따로 떼놓고 생각하게 하는 또 다른 몇 가지 근거들이 있다. 그 이유는 바로 (1) 10년간의 기록적인 경기 확장 국면을 유지한 미국 경제가 2001년 3월 경기 사이클에 따라 불황으로 접어드는 것은 자연스럽다는 믿음, (2) 2001년은 새천년을 맞이하는 해라는 생각, (3) 클린턴 시대가 막을 내리고 새로이 등장한 부시 정권, (4) 9.11. 테러 등이다. 이 근거들은 논리적으로는 타당하지 않지만, 그 효력만큼은 강력하다.

9.11. 테러가 미국 경제를 흔들어놓았고 부시 행정부가 들어선 후 많은 변화가 있었던 것은 사실이지만, 그렇다고 해서 그린스펀 의장이 결정을 달리 내렸더라면 좀더 나은 결과가 나왔을 것이라고 생각지 못할 까닭은 없다. 마지막 근거가 있다면 그것은 바로 누군가에게 최고라는 찬사를 안겨주고 싶은 인간의 욕구다.

그린스펀은 과연 예측의 천재인가

그레그 입은 "그린스펀 의장은 그 누구와도 견줄 수 없을 만큼 복잡한 데이터를 잘 이해했고, 전통적인 경제의 법칙이 더 이상 먹히지 않을 때 과감하게 새로운 시도를 함으로써 미국 경제를 능숙하게 움직여왔다"고 기술하고 있다.[10]

증거를 찾기 위해 그린스펀 의장의 예측 기록을 뒤지는 노력 같은 건 할 필요가 없었다.

앞에서 그린스펀 의장의 금리 정책을 두고 미국 경제가 흘러가는 대로 내버려두겠다는 그린스펀 의장의 **표면상의** 결정이라고 표현한 이유는 실제로 그 당시 미국 경제가 그린스펀 의장의 결정에 따라 흘러가지 않았기 때문이다. 미국 경제가 호황에 접어들게 된 것은 그린스펀 의장이 생산성이 증가할 거라는 선견지명을 가진 탓이 아니었다. 오히려 그린스펀 의장의 형편없는 예측 실력이 중요한 역할을 했다고 볼 수 있다. 미국 경제가 호황기에 접어들고 있다는 사실을 예측했더라면, 그린스펀 의장은 금리 인상을 단행하여 경제 성장 속도를 늦추었어야 했다. 그린스펀 의장이 금리 인상을 단행하지 않은 이유는 경기 확장 국면이 저절로 주춤해질 거라는 예측 때문이었다.

미래에 어떤 일이 발생할지 전혀 예측할 수 없다면 연방준비위원회의 의장은 아무런 일도 할 수 없다. 그린스펀 의장은 다음과 같은 이야기를 여러 번 반복했다. "금융 정책의 효과는 시차를 두고 나타나기 때문에 우리는 미래를 내다보고 향후 몇 달 동안은 가시적으로 드러나지 않을 불균형 현상들에 대해 사전에 예방조치를 취해야 합니다."[11]

그레그 입이 쓴 기사에 의하면, 그린스펀 의장은 생산성이 더욱 빠른 속도로 증가하면 물가 상승 압력을 완화시킬 수 있다는 기대에 모든 것을 걸었다. 그레그 입은 뜻하지 않게 그린스펀 의장의 실수를 드러내고 말았다. 그린스펀 의장은 생산성의 증가 속도가 차이를 만들어낼 수는 있지만 만병통치약은 아니라는 점을 잘 알고 있었다. 예를 들어 노동시장이 경색되면 임금 상승 속도가 빨라질 위험이 있다(다음 상자 안의 내용 참조). 1997년 7월에 있었던 의회 증언에서 그린스펀 의장은 생산성이 높아지면 물가 상승 압력이 완화된다는 믿음에도 불구하고 당시의 실업률 하락에 대해서는 우려의 목소리를 내지 않을 수가 없었다.

한 가지 중요한 점은 바로 계속해서 노동가능인구를 찾아내는 것만으로는 충분치 않다는 사실이다. 실업률의 하락에도 한계가 있다. …… 일자리 창출 속도가 현재와 같은 수준으로 유지된다면, 임금 및 고용에 수반되는 기타 비용의 압력이 …… 급속하게 증가할 것이다.[12]

앨런 그린스펀과 사직률

연방준비위원회 의장으로서 빛나는 경력을 쌓아가는 동안 앨런 그린스펀은 숫자에 지나치게 집착했다. 1997년에 큰 의미가 없는 데이터 중 하나인 '자발적으로 회사를 그만둬서 실업자가 된 사람들의 월간 변화'에 대해 우려를 표했던 것이 대표적인 경우다.

자발적으로 회사를 그만둔 사람들은 전체 실업자의 10퍼센트, 전체 노동인구의 0.6퍼센트밖에 되지 않는다. 그러나 앨런 그린스펀 의장은 얼마 되지도 않는 이 숫자마저 줄이지 못해 안달하며 퇴사한 지 5주가 되지 않은 사람들만 통계에 포함시켰다. 소수점 셋째자리까지 꼼꼼히 따지기를 좋아하는 그린스펀 의장의 성격을 잘 보여주는 사례가 아닐 수 없다. 1997년 2월 26일자 《월스트리트 저널》은 1989년에는 0.306퍼센트 수준이던 사직자의 비율이 0.243퍼센트로 줄어들었다가 1월에는 0.294퍼센트로 "급증"했다고 보도했다.[a]

왜 그린스펀 의장은 사직률을 낮추고 싶어했을까? 그 이유는 바로 새로운 직장을 구하지도 않은 채 직장을 뛰쳐나가는 배짱 두둑한 직장인들은 일을 하는 동안 끝까지 고임금을 고집할 만큼 생활에 대한 불안이 없는 사람들이기 때문이다. 따라서 1월에 사직률이 증가했다는 소식이 그린스펀 의장의 마음을 어지럽게 한 것처럼 1989년 이후 사직률이 하락했다는 소식은 위안이 되었다(그렇다고 해서 그린스펀 의장이 고임금에 반대했던 것은 아니다. 다만, 물가 상승을 유발하는 위험 요인에 민감하게 반응했던 것뿐이다).

사직률에 대한 《월스트리트 저널》의 보도가 있었던 1997년 2월 26일 앨런 그린스펀 의장이 상원 은행위원회에서 발표했듯이, 고용 불안정성의 증가는 당시의 임금 상승 억제를 가장 잘 설명할 수 있는 요인이었다. 그러나 "1월에는 이직을 위해 사직하는 경향이 많으므로 …… 노동시장은 변화를 주시할 필요가 있다."[b]

앨런 그린스펀 의장이 1994년의 설문 내용 변경이 1989년 이후의 사직률 하락에 영향을 미쳤다는 사실을 알고 있었는지는 분명하지 않다. 1994년 이전의 조사에서는 사직률을 조사하기 위해 "구직을 시작할 무렵, 해고를 당하거나 자발적으로 그만두었습니까, 아니면 또 다른 이유가 있었습니까?"라는 질문을 던졌다. 그러나 1994년 설문 내용을 변경하면서 질문이 두 개로 나뉘어졌다. 우선 "구직활동을 하기 전에 당신은 일, 학업, 기타 활동 중 무엇을 하고 있었습니까?"라는 질문을 던진 후에 "일"을 하고 있었다고 대답하는 응답자에게만 "해고당하거나 자발적으로 그만두었습니까, 아니면 계약 만

료로 인해 일을 그만두게 되었습니까?"라는 질문을 던진다.

겉으로 보기에는 별 차이가 없어 보이지만, 질문을 바꾼 후 실업자 중 자발적으로 사직을 한 사람의 비중이 13퍼센트나 줄어들었다.

그린스펀 의장은 1월의 사직률 증가를 보고 으려를 표했지만 실시간 데이터를 보면 매년 1월이 되면 사직률이 증가한다는 사실을 알 수 있다. 그린스펀 의장의 발언이 있고 9일 후에 발표된 1997년 2월의 고용 동향 보고서를 보면 사직률이 다시 낮아졌다.

노동통계청의 톰 나돈 과장은 의미 없는 숫자에 집착하는 그린스펀 의장의 모습을 가장 잘 표현하고 있다. "자발적으로 일을 그만두는 노동자의 수에서 나타나는 0.05퍼센트의 변화가 1억 2,500만 노동자의 태도 변화를 얼마나 잘 대변할 수 있을지 모르겠군요. 뭐, 제가 연방준비위원회의 의장은 아니니까요."[c]

다음 이야기는 실화다. 어느 날, 그린스펀 의장의 밑에서 일하는 직원 한 명이 금융시장 전문가에게 채권 가격의 단기 전망에 관한 의견을 물었다. 경제학자가 농담으로 채권 가격은 날씨에 따라 달라진다고 대답하자 질문을 했던 직원이 심각한 표정으로 이렇게 말했다. "그린스펀 의장에게는 절대로 그런 말씀을 하시면 안 됩니다. 그 얘기를 듣는 순간 지구 온난화에 대해 연구하라는 지시를 내릴 테니까요."

a) 재커리 G. 파스칼, 마이클 M. 필립스, 「실업을 걱정하는 노동자는 많지 않다」, 《월스트리트 저널》(1997년 2월 26일)

b) 연방준비위원회, 앨런 그린스펀 의장이 상원 은행위원회에 발표한 반기 금융 정책 보고서(1997년 2월 26일)

c) 노동통계청, 톰 나돈 과장과의 인터뷰(1997년 2월 8일)

그린스펀 의장이 고용 창출 추세가 지속될 거라고 예상했더라면, 연방 기금 금리를 높여서 물가 상승을 막아보려고 했을 것이다. 그러나 1997년 7월 발표한 내용을 보면 알 수 있듯이, 그린스펀 의장은 고용 창출 속도가 이미 둔화되기 시작했다고 믿어버리는 우를 범했다.

다음은 1997년 7월 22일 앨런 그린스펀 의장이 상원 은행위원회에서 발표한 내용의 일부다.

다행스럽게도, 겨울 내내 급증했던 노동력에 대한 수요가 최근 완화되고 있습니다. 경제 전망에 영향을 미치는 다양한 요인들을 바탕으로 금융 정책 입안가들은 향후 몇 분기 동안 현재와 같이 노동력에 대한 수요 증가 속도가 다소 둔화될 것으로 내다보았습니다. 지금과 같은 경제 성장 속도가 유지된다면, 실업률 또한 현재와 같은 낮은 수준에 머물 수 있을 것으로 보입니다.[13]

그린스펀 의장은 1996년부터 1999년까지 "지금과 같은 경제 성장 속도"라는 말을 끊임없이 반복해왔고 한 번도 틀리는 데 실패한 적이 없었다. 1997년 3월 연방기금 금리를 5.5퍼센트로 0.25퍼센트 인상한 후, 그린스펀 의장은 아시아의 금융 위기가 발발한 이후인 1998년 가을이 되어서야 연방금리를 0.75퍼센트 인하해 4.75퍼센트로 낮추었다. 1999년 6월이 되자 다시 금리를 서서히 인상하기 시작하여 2000년 5월에는 6.5퍼센트까지 끌어올렸다. 그러나 때는 이미 늦었다. 경기 수축으로 인해 주식 시장이 이미 폭락하기 시작했기 때문이다.

그린스펀 의장이 경제 흐름에 대해 좀더 뛰어난 식견을 갖고 있어서 1998년 가을, 5.5퍼센트가 아니라 6.5퍼센트 이상에서 금리 인하를 시작할 수 있었더라면 이후의 세계 경제는 매우 다른 양상을 띠게 되었을지도 모른다.

내가 제시한 위 가설은 완벽한 예측가로 여겨지고 있는 그린스펀 의장의 위신을 실추시킨다는 점만 빼면 나무랄 데가 없다. 2005년 8월 21일자 《파이낸셜 타임스》의 기사는 이렇게 전하고 있다.

그린스펀 의장은 1940년대 말부터 미국의 경기 사이클을 연구해왔다. 연방준비위원회의 의장으로 재직하며 그린스펀 의장은 정부 통계나 연방준비위원회에서 개발한 데이터뿐 아니라 각 기업의 보고 자료 및 각종 데이터를 활용하며 데이터 활용의 귀재다운 모습을 보였다.[14]

이 기사는 카네기멜론 대학의 앨런 멜처 교수의 말을 다음과 같이 인용하고 있다.

"그린스펀 의장은 다양한 정보를 받아들인 후 정확하게 걸러낸다. 나는 지금까지 앨런 그린스펀 의장만큼 각종 사건에 많은 관심을 갖고 각 사건들이 어떤 의미를 갖고 있는지 고심하며 그것들을 대부분 올바르게 이해하는 연방준비위원회의 의장을 본 적이 없다."[15]

"대부분 올바르게 이해"한다는 것은 대부분의 경우 그가 경제 전망을 잘한다는 뜻이라고 짐작된다. 그린스펀 의장의 전망이 얼마나 잘 맞아떨어졌는지 살펴보자.

매년 2월과 7월이 되면 연방준비위원회는 의장이 상원 및 하원 앞에서 발표한 보고 내용을 아우르는 반기 보고 자료 「의회 제출용 금융정책 보고서」를 작성한다. 이 보고서에는 지난해 4분기 GDP 대비 올해 4분기 GDP의 변화율로 측정되는 실질 GDP 증가율을 포함한 주요 경제지표가 망라되어 있다. 이 보고서에서는 전망치 '범위' 및 '집중경향치'를 발표한다. 보고서에서 제시하는 전망치는 연방공개시장위원회의 구성원들이 제안하는 다양한 전망치를 수렴하기 때문에 의장이 내놓는 범위보다 넓게 마련이다. 따라서 보고서에서 제시한 범위를 기준으로 그린스펀 의장의 예측 능력을 측정하는 것은 무척이나 관대한 방법이다.

그린스펀 의장의 예측 실력은 어느 정도일까? 독자 여러분들이 직접 살펴보기 바란다.

도표 13-1는 연방준비위원회에서 1994년부터 2005년 2월까지 발표한 전망 범위를 나타낸다. 각 연도에 발표된 전망 범위 옆에 매년 4분기의 전년동기대비 GDP 성장률을 적어두었다. 실제 성장률이 전망 범위 안에 들어 있는 경우 그린스펀 의장이 정확한 예측을 내놓은 것으로 간주

도표 13-1 연방준비위원회의 2월 발표 자료:
전년동기 대비 4분기 GDP 성장률 전망

2월 보고	전망 범위(%)	실제 성장률(%)
1994	24.5~3.75	4.1
1995	**2.0~3.25**	**2.0**
1996	1.5~2.5	4.4
1997	2.0~2.5	4.3
1998	1.75~3.0	4.5
1999	2.0~3.5	4.7
2000	3.25~4.25	2.2
2001	2.0~2.75	0.2
2002	2.0~3.5	1.9
2003	3.0~3.75	4.0
2004	4.0~5.5	3.8
2005	3.5~4.0	3.2

출처 : 의회 제출용 금융정책 보고서

하여 수치를 진하게 표시해두었다.

수치가 진하게 표시된 해는 1995년, 딱 한 해뿐이다. 뿐만 아니라 1996년부터 1999년까지의 기록을 보면 그린스펀 의장이 GDP의 성장 수준을 실제보다 지나치게 낮게 잡고 있었음을 알 수 있다.

그러나 2월은 4분기까지 8개월이나 떨어져 있는 달이 아닌가. 7월 발표 자료는 훨씬 나을 수도 있다.

7월 자료를 보면, 실제로 2월 발표 자료보다는 적중률이 높다(도표 13-2). 2월 발표 자료에서는 12년 동안 딱 한 번 맞추었을 뿐이지만, 7월 발표 자료에서는 1995년과 2005년 두 번이나 범위 내에 들어갔다. 2월 발표 자료와 마찬가지로 1996년에서 1999년까지는 GDP의 성장 수준을 실제보다 낮게 잡고 있지만 2월 발표 자료에 비해서 상대적으로 오차 범위

도표 13-2 연방준비위원회의 2월 발표 자료:
전년동기 대비 4분기 GDP 성장률 전망

7월 보고	전망 범위(%)	실제 성장률(%)
1994	3.0~3.5	4.1
1995	**1.375~3.0**	**2.0**
1996	2.5~3.0	4.4
1997	3.0~3.5	4.3
1998	2.75~3.25	4.5
1999	3.25~4.0	4.7
2000	3.75~5.0	2.2
2001	1.0~2.0	0.2
2002	3.0~4.0	1.9
2003	2.25~3.0	4.0
2004	4.0~4.75	3.8
2005	**3.0~3.75**	**3.2**

출처: 의회 제출용 금융정책 보고서

가 좁긴 하다.

앨런 그린스펀 의장의 예측이 경제 전망 전문기관인 블루칩 이코노믹 인디케이터스의 설문 대상이 되는 민간 전망 전문가들의 합의 전망치보다는 더 정확하지 않을까 하는 질문을 던질 수도 있다. 그린스펀 의장은 결과에 영향을 줄 수 있는 힘을 갖고 있고 남들과 달리 수많은 데이터에 접근할 수도 있기 때문에, 그린스펀 의장이 당연히 한 수 위라고 생각할 수도 있다. 그러나 GDP 증가율에 관해서는 양측의 예측 수준이 놀랄 만큼 일치한다. 전망 전문가들의 합의 전망치도 1995년과 2005년에는 실제 성장률과 근접한 범위 내에 있지만 다른 해에는 전혀 그러지 못했다.

비법은 무엇일까?

연방준비위원회의 앨런 블라인더 전 부의장은 다음과 같이 말했다. "그린스펀의 후임자는 사무실에 들어와 비법을 찾으려고 서랍을 열겠지요. 그러나 그 서랍은 텅텅 비어 있을 겁니다. 비법은 그린스펀의 머릿속에 들어 있으니까요."[16]

그린스펀 전 의장이 언젠가 자신의 비법을 알려줄 수도 있고, 그렇지 않을 수도 있다. 단 한 가지 분명한 사실은 언론은 무분별하게 특정 인물을 치켜세우는 일을 지양해야 한다는 것이다. 특정한 인물을 성인이라도 되는 양 묘사하는 것은 바람직한 언론의 보도 자세가 아니다.

14장

베스트셀러 해부 : 괴짜경제학

영국의 유명 주간지 《이코노미스트》는 공전의 베스트셀러 『괴짜경제학』을 두고 "'괴짜경제학' 이라니. 얼마나 어울리지 않는 제목인가. 『괴짜경제학』은 누구라도 쉽게 읽을 수 있도록 씌어진 경제 서적으로 지적 수준이 높은 독자들을 실망시킬지도 모른다. 그러나 스티븐 레빗은 시대에 뒤떨어진 것처럼 보이는 경제학이 호기심 충만하고 솜씨가 뛰어난 경제학자의 손에 의해서 어떻게 바뀌는지 보여준다"[1]고 평했다.

대서양 반대편에서는 미국의 유명 일간지 《뉴욕 타임스》가 『괴짜경제학』을 두고 "믿기지 않지만 이목을 끄는 역사적 사건들로 가득 찬 놀라운 책"이라고 평가했다.[2] 《월스트리트 저널》의 평가는 다음과 같았다. "천재적인 경제학자 레빗은 겉으로 보기에는 전혀 의미 없어 보이는 숫자들을 엮어서 명확한 패턴을 밝혀내고 의미를 찾아냈다."[3] 미국의 대중문화 잡지 《뉴 리퍼블릭》도 마찬가지였다. "천재성, 창조성, 누구도 알지 못하는 실험적인 질문에 대한 답을 찾기 위해 애쓰는 집요함 때문에 레빗은 남

다르다."[4]

시카고 대학의 경제학자 스티븐 더브너와 존 베이츠 클라크 메달의 수상자인 스티븐 레빗이 공동으로 집필한 『괴짜경제학』은 최고의 인기를 끈 베스트셀러다. 이번 장에서는 『괴짜경제학』의 내용 중 낙태가 범죄율 하락에 미친 영향과 부동산 중개업자가 제공하는 서비스의 가치에 대한 내용을 살펴보고자 한다. 전자는 이 책의 인기에 지대한 공헌을 했고, 후자는 스티븐 더브너가 《뉴욕 타임스》에 레빗에 관한 기사를 기고할 때 강조한 부분이다.

이 두 가지 주제의 공통점은 바로 레빗의 연구 결과에 심각한 문제가 있다는 것을 보여준다는 점이다. 좀더 심하게 얘기하자면, 낙태와 관련된 레빗의 이론은 경제학이라고 볼 수조차 없다. 범죄율이 하락하는 실질적인 이유를 밝혀낼 수 있다면, 계속해서 범죄율을 줄여나갈 수 있다. 그러나 레빗의 주장은 실체를 흐리게 할 뿐이라는 사실을 빨리 깨닫는 편이 낫다.

한편 레빗은 부동산 중개업자들이 자신들의 이익에만 관심을 갖고 있다고 주장한다. 이 주제의 경우 정보의 비대칭에 대한 통찰을 담고 있어 큰 반향을 불러일으켰다.

14장에서는 레빗이 전화 인터뷰에서 인정했듯이 "일반인을 위해 쉽게 씌어진"[5] 『괴짜경제학』에 나와 있는 내용 말고도 레빗이 관련 내용에 대해 작성한 논문의 내용을 자세히 살펴볼 것이다(2005년 6월 9월 레빗과 전화상으로 인터뷰를 할 수 있었다. 레빗의 동의하에 인터뷰 내용을 녹취하였으며, 녹취록의 내용을 일부 인용했다).

낙태와 범죄

"낙태 합법화가 최근 범죄 감소에 상당히 기여했다는 증거를 제시할 것이다."[6] 존 J. 도너휴 III와 스티븐 레빗이 2001년 5월 《분기별 경제학 저널》에 발표한 논문 「낙태 합법화가 범죄에 미치는 영향」은 이렇게 시작된다.

낙태 합법화가 범죄 감소에 기여했다는 이들의 주장은 이미 사실이 아니라고 밝혀졌다. 도너휴와 레빗은 낙태 합법화가 최근의 범죄 **감소**에 기여했다는 설득력 있는 근거를 전혀 제시하지 못했다. 절대치(실제 발생한 사건 수)를 기준으로 하든 좀더 타당한 방법인 범죄율(전체 인구 대비 사건 수)을 기준으로 하든 낙태를 합법화함으로써 범죄가 줄어들었다는 근거는 전혀 없다.

이 책에서 우리가 다루는 내용은 『괴짜경제학』의 두 저자가 권위 있는 경제지에 발표한 실험연구 결과인 만큼, 이들은 수많은 실험연구를 시행한 것으로 여겨진다. 그러나 설득력 있는 근거를 제시할 수 있는 연구는 하지 못한 것 같다. 이들 두 저자는 낙태가 합법화되자 출산을 할 경우 그 자녀가 범죄자가 될 가능성이 큰 여성들의 출산율이 하락했다고 설명한다. 뿐만 아니라, 낙태가 합법화된 지 18여 년이 지나, 낙태가 합법화될 무렵에 태어난 아이들이 범죄 성향이 절정에 달하는 나이에 접어들 무렵 미국의 범죄가 줄어들었다고 주장한다.

그러나 이들이 제시하는 근거는 정황 증거, 즉 간접적인 추정의 증거일 뿐이다. 그 이유는 바로 다음과 같다. 『괴짜경제학』은 범죄자가 될 가능성이 큰 자녀의 출산율이 줄어들었을 것으로 추정할 뿐 실제 출산율이 하락했다는 근거를 제시하지 못하고 있다. 만일 이 범주에 해당되는 여성이 10퍼센트 증가했다면, 이 여성들의 출산율이 5퍼센트 하락했다고 하더라도 결국 범죄자가 될 가능성이 큰 자녀의 출산은 증가하게 된다. 범죄자가 될 가능성이 큰 자녀의 출생률이 눈에 띄게 하락할 만큼 전체 출생률이 줄어들어야 낙태의 합법화가 범죄의 감소에 기여했다는 주장에 설득력이 생긴다. 이 질문의 답을 찾기 위해 범죄자가 될 가능성이 큰 부류의 출생률에 대해 살펴보자. 바로 이 부분이 도너휴와 레빗이 간과한 점이다.

출생에 대한 데이터를 살펴보면 전체 인구 대비 범죄자가 될 가능성이 큰 인구의 비중은 오히려 증가했다. 이는 곧 범죄율 하락을 기대하기 어렵게 만드는 요인이자 낙태가 범죄율 하락의 요인이라는 주장을 무색하게 만드는 요인이다.

레빗과 도너휴는 "우리의 목표는 1990년대에 범죄가 급격하게 줄어든 까닭을 이해하고 1970년대의 낙태 합법화가 범죄율 하락에 끼친 영향을 탐구하는 것이다"라는 포부를 밝힌 바 있다.[7] 이들은 "낙태 합법화가 최근 범죄 하락에 50퍼센트나 기여했다"는 결론을 내렸다.[8]

그러나 실제 낙태 합법화가 범죄 하락에 기여한 정도는 '0퍼센트'라는 것이 더 정확한 표현이다.

레빗과 도너휴는 다음과 같이 적고 있다. "낙태 합법화가 범죄 감소에 기여하는 가장 단순한 메커니즘은 범죄에 가담할 사람의 수 자체를 줄이는 것이다. 즉 상대적으로 적은 수의 사람들이 범죄를 저지르기 쉬운 청소년기에 도달한다면, 범죄를 저지를 만한 사람 자체가 적어지는 것이다. 한 가지 무척 흥미로운 사실은 낙태는 범죄 행위를 저지를 위험이 가장 큰 사람의 출생에 파격적인 영향을 미친다는 점이다."[9]

그러나 실상은 이렇다. "범죄를 저지르기 쉬운 청소년기"에 도달했을 때 "범죄를 저지를 **만한**" 사람의 수가 **줄기는커녕** 늘어났다. 또한 낙태는 "범죄 행위를 저지를 위험이 가장 큰 사람"의 출생을 막는 데 전혀 도움이 되지 않았다. 오히려 **범죄를 저지를 위험이 큰 사람**의 출생이 증가했다.

두 저자는 엄청난 양의 연구를 했다. 그러나 자신들의 주장과 상관성이 있는 데이터를 직접 찾아보지는 않았다. 이들은 복잡한 '다변수' 분석 방법을 활용하면서 낙태율(전체 출산 대비 낙태 수)과 같게 나타난 변수에 만족했다. 범죄율과의 상관관계를 살펴본 후, 인과관계가 분명하다고 여겼음이 틀림이 없다. 그러나 이들은 강력한 통계 기법에 속아넘어간 것뿐이다.

낙태가 범죄율 하락의 중요한 요인이라는 생각을 바꿀 뜻이 없다면, 낙태로 인해 범죄자가 될 가능성이 높은 인구의 증가가 둔화되었으므로 낙태를 허용하지 않았더라면 범죄율이 더욱 높아졌을 거라고 주장할 수도 있다. 전화상으로 인터뷰를 하던 중 이 증거를 제시하자 레빗은 다음과 같이 말했다(인터뷰 당시의 녹취록을 인용했다).

그것은 의미론적인 것이라고 생각합니다. 낙태로 인해 **그렇지 않았을 경우 더욱 높았을지도 모르는 범죄율**이 15~20퍼센트 가량 낮아졌다고 말하고 싶어한다 해도 저는 상관없습니다. 결국 우리는 같은 얘기를 하고 있는 겁니다. 그게 바로 제가 정말 얘기하고 싶은 점입니다.[10]

그러나 레빗과 도너휴의 주장은 "의미론"과는 아무런 상관이 없다. 1990년대 초 범죄는 이미 기승을 부리고 있었다. 한 가지 중요한 질문은 무엇이 범죄의 증가를 막았는가가 아니라, 무엇으로 인해 범죄가 급감했는가 하는 것이다. 이 질문에 대한 답은 미국의 사회정책에 지대한 영향을 끼칠 뿐 아니라 경찰국장, 시장, 도시 거주자들, 특히 경비원을 따로 고용할 형편이 안 되는 사람들도 많은 관심을 보일 내용이다. 범죄율 감소라는 긍정적인 사회적 추세를 지속하기 위한 해답은 무엇일까? 레빗은 이 질문에 대한 그 어떤 답도 내놓지 못했다.

범죄율, 출생률, 출생

우선 우리가 설명하고자 하는 1990년대의 폭력범죄의 급감 현상에 대해 생각해보자(도표 14-1 참조).

1999년, 미국의 폭력범죄율은 폭력범죄가 기승을 부렸던 1991년과 1992년에 비해 30퍼센트 이상 낮았으며, 1989년에 비해서도 20퍼센트나 낮았다. 그러나 같은 기간 동안 범죄를 저지를 가능성이 큰 인구는 눈에 띄게 줄어들지 않았다.

레빗과 도너휴는 범죄를 저지를 가능성이 큰 인구를 정의하는 데에 있어 매우 전통적인 방식을 사용했다. 레빗과 도너휴는 「낙태 합법화가 범

도표 14-1 미국 인구 10만 명당 폭력범죄

년도	폭력 범죄
1989	663
1990	732
1991	758
1992	758
1993	747
1994	714
1995	685
1996	637
1997	611
1998	567
1999	523

출처 : 미 연방수사국(FBI)

218

죄에 미치는 영향」이라는 보고서에서 낙태의 합법화 이후 "흑인 여성의 출산율 하락 속도가 백인 여성에 비해 세 배 정도 빨랐다"고 기록하면서 "흑인 청소년들의 살인율이 백인 청소년들에 비해 대략 9배 정도 높은 만큼 낙태의 합법화가 각 인종의 출산율에 각기 다른 정도의 영향력을 끼친다는 것은 곧 살인율의 급격한 감소로 이어질 가능성이 크다"[11]고 풀이했다. 인종적 요인을 배제하고 범죄 행위에 가담할 가능성이 가장 높은 인구로는 10대 임신을 통해 출생한 자녀 및 미혼모가 낳은 자녀를 꼽았다.

두 저자는 "폭력범죄를 가장 많이 저지르는 나이는 18세에서 24세로, 로 대 웨이드 사건(Roe v. Wade, 1973년 미국 연방 대법원이 헌법에 기초한 사생활의 권리로써 여성은 임신 후 6개월까지 임신중절을 할 권리를 갖는다고 한 판례. 그때까지 여성의 생명이 위험한 경우가 아닌 한 낙태가 금지되어 있었기에 이후 많은 논란이 되었다—옮긴이)으로 낙태가 허용된 후에 탄생한 세대가 이 나이에 접어들 무렵인 1992년부터 범죄가 줄어들기 시작했다"고 기록하고 있다.[12]

레빗과 도너휴의 주장을 좀더 들어보자.

전국 범죄율의 변화는 낙태 합법화와 관련이 있다. 1991년은 낙태가 합법이라는 판결의 영향을 받은 첫 세대가 청소년 범죄성향이 두드러지기 시작하는 연령인 17세에 도달하는 해였다. 연방 법원의 판결이 있기 전부터 낙태를 합법화해왔던 5개의 주에서는 낙태 합법화의 영향을 받은 첫 세대가 전 연령층 중 범죄율이 가장 높은 21세에 도달하는 해이기도 했다.[13]

이 수치들을 이용해 역으로 추산해보면 레빗과 도너휴의 주장이 옳은지 그른지를 판단할 수 있다. 가령 1991년에 24세인 사람은 1967년에 태어났고, 20세인 사람은 1971년, 17세인 사람은 1974년에 태어났다. 미국 내 다섯 개 주가 1970년에 낙태를 합법화하였으며 나머지 주에서는 로 대 웨이드 판결이 있었던 1973년에 낙태를 합법화했다. 따라서 1991년 당시 17~24세였던 인구가 영향을 받았다고 볼 수 있다. 이 기간 동안 흑인 여성, 10대, 미혼모에게서 태어난 사람의 수를 계산하여 출생률의 하락과 범죄를 일으킬 가능성이 큰 인구의 하락을 연결시킬 수 있다. 어쩌면 1990년대에 범죄를 일으킬 가능성이 큰 사람이 줄어들었다는 주장은 범죄 자체의 하락과 관련이 있는지도 모른다.

그러나 도너휴와 레빗은 출생에 관한 실제 데이터를 전혀 언급하지 않았다. 이들은 낙태 합법화로 인해 가임기 여성 대비 출생의 수를 나타내는 출생률이 하락했다고 설명했을 뿐이다. 그러나 전체 인구 대비 실제 출생 수의 하락과 출생률의 하락을 혼동해서는 안 된다. 1979년에 아이를 출산한 10대 미혼모가 1969년에 비해 5퍼센트 줄어들었다 하더라도 1979년에 10대의 수가 10퍼센트 더 많다면 여전히 더 많은 아이가 태어나게 된다. 여기에서 로 대 웨이드 판결은 1950년대와 1960년대의 출생률에는 아무런 영향을 미치지 않았다는 점을 기억해둘 필요가 있다.

레빗과 도너휴가 주장하는 범죄를 일으킬 가능성이 높은 인구의 실제 출생을 살펴보면, 이들의 주장이 터무니없다는 것을 알 수 있다. 도표 14-2에 나와 있는 숫자들을 더하는 것은 이들 두 경제학자가 사용한 그 어떤 방법보다 간단한 단순 계산에 불과하다. 그러나 이 숫자들을 더함으로써 문제를 손쉽게 풀 수 있다. 1990년대 말경에는 범죄를 일으킬 가능성이 높은 인구의 수가 조금이나마 줄어들어 레빗과 도너휴의 주장이 그나마 빛을 발한다.

나는 10대 흑인 미혼모가 출산한 자녀들의 수를 계산하여 1989년부터 1999년까지 이 아이들이 범죄를 일으키기 쉬운 나이인 17~24세에 도달

220

년도	자녀 수(1,000명)
1989	803
1990	855
1991	902
1992	946
1993	980
1994	1,013
1995	1,030
1996	1.044
1997	1,049
1998	1,049
1999	1,048

출처 : 국립건강통계센터, 「미국 인구 통계 : 출생률」 1호, 1965~1982

한 사례를 살펴보았다. 가령 1989년에 17~24세인 아이들의 출생년도는 다음과 같이 계산할 수 있다.

> 1965년에 태어난 사람은 1989년에 24세가 된다.
> 1966년에 태어난 사람은 1989년에 23세가 된다.
> 1971년에 태어난 사람은 1989년에 18세가 된다.
> 1972년에 태어난 사람은 1989년에 17세가 된다.

마찬가지로, 1999년에 17~24세가 되는 사람들의 출생년도도 다음과 같이 계산할 수 있다.

> 1975년에 태어난 사람은 1999년에 24세가 된다.
> 1976년에 태어난 사람은 1999년에 23세가 된다.

표 14-3 미국 인구 10만 명당 10대 흑인 미혼모의 자녀로
태어나 17~24세가 된 인구

년도	자녀 수(1,000명)
1989	326
1990	343
1991	357
1992	369
1993	397
1994	385
1995	387
1996	388
1997	385
1998	380
1999	376

출처 : 국립건강통계센터, 「미국 인구 통계 : 출생률」 1호, 1965~1982

1981년에 태어난 사람은 1999년에 18세가 된다.

1982년에 태어난 사람은 1999년에 17세가 된다.

1989년에서 1999년에 이르는 각 해에 대해 위와 같은 방식으로 계산을 하여 도표 14-2에 나와 있는 결과를 얻었다.

1989년 당시 17~24세이던 인구의 대다수는 낙태가 합법화되기 전에 태어났다. 1995년과 1996년 당시 17~24세이던 인구의 상당수는 낙태 합법화의 영향을 받은 세대다. 그러나 도표 14-2에서 보는 것처럼 실제 출생 자체가 감소할 만큼 큰 영향을 받지는 않았다.

레빗과 도너휴가 내린 정의에 따르자면 이들은 범죄성향이 두드러지는 골수분자이기 때문에 범죄 또한 **증가**할 것으로 예상하게 된다. 그러나 이들은 범죄 발생 건수가 아니라 전체 인구 대비 범죄 건수를 나타내

년도	자녀 수(1,000명)
1989	138
1990	143
1991	147
1992	155
1993	158
1994	171
1995	170
1996	176
1997	179
1998	177
1999	180

출처 : 국립건강통계센터, 「미국 인구 통계 : 출생률」 1호, 1965~1982

는 범죄율에 대해서 언급하고 있다. 그래서 나도 도표 14-2에 있는 수치들을 이용해 각 해의 전체 인구 대비 범죄를 저지를 가능성이 큰 인구의 비율을 계산해보았다(도표 14-3 참조).

이 자료를 보면 폭력범죄 발생율이 점점 높아질 거라고 예측하게 된다. 도표상의 수치를 볼 때에는 범죄율이 하락할 것으로 예상하기 어렵다. 레빗과 도너휴의 논문에서 사용하기에 가장 적절한 자료는 10대 흑인 미혼모의 자녀에 관한 데이터다. 그 어떤 관련 데이터를 보더라도 범죄율이 증가한다는 결론을 얻게 된다. 이를 증명하기 위해, 10대 미혼모의 자녀로 태어나 17~24세가 된 인구의 수를 추정해보았다. 도표 14-4를 보면 미국 인구 10만 명당 10대 미혼모의 자녀로 태어나 17~24세가 된 인구의 비율을 알 수 있다.

레빗과 도너휴는 이렇게 설명한다. "갓 태어난 아이들은 범죄를 저지르지 않기 때문에 최근에 이루어진 낙태가 오늘날의 범죄에 직접적인 영향을 미치지는 않는다. 그러나 1991년부터 1999년까지 범죄가 지속적으로 하락한 것은 낙태가 범죄 하락에 영향을 미친다는 우리의 가설이 사실임을 보여준다. 한 해가 지날 때마다 범죄를 저지를 가능성이 큰 인구 중 낙태 합법화 이후에 태어난 사람의 비중이 증가한다.”[14]

그러나 실제로 낙태 합법화 이후에 태어난 사람들이 범죄를 저지를 가능성이 큰 인구에서 차지하는 비중에 관한 데이터를 살펴보면 “낙태가 미칠 것으로 추정되는 영향”은 낙태가 실제로 미치는 영향과는 큰 차이가 있다. 낙태의 합법화로 인해 범죄를 저지를 가능성이 큰 인구의 출생률이 줄어들긴 했다. 그러나 이 사람들이 범죄를 저지를 만한 나이가 되었을 때 전체 인구에서 이들이 차지하는 비중이 하락할 만큼 많이 줄어들지는 않았다.

1990년대 이후를 보더라도 낙태가 범죄 감소에 영향을 미친다는 합당한 근거를 찾기는 어렵다. 1990년대 초에 흑인 여성이나 10대 미혼모가 출산한 자녀 수와 인구조사국의 전체 인구 전망치를 바탕으로 2010년경 이들 범죄를 저지르기 쉬운 인구가 전체 인구에서 차지할 비중을 계산할 수 있었다. 그 결과, 2004년과 2005년에는 비중이 살짝 줄어들었다가—여전히 1989년과 1990년보다는 높은 수준이지만—2010년경이 되면 다시 1991년과 1992년 수준으로 높아진다는 사실을 알 수 있었다.[15]

레빗은 주장을 철회했는가?

상황이 더 나빠지지 않은 것만으로도 감사할 일이라는 식의 주장도 여전히 가능하다. 가령 낙태가 합법화되지 않았더라면 범죄를 저지르기 쉬운 인구가 훨씬 빠른 속도로 증가했을 수도 있다거나, 낙태의 합법화가 범죄의 증가를 예방하는 데 기여했다거나, 예방까지는 아니더라도 최소한 범죄의 증가율을 둔화시키는 역할을 했다고 주장할 수도 있다. 그러나 이런 주장으로는 범죄율 하락의 정확한 이유를 찾을 수 없다. 사실 범죄율 하락의 원인을 찾는 것은 그리 어렵지 않다. 형량 강화로 인해 많은 수의 범죄자들이 감옥에서 오랜 시간을 보내게 되었고 따라서 범죄를 저지를 수 없게 된 것이다. 그러나 레빗과 도너휴는 낙태의 합법화가 전체 범죄의 하락분에 절반 정도 기여했다고 주장하면서 기타 요인들의 범죄 하락에 대한 기여도를 저평가하고 있다. 특히 혁신적인 치안 기법들은 완전히 무시하고 있다.

레빗이 처음에는 나의 지적을 받아들이지 않았지만 결국 인정한 점은 높게 산다. 전화상으로 대화를 나누던 중 10대 미혼모가 출산한 자녀 수의 증가를 나타내는 데이터가 있다고 설명하자, 레빗은 낙태 합법화 이후에 태어난 아이들은 부모가 "원해서" 태어난 아이들이라고 주장했다. 낙태의 합법화로 인해 10대들도 낙태를 할 수 있게 되었음에도 불구하고 이들이 낙태를 하지 않는 쪽을 택했기 때문에 낙태가 합법화되기 전의 10대 미혼모와는 달리 이들은 자녀를 원해서 출산했다는 것이다. 따라서 부모가 원해서 낳은 아이는 범죄를 저지를 가능성이 높은 아이들이 아니라는 주장이었다.

그러나 레빗은 같은 주제에 관해 이전에 발표한 자료에서 이미 자신의 주장을 철회했었다. 2001년에 레빗과 드너휴가 "낙태 합법화가 범죄 감소에 기여하는 가장 단순한 메커니즘은 범죄에 가담할 사람의 수 자체를 줄이는 것이다. 즉 상대적으로 적은 수의 사람들이 범죄를 저지르기 쉬운 청소년기에 도달한다면, 범죄를 저지를 사람 자체가 적어지는 것이다. 한 가지 무척 흥미로운 사실은 낙태는 범죄 행위를 저지를 위험이 가장 큰 사람의 출생에 파격적인 영향을 미친다는 점이다"[16]라고 했던 것을 떠올려보자. 그러나 이후 레빗은 경제학회지 《경제학 전망 저널》에 대중들이 좀더 쉽게 이해할 수 있도록 설명하면서 자신의 주장을 뒷받침하는 이론은 다음과 같은 두 개의 전제로 이루어져 있다고 주장했다. (1) 부모가 원치 않음에도 불구하고 태어난 아이들은 범죄를 저지를 가능성이 크다. (2) 낙태의 합법화로 인해 부모가 원치 않는 아이의 출생이 줄어들었다.[17]

레빗이 주장하는 두 가지 전제에 의문을 표시할 사람은 아무도 없다. 원치 않는 아이를 낙태하는 경우가 원하는 아이를 낙태하는 경우보다 많은 것은 너무도 당연하다. 또한 10대 미혼모에게서 불안정하게 태어난 사람 중에 범죄자의 비율이 높다는 것을 반박할 다른 이유가 없다면, 원치 않는 아이가 범죄자가 될 위험도 낮을 수가 없다. 그러나 우리 대화의 주제는 10대 미혼모였기 때문에 이들이 아이를 원해서 낳았을 거라는 주장은 설득력이 없었다.

내가 이 부분에 대해 직접 언급할 필요도 없이 레빗이 대답을 해준 점에 대해 무척 고맙게 생각한다. 레빗이 인정한 주요 내용을 다시 한 번 인용해보겠다.

그것은 의미론적인 것이라고 생각합니다. 낙태로 인해 그렇지 않았을 경우 더욱 높았을지도 모르는 범죄율이 15~20퍼센트 가량 낮아졌다고 말하고 싶어한다 해도 저는 상관없습니다. 결국 우리는 같은 얘기를 하고 있는 겁니다. 그게 바로 제가 정말 얘기하고 싶은 점입니다.[18]

레빗이 직접 "그렇지 않았을 경우 더욱 높았을지도 모르는 범죄율"이라는 표현을 사용했다. 난 레빗과 통화를 하던 중 그의 주장이 의미론과는 아무 상관도 없다는 점을 강조해서 지적하진 않았다. 레빗과 내가 마침내 뜻을 같이하게 되어서 기쁜 마음도 있지만 레빗이 자신의 저서에서 는 나의 생각과는 전혀 다른 주장을 하고 있으면서 이 책에서만 같은 목소리를 내게 되어 안타까운 마음도 든다.

『괴짜경제학』의 본문 중에는 레빗이 초기에 주장했던 내용과 이후에 주장하는 내용이 모두 들어 있다. 레빗과 도너휴는 "어떤 여성이 낙태 합법화를 가장 잘 활용하였을까요?"[19]라는 질문을 던졌다. 이들의 답은 어 떠했을까?

미혼모, 10대, 빈곤층이 가장 많고, 세 가지 조건을 모두 갖고 있는 여성도 간혹 있었다. 편부모 가정에서 자란 아이가 범죄를 저지를 가능성은 양친이 있는 가정에서 자란 아이에 비해 두 배 가량 높다. 10대가 낳은 아이도 마찬가지다. 또 다른 연구를 보면 모친의 낮은 교육 수준이 아이의 범죄에 가장 큰 영향을 미치는 요인이다.[20]

빈곤층을 다시 흑인 여성으로 세분화한 점을 빼면, 『괴짜경제학』의 인구통계적 요인은 레빗과 도너휴의 보고서에서 언급된 요인과 거의 일치한다. 여기서도 우리는 10대 미혼모들의 실제 출산에 관한 데이터를 기대하게 된다.

『괴짜경제학』 본문 중에 "임신은 30퍼센트 가량 증가하였으나 출산은 6퍼센트 **하락**했다. 이는 많은 여성들이 피임의 한 방법으로 낙태를 선택했음을 뜻한다"[21]라는 내용이 있다. 그러나 이 문장은 (1)과거에 1,000건의 임신이 있었으나 현재에는 30퍼센트 증가하여 1,300건으로 늘어났다. (2) 1,300건의 임신 중 6퍼센트, 즉 76건의 출산 건수가 줄어들었다는 뜻인 듯하다. 그렇다 하더라도 결국 출산이 증가하지 않았는가. 좀더 설득력 있는 데이터를 제시하기 전에는 범죄를 저지를 가능성이 큰 인구가 줄어들었다는 주장을 받아들일 수가 없다.

『괴짜경제학』본문 중에는 출산율에 관한 언급은 하지 않고 원치 않은 임신에 대한 내용만 다룬 부분이 있다.

낙태가 합법화된 직후에 태어난 아이들이 범죄 성향이 두드러지는 10대 후반에 접어들 무렵인 1990년대 초에 범죄율이 하락하기 시작했다. 물론 범죄자가 될 가능성이 가장 큰 아이들은 이 무리에 들어 있지 않다. 산모가 원치 않아서 태어나지 못한 아이들을 제외한 또래 아이들이 청소년기에 도달했을 무렵 범죄율이 지속적으로 하락했다. 낙태의 합법화로 원치 않은 아이의 출생이 줄어들었다. 원치 않은 출산은 높은 범죄율로 이어진다. 따라서 낙태의 합법화가 범죄를 줄이는 데 이바지한다고 볼 수 있다.[22]

또한 레빗과 도너휴는 10대들이 결혼하지 않은 상태에서 아이를 가질 것인지 말 것인지 의사를 결정하는 문제에 관해 논하고 있다. 대부분 임신 전부터 물질적으로 빈곤한 상태인 10대 미혼모가 아이의 미래에 대한 진지한 고민을 바탕으로 의사결정을 할 수 있을 거란 생각은 비현실적이다.

낙태를 합법화해서는 안 된다고 생각하는 사람은 낙태의 합법화에 관해 다루고 있다는 이유만으로도 레빗의 논문을 싫어할 수도 있다. 반면 사람은 누구나 선택의 자유가 있다고 믿는 나 같은 사람들은 낙태에 반대하는 사람들과는 달리, 레빗과 도너휴의 책으로 인해 범죄율의 하락을 가져온 실제 원인에 대한 연구가 이루어지지 않을까 봐 걱정이다.

정보의 비대칭과 부동산 중개업자

정보의 비대칭이란 구매자와 판매자, 전문가와 아마추어 간의 정보의 불균형을 뜻한다. 『괴짜경제학』에서는 부동산 중개업자와 고객 간의 정보의 비대칭에 대해 설명한다. 레빗이 낙태와 범죄를 다루는 데 있어 지나치게 복잡한 통계기법으로 인해 실수를 했다면, 부동산 중개업자에 관한 내용에서는 데이터의 부족, 즉 그야말로 정보의 비대칭으로 인해 실수를 하고 말았다.

앞으로 이어질 나의 설명을 부동산 중개업자가 앞으로도 계속해서 5~6퍼센트의 수수료를 받아야 한다는 뜻으로 해석하지는 않기 바란다. 나는 부동산 중개업자가 받을 수수료에 대해 논하고자 하는 것은 아니다. 그러나 최근 인터넷을 기반으로 염가 서비스를 제공하는 중개업자가 나타나 부동산 중개업 전체에 타격을 주고 있다. 만일 할인을 제공하는 업자들이 부동산 중개업에서 지배적인 영향력을 발휘하게 된다면 구매자와 판매자 모두가 지금보다 훨씬 못한 서비스를 받게 될 것이다.

레빗은 논문에서 전혀 다른 주제, 즉 부동산 중개업자가 제공하는 서비스의 본질에 대해 다루고 있다. 우선 레빗의 연구 결과를 요약 정리해보자.

레빗의 주장에 의하면 부동산 중개업자들은 집을 내놓는 사람들로 하여금 시장 가격보다 적은 돈에 집을 팔게끔 만든다. 즉 부동산 중개업자들은 시세보다 낮은 가격에 집을 내놓게 해 흥정을 빨리 끝내는 데에만 관심을 갖고 있다. 부동산 중개업자는 실제 판매 가격의 극히 일부만을 수수료로 받는다. 따라서 (1) 20만 달러를 받고 즉시 집을 팔거나 (2) 시간을 좀더 들여서 10일 후에 20만 8,000달러를 받고 집을 파는 두 가지 방법 중 적은 가격이라 하더라도 빨리 거래를 끝내는 쪽을 선호한다.

집을 파는 사람의 입장에서 본다면 열흘을 기다려서 8,000달러를 더 받는 쪽이 좋다. 그러나 부동산 중개업자가 시세보다 낮은 가격이라 하더라도 이번 거래를 받아들이지 않으면 훨씬 적은 돈을 받고 집을 팔아야 할 수도 있다고 겁을 주기 때문에 판매자는 결국 시세보다 낮은 가격에 집을 팔게 된다. 레빗과 더브너는 『괴짜경제학』 2장 'KKK와 부동산 중개업자는 어떤 부분이 닮았을까?'에서 "부동산 중개업자의 주무기는 정보를 두려움으로 바꾸는 것"[23]이라고 설명한다(KKK는 백인 우월주의를 내세우는 미국의 극우 비밀 결사단체다–옮긴이).

그러나 레빗의 주장을 믿는다 하더라도 한 가지 미심쩍은 점이 있다. 부동산 중개업자가 주택 소유자로 하여금 시세보다 낮은 가격에 집을 팔게끔 한다는 것은 곧 구매자가 적은 돈을 지불하게 된다는 뜻이다. 그러나 구매자 역시 부동산 중개인을 앞세우고 흥정을 한다는 점을 볼 때 왜 구매자들에게만 유리한 쪽으로 거래가 성사되는지 의문을 던지지 않을 수 없다. 구매자를 대리할 때의 부동산 중개업자는 고객의 이익에 반대되는 행동을 할 만한 이유가 없는 걸까?

구매자를 대리하는 부동산 중개업자도 집을 팔고자 하는 사람의 구미가 당길 만큼 **높은** 가격에 가능한 빨리 흥정을 끝내기를 원하는 건 마찬가지다. 뿐만 아니라 구매자 쪽 부동산 중개업자도 판매 가격의 극히 일부만을 수수료로 받는다. 따라서 (1) 20만 8,000달러를 주고 당장에 집을 사거나 (2) 10일 후에 20만 달러를 주고 집을 사느냐 하는 갈림길에서 **높은 가격**이라 하더라도 빨리 거래를 끝내는 쪽을 선호할 것이다. 구매자의 입장에서 본다면 열흘을 기다리더라도 8,000달러를 적게 지불하는 쪽이 좋다. 판매자 측 중개업자가 고객으로 하여금 두려움을 느끼게 해서 판매자의 생각을 바꾸어놓을 수 있다면 구매자 측도 마찬가지가 아닐까?

왜 레빗은 명백하게 한쪽으로 치우친 결론을 내린 걸까? 앞으로 자세히 살펴보겠지만, 원인은 바로 레빗의 연구 자체가 비대칭적인 정보의 산물이기 때문이다.

『괴짜경제학』에 등장하는 정보의 비대칭에 관한 내용은 레빗이 시카고 대학의 채드 시버슨 교수와 공동 집필한 논문「투동산 중개인이 더 많은 정보를 가지고 있을 때 발생하는 시장 왜곡 현상 : 부동산에 있어서의 정보의 가치」[24]를 바탕으로 한다. 레빗과 시버슨은 논문의 서두에서 "판매자 측 부동산 중개인은 집을 빨리 팔고자 하는 강한 동기를 갖고 있기 때문에 고객들이 시세보다 낮은 가격에라도 가능한 빨리 집을 팔도록 유도한다"[25]고 밝히고 있다. 이것이 바로 레빗과 시버슨이 찾아냈다고 주장하는 연구 결과다. 그러나 똑같은 논리를 구매자에게도 적용할 수 있다. "구매자 측 부동산 중개인은 집을 빨리 구매하고자 하는 강한 동기를 갖고 있기 때문에 고객들이 시세보다 터무니없이 늦은 가격에라도 집을 빨리 구매하도록 유도한다."[26] 그러나 두 저자는 이러한 가능성을 확인해볼 만한 데이터를 확보하지 못했다는 이유로 가능성 자체를 무시해버렸다.

또한 두 문장을 나란히 놓고 보면 이들의 주장 전체에 문제가 있다는 사실을 알 수 있다. 현실 속의 구매자와 판매자는 자신이 지불하고자 하는 금액 및 받고자 하는 금액에 대한 나름대로의 생각이 있다. 부동산 중개업자가 이들의 생각을 얼마나 잘 파악하느냐에 따라 계약이 빨리 성사될 수도 있고 그렇지 않을 수도 있다. 예를 들어 판매자 쪽 부동산 중개업자가 거래를 성사시키기 위해 집값을 높이기 위해 흥정을 할 필요가 있음을 깨닫게 될 수도 있다.

부동산 중개업자는 정보를 왜곡하는가?

레빗과 시버슨은 일리노이 주에 있는 쿡 카운티의 주택 거래를 바탕으로 논문을 작성했다. "쿡 카운티에서 발생한 9만 8,000건의 주택 거래 중에는 부동산 중개업자가 자신이 소유한 집을 직접 판매한 3,330건의 거래가 포함되어 있다."[27]

그러나 9만 8,000건의 주택 거래 중에는 부동산 중개업자가 직접 **구매**한 거래 건수도 포함되어 있었을 것이다. 직접 주택을 구매한 사람은 대부분 직접 주택을 판매한 사람들과 같은 사람일 가능성이 크다. 그러나 데이터를 구할 수 없었다는 이유로 레빗과 시버슨은 부동산 중개업자가 직접 주택을 구매한 경우에 대해서는 아예 언급조차 하지 않았다.

레빗과 시버슨은 자신들이 찾아낸 데이터를 바탕으로 다음과 같은 결과를 도출했다.

> 동네 특성 및 집의 특성이라는 요인을 통제한 후에도, 부동산 중개업자가 소유한 집은 같은 가격대의 집에 비해 약 3.7퍼센트 높은 가격에(또는 중앙 판매 가격보다 약 7,700달러 높은 가격에) 팔리며, 다른 주택에 비해 약 10퍼센트(9.5일) 정도 긴 기간 동안 시장에 나와 있는다.[28]

레빗과 시버슨은 7,700달러의 차이가 발생하는 이유는 부동산 중개업자가 정보를 왜곡하여 고객을 오도하거나[29] 고객으로 하여금 시세보다 낮은 가격을 빨리 수용하게끔 권하기 때문이라는 결론을 내렸다.[30] 레빗과 시버슨은 연구의 결론을 내리면서 두 가지 설득력 있는 가능성을 일축해 버렸다.

우선 이들은 "부동산 중개업자들이 시장에서 어떤 특성이 중요하게 여겨지는지 잘 알고 있다거나 집을 보수, 우지하는 데 더 많은 돈을 쓴다거나 하는 측정 불가능한 요인들로 인해 부동산 중개업자가 소유한 집이 더욱 매력적일 수 있다"는 가능성을 일축했다.[31] 두 저자가 인정하듯이 "부동산 중개업자는 같은 동네에 있는 다른 집과 비교해도 좀더 크고, 지은 지 오래되지 않은 집에 거주하며, 욕실 딸린 안방, 벽난로 등 편의시설에 더 많은 관심을 보이는 경향이 있다."[32] 이 사실들이 이미 부동산 중개업자들이 시장 가치를 높이기 위해 많은 노력을 한다는 것을 보여주지 않는가.

둘째, 집의 상태를 개선시키는 데 특별히 많은 노력을 한 부동산 중개업자들의 경우, 집을 팔 때 투자한 만큼 이익을 보기 위해 더 많은 노력을 기울이고 더 긴 시간을 투자할 동기가 충분하다. 고객의 구매 행위를 대리할 경우 1달러당 1.5센트의 수수료를 받는다. 그러나 자신이 소유한 집을 판매할 때에는 판매를 통해 얻은 모든 금액이 자신의 소유가 된다. 따라서 고객의 집을 팔 때 할애하는 시간과 노력이 적다는 것이 반드시 고객을 위해 최선을 다할 의무를 저버린다는 뜻은 아니다. 부동산 중개업자들이 자신의 집을 거래할 때 더 많은 공을 들이는 것은 다만 레빗과 시버슨이 이야기하는 "전형적인 주인–대리인 문제"일 뿐인지도 모른다.

기특하게도 두 저자는 "부동산 중개업자가 소유한 부동산에는 측정할 수 없는 특징이 있을 가능성도 있다"고 인정하고 있다.[33] 왜 이 측정할 수 없는 특징은 중요한 요인이 될 수 없는 걸까? 레빗과 시버슨은 중개업자가 소유한 부동산이 갖고 있는 측정할 수 없는 특징은 평균보다 높은 주택 가격에 대한 설명은 되지만 시장에 나와 있는 기간이 평균보다 긴 이유는 여전히 의문이라고 설명했다.[34]

그러나 좀더 가치 있는 집을 사게 되었다고 확신하는 사람을 찾는 데에 더 오랜 시간이 걸린다는 설명에는 전혀 문제가 없으며, 오히려 설득력을 갖추고 있다. 레빗과 시버슨은 전체 거래 대상 주택 중 22퍼센트가 팔리지 않았다는 점을 지적하며[35] 부동산 중개업자가 소유한 집의 경우 판매되지 않는 비율이 더 높다고 설명했다. 두 저자는 이 사실마저도 "부동산 중개업자가 소유한 주택이 판매되는 데 더 오랜 시간이 걸린다는 점을 확인시켜주는 것"이라고 해석했다.[36] 물론 실패율이 더 높은 것이 직업적 전문성의 부족을 뜻하는 것은 아닐 것이다. 그렇다면 자신이 소유한 집을 파는 데 실패하는 경우가 더 많다는 것은 곧 집을 가꾸기 위해 투자한 시간 및 노력에 대한 보상을 받는 데 실패했음을 뜻하는 것일까?

레빗과 시버슨은 부동산 중개업자들이 금전적인 동기 때문에 자신이 소유한 집을 파는 데 더 많은 시간과 노력을 쏟아붓는 것은 올바르지 않다고 주장한다. 이들은 "부동산 중개업자들이 고객이 소유한 집을 파는 데 좀더 적은 노력을 쏟아붓는다면(전형적인 주인–대리인 문제), 부동산 중개업자는 자신이 소유한 집을 팔 때 좀더 높은 가격에 집을 팔 수는 있겠지만, **집을 파는 데 걸리는 기간은 줄어들어야 한다**"[37]고 설명한다.

이런 식의 비현실적인 사고방식으로는 문제를 설명할 수 없다. 우선 시간과 노력 간의 즉각적인 맞교환이 가능하다는 가정에는 문제가 있다. 레빗과 시버슨의 계산대로 거래가 이루어진다면, 고객의 집을 판매하는 데 평균 95일이 걸린다고 했을 때, 부동산 중개업자가 더 많은 노력을 기울일 경우 (1) 95일보다 짧은 시간 내에 (2) 좀더 높은 가격에 거래가 성사되어야 한다. 그러나 현실에서는 더 많은 노력을 기울인다고 해서 좀더 짧은 시간 내에 더 많은 돈을 받고 집을 팔게 되지는 않는다.

레빗과 시버슨의 주장처럼 시간과 노력 간의 맞교환이 가능하다 하더라도 여전히 해결되지 않는 문제가 있다. 부동산 중개업자들은 10퍼센트만큼 더 노력하여 매물이 시장에 나와 있는 기간을 104.5일로 **줄일** 수 있다. 그러나 기간을 좀더 줄이기 위해서는(물론 기간을 줄여도 가격은 높아야 한다) 노력을 **두 배로 늘려야** 하는데 이는 시간을 가장 효율적으로 활용하는 방법이 아닐 수도 있다. 따라서 부동산 중거인은 주어진 비용의 제약을 감안하여 시간과 노력을 가장 적절한 수준으로 교환하는 것이다.

그러나 레빗과 시버슨은 부동산 중개업자가 판매하는 집이 7,700달러나 비싼 까닭을 두고 좀더 다양한 원인을 알려주는 대신, 자신들의 주장이 좀더 그럴싸하게 들리도록 노력했다. 실제로는 부동산 중개업자의 집이 좀더 비싼 이유는 (1) 부동산 중개업자가 판매하는 집이 더욱 가치가 높고 (2) 적당한 구매자를 찾는 데 더 많은 시간과 노력이 들며 (3) 고객을 대신해 팔 경우 판매 가격의 1.5퍼센트를 수수료로 받을 뿐이지만 자신의 집을 7,700달러 비싸게 판매할 경우 그 금액 모두가 자신의 소유가 되기 때문이다.

구매자 측 부동산 중개업자

레빗과 시버슨은 부동산 중개업자가 더 많은 정보를 갖고 있기 때문에 자신이 소유한 집을 팔 때에는 더 비싼 값을 받게 된다며 설득력도 없는 세 가지 이유를 제시했다. 특히 세 번째 이유로 인해 이들의 주장은 더욱 설득력을 잃게 된다.

두 저자는 첫 번째 근거로 시장에 나와 있는 매물간의 유사성이 떨어질 때, 부동산 중개업자는 자신이 소유한 집을 좀더 오랜 기간 동안 시장에 내놓고 좀더 높은 가격을 받는다는 사실을 제시했다.[38] 레빗과 시버슨은 매물간의 유사성이 적어지면 일반 주택 소유자는 판매가를 비교할 만한 대상을 찾기가 어려워지기 때문에 부동산 중개업자들이 더 큰 이익을 얻게 된다며 이것이야말로 부동산 중개업자로 인한 정보 왜곡 현상의 근거라고 설명했다.[39] 그러나 앞서 설명한 바와 같이 집을 소유한 부동산 중개업자가 집을 개선시키는 데 가장 많은 공을 들인 탓에 집의 가치를 알아볼 임자를 만나는 데에도 오랜 시간이 걸릴 수 있다.

레빗과 시버슨이 제시한 두 번째 근거는 2000년부터 2002년까지의 시기보다 1992년부터 1995년까지의 시기에 부동산 중개업자들이 자신이 소유한 집을 더 오랜 기간 동안 시장에 매물로 놓아두었으며 더 비싼 값에 판매했다는 사실이었다. 이들은 두 시기 사이의 판매 가격 및 기간에 차이가 나는 이유로 인터넷의 발달을 꼽으며 "인터넷의 발달로 인해 판매자는 시장에 나와 있는 다른 집의 특징 및 최근 거래 가격에 대한 정보를 얻을 수 있게 되었다. 결과적으로 부동산 중개업자들이 갖고 있는 정보의 우위가 줄어들게 되었다"[40]고 설명했다.

인터넷에 나열된 부동산 가격 정보는 시장에 나와 있는 집들이 유사한 특성을 갖고 있을 때 거래자에게 가장 크게 도움이 되도록 고안된 것인데, 레빗과 시버슨의 주장처럼 시장에 나와 있는 집들이 서로 다른 특징을 갖고 있을 때 부동산 중개업자들이 가장 많은 이득을 얻는다면, 인터넷이 정보의 비대칭성을 줄이는 데 얼마나 기여할지 의문을 제기하지 않을 수 없다. 뿐만 아니라 레빗과 시버슨의 논리를 있는 그대로 받아들이기 전에 또 다른 종류의 이질성이 존재할 가능성에 대해서도 의문을 제기하고 싶다. 1992년에서 1995년에 이르는 기간에 비해 2000년에서 2002년에 이르는 기간 동안 집값은 두세 배나 빠른 속도로 증가했다.[41] 즉 2000년부터 2002년까지 집값이 급등했기 때문에 부동산 중개업자가 소유한 집과 일반인이 소유한 집의 거래 가격 차이가 줄어들었을 수도 있다는 뜻이다.

레빗과 시버슨이 부동산 중개업자가 더 많은 정보를 갖고 있기 때문에 가격이 왜곡된다고 주장하는 근거로 언급한 세 번째 이유는 이들이 제시

236

하는 데이터야말로 비대칭적이라는 사실을 잘 보여준다. 두 저자는 세 번째 이유로 구매자 측 부동산 중개업자가 없는 경우, 판매자 측 부동산 중개업자가 자신이 소유한 집을 팔 때와 고객의 집을 팔 때 결과가 다르다는 점을 들고 있다.

레빗과 시버슨은 "부동산 중개업자가 자신이 소유한 집을 팔고자 할 때 구매자 측 중개업자가 없는 경우라면 매매 가격이 1.9퍼센트 상승한다"[42]는 사실을 밝혀냈다며, 이는 곧 매매 가격이 높아졌을 때 이득이 고스란히 자신의 주머니 속으로 들어가는 경우라면 좀더 좋은 가격에 집을 팔기 위해 많은 노력을 기울인다는 뜻이라고 풀이했다.

하지만 여기서 한 가지 짚고 넘어가야 할 부분이 있다. 중개업자 **없이** 집을 구매하는 사람이 1.9퍼센트 많은 돈을 지불한다면, 중개업자를 끼고 집을 구매하려는 사람은 어떨까? 두 저자의 논리대로라면 1.9퍼센트 적게 지불해야 한다. 부동산 중개업자가 "없는 경우"를 "있는 경우"로 바꾸고, "가격 상승"을 "가격 하락"으로 바꾸어보면 "부동산 중개업자가 자신이 소유한 집을 팔고자 할 때 구매자 측 중개업자가 **있는** 경우라면 매매 가격이 1.9퍼센트 **하락한다**"는 문장이 만들어진다.

이 문장과 두 저자가 주장하는 원래 문장 간어는 별 차이가 없어 보인다. 그러나 한 가지 중요한 사실을 알 수 있다. 판매자 측 중개업자가 조직적으로 고객에게 잘못된 정보를 준다면, 구매자 측 중개업자인들 험난한 협상 과정을 거쳐 고객이 **낮은** 가격에 집을 사도록 할 이유가 없지 않은가? 이 경우, 집을 내놓은 사람은 거래 가격이 상승하면 상승한 만큼 한 푼도 빠짐없이 모두 자신이 갖게 되는 전문 중개업자다. 반대로 구매자 측 중개인은 거래 가격의 1.5퍼센트만을 받기 될 뿐이다. 따라서 판매 가격이 낮아지면 중개업자에게 돌아가는 수수료도 줄어든다.

그러나 어려운 상황에도 불구하고 구매자 측 중개업자가 판매 가격에서 몇천 달러를 깎기 위해 노력을 한다고 믿어야 하는지도 모르겠다(집값이 20만 달러라고 할 때, 1.9퍼센트를 덜 받게 된다는 것은 곧 3,800달러를 덜 받는다는 뜻이다). 저자들이 마지못해 제시하는 듯한 설명을 보면 그 까닭을 알 수 있다. "부동산 중개업자는 자신을 고용한 고객들에 비해 많은 정보를 갖고 있다."[43] 구매자와 구매자 측 중개업자에게 동기를 부여하는 요인이 완벽하게 일치하지는 않지만(구매자 측 중개업자는 구매자가 설사 더 많은 돈을 지불하게 된다 하더라도 어떻게든 거래를 성사시키는 쪽을 선호한다), **구매자 측 중개업자는 여하튼 구매자를 대변하며 자신을 고용한 고객에게 좀더 믿을 만한 정보를 주기 위해 시장 현황에 대해 판매자 측 중개업자와 반대되는 발언을 할 수도 있다.**[44]

위 내용을 다시 살펴보자. 앞서 사용한 방법을 응용해서 구매자 측 중개업자를 판매자 측 중개업자로 바꾸고, 판매자 측 중개업자는 구매자 측 중개업자로 바꾸어보자. 다른 용어들도 같은 방식으로 바꾸어보면 다음과 같이 문장이 완성된다.

판매자 측 중개업자는 자신이 대표하는 고객에 비해 많은 정보를 갖고 있다. **판매자와 판매자 측 중개업자에게 동기를 부여하는 요인이 완벽하게 일치하지는 않지만**(판매자 측 중개업자는 판매자가 설사 돈을 덜 받는다 하더라도 어떻게든 거래를 성사시키는 쪽을 선호한다), **판매자 측 중개업자는 여하튼 판매자를 대변하며 자신을 고용한 고객에게 좀더 믿을 만한 정보를 주기 위해 시장 현황에 대해 구매자 측 중개업자와 반대되는 발언을 할 수도 있다.**

레빗과 시버슨이 구매자 측 중개업자가 구매자에게 올바른 정보를 주고자 하는 동기를 갖고 있다고 믿는다면 판매자 측 중개업자라고 해서 그렇지 않으리라는 법도 없다. 결국 같은 사람들이 서로 다른 쪽을 위해 일을 하는 것 아닌가.

판매자 측이건 구매자 측이건 고객을 "위해서 일을 한다는 것"이 항상 고단한 협상을 통해 고객에게 많은 이익을 안겨준다는 것과 동의어는 아니다. 거래가 원활하게 진행되지 **않을** 경우, 중개업자가 반드시 고객을 위해 일하는 것은 아니다(다섯 번 중 한 번 꼴로 이 같은 경우가 발생한다). 그러나 앞서 언급했던 것처럼, 고객의 기분 및 중개업자가 고객의 기분을 잘 이해하는지의 여부에 따라 중개업자가 고객을 위해 좀더 강하게 협상을 해나가지 않으면 거래가 이루어지지 않을 수도 있다.

마지막 내용은 구매자 측 중개업자가 있다고 해도 "판매자를 대리하는 중개업자가 있다면 판매 가격에 별다른 영향을 끼치지 못하지만"[45] 구매자 측 대리인은 "부동산 중개업자가 자신이 소유한 집을 팔고자 할 때"[46] 훨씬 협상이 어려운 상황임에도 1.9퍼센트나 낮은 가격으로 협상을 이끌어낼 수 있다는 논리에 오류가 있음을 설명하는 데 도움이 된다.

부동산 중개업자가 자신이 소유한 집을 파는 경우라면, 중개업자가 "자신이 소유한 집"을 개선하기 위해 들인 노력의 가치가 바로 협상의 쟁점일 것이다. 그러나 판매자와 구매자가 모두 대리인을 앞세우고 거래를 할 경우, 판매자가 구매자에 비해 자신이 유리한 쪽으로 협상을 하기 위해 더 애를 쓸 것이다. 그 이유는 뒤에서 설명할 것이다. 그러나 레빗과 시버슨의 주장이 옳다고 하더라도, 구매자 측 중개업자가 있는 경우 더 많은 협상 과정을 거치긴 하겠지만, 구매자 측 중개업자가 있든 없든, 가격이 같을 가능성이 높다.

그러나 "고객"과 "중개업자"에게 동기를 부여하는 요인이 완벽하게 일치하지 않는다는 레빗의 설명에는 전혀 문제가 없다.[47]

전화 통화 중 레빗은 "인터넷의 발달로 인해 지금껏 하나로 묶여 있었던 부동산 중개업자의 업무가 어떤 집이 매물로 나와 있는지에 대한 정보를 제공하는 역할과 실제로 집을 판매하는 노동을 제공하는 역할로 세분화될 것이며, 실제로 집을 판매하는 일을 할 때에는 시간당으로 노동에 대한 대가를 지급받게 될 것"이라는 예측을 내놓았다.[48]

중개업자들이 시간당 대가를 청구할 수 있게 된다면, 중개업자와 고객에게 동기를 부여하는 요인이 완전히 달라질 수밖에 없다. 중개업자들은 집이 팔리지 않았음에도 불구하고 수백 시간에 해당하는 금액을 노동의 대가로 청구하지 않겠는가.

거래를 성사시키기 위한 노력

레빗이 생각하는 것과는 달리 고객이란 정보의 부재로 인해 중개업자의 농간에 놀아나는 사람이 아니라는 점을 분명하게 보여주는 조 스트라포드라는 부동산 중개업자의 얘기를 알았더라면 좀더 도움이 되었을지도 모르겠다.

스트라포드는 나지막한 목소리로 다음과 같은 얘기를 했다.

내가 새롭게 담당하게 된 슬로안 씨네 가족들은 신중하게 집을 고르는 타입이었다. 나는 부동산업계에서 일을 하고 있었는데 고객이 원하는 물건이 무엇인지 끊임없이 정보를 찾아내는 것이 나의 주된 업무였다. 그러나 슬로안 씨네 가족들에게 원하는 정보를 제때 제공해줄 수 있는 사람은 없을 거라고 생각한다. 이들이 둘러본 모든 집에 대한 각종 정보를 찾아내는 일은 불가능했다. 슬로안 씨네 가족은 가치가 있거나 귀한 물건이 어딘가에 있을 거라는 확고한 믿음을 갖고 있었기 때문에 나는 그들이 언젠가는 집을 구매할 거라고 생각했다. 매물로 나와 있는 모든 집을 다 살펴본 것이라고 확신을

시키기 위해 애를 쓸수록, 슬로안 씨네 가족은 무언가 빠뜨린 것이 있을 거라며 걱정을 해댔다.[49, 50]

가격을 낮게 부른다고 해결될 문제가 아니었다. 오히려 자신들이 원하는 것보다 가치가 없는 집이라는 확신만 심어주게 될 뿐이었다.[51]

이 이야기는 퓰리처 상을 수상한 제인 스마일리가 지은 흥미진진한 소설 『선의』의 일부다. 위 내용은 소설 속에 등장하는 부동산 중개업자 스트라포드의 독백이다. 레빗은 이 소설을 읽지 못했다고 했다. 만일 레빗이 이 소설을 읽었더라면 부동산 중개업자가 단순히 시간당 수당을 위해 거래를 하지는 않는다는 점을 깨달을 수 있었을 것이다. 거래가 실패로 돌아가려는 긴장되는 상황에서, 신경질적인 성격의 집 소유주가 "스트라포드 씨, 내가 얼마를 줘야 하죠?"라고 묻는 장면이 있다. 스트라포드는 이렇게 기술하고 있다. "집 주인은 정확히 내가 하려고 했던 일, 거래를 성사시키기 위해 노력한 데에 대한 대가를 지불했다."[52]

거래를 성사시키기가 어려운 이유에 대해 『괴짜경제학』은 집을 판매하고자 하는 사람이 자신이 소유한 집에 "상당한 수준의 감정적인 애착"을 갖고 있기 때문이라고 설명했다.[53] 판매자가 구매자에 비해 가격 협상에 더 열을 올린다는 설명이기도 하다. 거기에는 담보대출로 인한 부담도 작용할 것이다. 판매자의 입장에서 본다면, 집값을 1,000달러 높게 받으면 그 액수만큼 자산운용에 득이 된다. 그러나 구매자는 집값을 1,000달러 더 지불한다 하더라도 결국 한 달에 몇 달러 정도 대출금을 더 갚아나가면 된다고 생각할 수도 있다.

레빗과 시버슨이 부동산 중개업자가 구매한 집의 가격에 대한 정보를 갖고 있었다면, 그들이 전문가긴 하지만 집을 살 때 비전문가와 비슷한 수준의 금액을 지불했다는 사실을 발견할 수 있었을지도 모른다. 부동산 중개업자나 일반인이나 비슷한 금액을 지불한다는 사실은 판매자가 구매자보다 가격 협상을 위해 더 많은 공을 들인다는 점, 이 같은 환경에서 거래를 성사시킬 때 부동산 중개업자는 구매자 측보다 판매자 측을 위해 일할 때 좀더 편하게 일을 할 수 있다는 점, 그리고 자신이 소유할 집을 구매할 때 고객을 위해 거래할 때보다 좀더 많은 노력을 쏟아부을 수는 있지만 그 차이가 엄청나지는 않다는 점과 맞아떨어진다.

부동산 중개업자가 자신이 소유한 집을 팔 때 좀더 많은 수익을 올리는 것은 이미 언급한 바와 같이 집의 가치를 높이고자 하는 부동산 중개업자의 성향, 좀더 많은 시간과 노력을 들인 데 대한 금전적인 보상 등의 요인으로 설명할 수 있다.

나 역시 부동산 중개업자가 고의로 고객에게 잘못된 정보를 흘릴 수 있다는 점에 대해서는 동의한다. 다만 레빗이 얘기한 만큼 정도가 심하다고는 생각하지 않을 뿐이다.

정보의 비대칭성에 대한 이론 재고

14장 및 이 책의 주제와는 상관이 없는 내용이긴 하지만 한 가지 짚고 넘어가야 할 부분이 있다. 정보의 비대칭성에 관한 이론은 인간의 창의성에 대한 제한적인 시각에서 비롯되는 것이다.

부동산 중개업자를 바라보는 레빗의 시각이 적절한 예가 될 수 있다. 『괴짜경제학』의 저자인 레빗과 더브너는 "KKK와 부동산 중개업자는 어떤 부분이 닮았을까"라는 도발적인 제목을 달고 있는 장에 낙태와 범죄의 연관성에 관해 레빗과 함께 연구를 했던 '존 도너휴의 실화'를 담았다.

부동산 중개업자는 대놓고 고객을 속이지는 않는다. 다만 집을 팔려고 내놓은 고객에게 길 아래쪽에는 더 크고, 근사하며, 지은 지 오래되지도 않은 집이 매물로 나왔는데 6개월째 거래가 성사되지 않고 있다고 은근히 말할 뿐이다. 정보를 이용해 공포심을 유발하는 것이 바로 부동산 중개업자의 무기인 것이다. 2001년 존 도너휴가 스탠포드 법대에서 강의를 할 당시 직접 겪었던 일을 생각해보자. "저는 그 당시 학교 안에 있는 집을 하나 사려고 했습니다. 판매자 측 중개업자는 곧 집값이 폭등할 거라며 정말로 괜찮은 조건이라고 얘기했었죠. 매매계약서에 사인을 하자마자 살고 있는 집을 팔 생각이 없느냐고 물어봅니다. 부동산 중개업자를 끼지 않고 팔아볼 생각이라고 대답했더니 평소라면 괜찮겠지만 시장이 위축되고 있기 때문에 중개업자의 도움을 구하는 쪽이 나을 거라고 충고해주더군요."

급등하던 부동산 시장이 **5분도 채 되지** 않아 침체기로 접어든 것이다. 부동산 중개업자들이 거래를 성사시킨 다음 건수를 찾으려고 할 때 이런 신기한 일이 일어나곤 한다.[54]

이 이야기가 과연 '실화'일까 하는 의구심이 든다. 부동산 중개업자가 다른 사람도 아닌 스탠포드 법대 교수에게 시장이 침체기에 접어들었다는 말을 하고서도 다음 거래를 따낼 수 있었을까? 레빗과 더브너는 이 부분에 대해서는 언급을 하지 않았다. "부동산 중개업자는 대놓고 고객을 속이지는 않는다."[55] 다만 고객의 행동을 지켜볼 뿐이다. 그렇다면 도너휴는 왜 "지금 날 뭐로 보는 거요?"라고 대꾸하지 않았을까?

『괴짜경제학』에서 발췌한 정보의 비대칭성에 대한 또 다른 사례를 살펴보자(고딕체는 본문 그대로 인용했음).

정보의 힘은 무척 강력하기 때문에 그 정보가 실제로 존재하지 않는다 하더라도 **가정**이나 **추측**만으로 엄청난 영향력을 발휘할 수 있다. 출시된 지 하루밖에 안 된 자동차를 생각해보자.

자동차는 출고되는 즉시 가치가 4분의 3으로 떨어진다. 그러므로 자동차의 일생에서 최악의 날은 바로 출고되는 날이다. 터무니없다고 생각할 수도 있지만, 사실이 그렇다는 건 누구나 알고 있다. 2만 달러를 주고 산 차는 1만 5,000달러 이상으로는 되팔 수 없다. 왜 그럴까? 논리적으로 생각해봤을 때 차가 불량이 아니라면 방금 뽑은 차를 팔 까닭이 없기 때문이다. 따라서 그럴 경우 차가 불량이 아닌 경우에도 잠재적인 구매자는 불량이라고 간주하게 된다. 구매자는 판매자가 자신이 모르는 정보를 알고 있다고 가정하게 되고, 판매자는 구매자가 가정한 정보의 비대칭성으로 인해 대가를 치르게 된다.[56]

자, 독자 여러분이 2만 달러짜리 차를 새로 구입했다고 생각해보자. 그런데 갑자기 예상치 못했던 이상한 일이 벌어지는 바람에 뜻하지 않게 엄청난 금액의 돈이 필요하게 되어서 차를 팔아 현금을 마련해야 하는 상황이 되었다. 아마도 2만 달러를 모두 받지는 못할 것이다. 그러나 겨우 1만 5,000달러를 받고 차를 파는 방법밖에 없을까? 차에 관심을 보이는 사람에게 비용은 걱정 말고 원하는 정비소에 차를 가지고 가서 검사를 해보라고 하면 어떨까?(물론, 차를 구매한 장소 및 시기에 대한 문서를 제시해야 한다.)

독자 여러분이 구매자의 입장이라면 어떨까? 자, 여러분은 새 차를 구입하려고 한다. 1만 8,000달러만 내면 새 차를 살 수 있는데 굳이 2만 달러를 내고 싶을까?

이 사례가 정보의 비대칭성에 대해 전하는 메시지는 분명하다. 그것은 적은 정보를 갖고 있는 상대방에게 더 많은 정보를 줄 수 있는 신뢰할 만한 방법을 찾기 전에는 더 많은 정보를 갖고 있는 사람(이 경우에는 자동차

244

소유주)이 오히려 더 불리한 입장에 놓이는 경우가 있다는 점이다. 그러나 내가 아는 한 『괴짜경제학』에는 이에 관한 설명이 전혀 없다.

조금만 생각을 해보면 상대방에게 정보를 전할 방법을 찾을 수 있다. 레빗은 갓 뽑은 차를 중고로 구입하면서 1만 8,000달러를 주려고 하지 않을지도 모른다. 독자 여러분은 레빗처럼 '구두다리 순수 경제학'을 신봉하지는 않길 바란다.

15장

베스트셀러 해부 : 빈곤의 경제

바바라 에렌라이히는 자신의 저서이자 베스트셀러인 『빈곤의 경제』에서 다음과 같이 기술하고 있다. "여전히 한 가족이 살아가는 데 필요한 최소한의 식비에 3을 곱한 수가 공식적인 빈곤선으로 불리고 있다. 식비는 임대료 등 기타 비용에 비해 인플레이션에 덜 민감하게 반응하기 때문에 이와 같은 계산 방식에는 문제가 있다."[1]

에렌라이히의 말이 옳다. 생필품의 가격은 대개 식비에 비해 빠른 속도로 증가하기 때문에 식비를 기준으로 빈곤선을 정하는 것은 옳지 않다. 에렌라이히의 주장을 좀더 들어보자. "만화책이나 치실을 사는 데 드는 평균 비용을 몇 배수로 곱하고 생계비라고 정의해버리면 마치 모두 힘을 합쳐 빈곤을 퇴치한 것처럼 보일 수는 있다. 적어도 서류상으로는."[2]

에렌라이히의 주장이 사실이기만 하다면 틀린 말은 아니다. 그러나 에렌라이히가 『빈곤의 경제』 원서 200쪽에서 언급한 자료를 직접 찾아 읽어보았더라면, 자신의 설명과는 다른 방식으로 빈곤선이 결정된다는 사

246

실을 알 수 있었을 것이다. 처음 빈곤선이 정해졌던 1960년대 초반에는 에렌라이히의 설명처럼 식비에 사람 수를 곱하는 방식이 사용되었다. 그러나 1969년이 되어 임대료, 기름, 의료비 등 임금 노동자가 구입하는 각종 재화 및 서비스의 비용 증가를 반영하는 소비 물가지수가 증가함에 따라 빈곤선도 높아졌다(이 방식은 에렌라이히의 우려를 말끔히 씻어내준다).

빈곤선에 관한 에렌라이히의 주장은 『빈곤의 경제』에서 발견할 수 있는 최악의 실수는 아니지만, 에렌라이히가 글을 쓰는 방식에 관한 몇 가지 사실을 알려준다. 우선 에렌라이히는 실력 있는 사람들을 많이 알고 있는 것이 분명한데, 자신의 저서에 나오는 기술적인 문제들을 면밀히 검토하기 위해 전혀 도움을 요청하지 않은 것 같다. 에렌라이히가 자주 언급했던 경제정책연구소의 직원이라면 누구라도 빈곤선에 대한 에렌라이히의 주장이 잘못되었음을 지적해주었을 것이다. 뿐만 아니라 에렌라이히는 '저임금 노동자는 성공할 수 없다' 는 자신의 인상 깊은 결론을 반박하는 숱한 연구들을 살펴볼 생각도 하지 않았다.

『빈곤의 경제』는 날개 돋친 듯 팔려나가 베스트셀러가 되는 기염을 토하더니 각 대학의 권장도서 목록에까지 오르게 되었다. 인터넷으로 검색해보니, 버클리 대학, 듀크 대학, 코넬 대학, 에모리 대학, 노스캐롤라이나 대학 등의 사회학과 및 버크넬 대학, 밴더빌트 대학, 메사추세츠 주립대 등의 경제학과에서 학생들에게 『빈곤의 경제』를 읽을 것을 권하고 있다. 만일 언론 및 출판 활동을 통해 경제 현상을 왜곡하는 일례로 『빈곤의 경제』를 읽힌다면 나도 찬성이다.

이 책이 갖고 있는 강점과 약점을 생각해보면 조지 오웰이 떠오른다. 『파리와 런던의 밑바닥 생활』, 『위건 부두로 가는 길』 등을 집필한 오웰처럼, 에렌라이히는 중산층에 속하는 사람이 저임금을 받으며 삶을 꾸려나가는 모습을 저널리스트의 시각으로 묘사하고 있다. 『빈곤의 경제』는 매우 흥미진진하며 주목할 만한 책이다. 에렌라이히는 웨이트리스, 호텔 객실 및 가정집 청소부, 요양원 급식 보조원, 월마트 직원 등으로 일하면서 겪은 혼란, 박탈감, 모욕 등을 생생하게 기록하고 있다. 에렌라이히가 저임금 노동자를 두고 "우리 사회의 박애주의자들"이라고 묘사한 내용 등은 가히 인상적이다. 에렌라이히가 『빈곤의 경제』에서 기술한 내용을 살펴보자. "저임금 노동자들은 다른 아이들이 보살핌을 받을 수 있도록 자신의 아이들을 방치하며, 다른 사람들이 좀더 빛나고 근사한 집에 살 수 있도록 평균 이하의 집에서 생활한다."[3]

그러나 『빈곤의 경제』에는 분석이 충분히 담겨 있지 않아 이런 종류의 책이 으레 그렇듯이 개인적인 감상에서 비롯된 발견들이 주는 감동이 반감된다. 우선 이 책은 일인칭 화자의 개인적인 생각에 너무 많은 지면을 할애한 반면 실제 빈곤층으로 살아가는 사람들의 감정은 충분히 다루지 않고 있다. 에렌라이히는 월마트의 판매직원으로 일하던 시절을 기술하며 "나는 갖은 이유들로 고객들이 싫어질 지경에 이르렀다. 가령 몸집이 너무 크다는 등의 이유 말이다. 단지 배가 나왔다거나 엉덩이가 크다거나 하는 경우가 아니라, 전혀 그럴 법하지 않은 자리, 가령 목이나 무릎 뒤쪽에 살이 뒤룩뒤룩 찐 고객들이 싫어졌다"[4]고 적고 있다. 그나마 이 부분에 대해서는 사람이니까 누구라도 그런 감정을 가질 수 있다 여기고 넘어갈 수 있다. 그러나 에렌라이히가 "여성복 코너의 직원들은 여배우들이나 입는 착 달라붙은 원피스를 입고 싶은 열망에 사로잡혀 좁은 통로를 달려오는 거대한 몸집의 여성 고객과 부딪혀 몸이 으스러지지는 않을까 하는 두려움을 안고 살았다"[5]고 쓴 부분에 이르러서는 에렌라이히 자신이 갖고 있는 두려움이나 열망을 그곳에서 일하는 다른 여성들에게 투영한 것이 아닐까 하는 의문이 들었다.

에렌라이히는 자신이 언급한 두려움이나 열망을 동료들과 공유했음을 나타내는 어떠한 증거도 제시하지 못했다. 심지어 아무런 근거도 없이 "함께 일했던 대부분의 동료들은 나보다는 상황이 나은 편이었다. 동료들은 대부분 배우자나 이미 성인이 된 자녀들과 함께 살거나, 또 다른 일자리를 갖고 있었다"[6]고 적고 있다. 동료들이 어떤 일을 하고 있었는지 몇 가지 예를 들기는 했지만 대부분의 동료들이 좀더 나은 상황이었다는 부분에 대해서는 어떤 근거도 제시하지 않았다.

근거나 예시를 제시하지 않은 점으로 미루어볼 때, 에렌라이히는 잘 다듬어진 보도자료를 발표하는 것보다는 도덕적인 이슈에 더 많은 관심을 보인 것 같다. 그럼으로써 독자들이 죄책감에서 벗어나기 위해 찾아나설 피난처를 봉쇄해버렸다(에렌라이히는 뒷부분에서 "죄책감이라는 단어를 조심스레 떠올릴지도 모르겠다. 죄책감이야말로 우리가 느껴야 할 감정이 아니던가. 그러나 죄책감만으로는 부족하다. 우리가 느껴야 할 가장 적절한 감정은 바로 수치심이다"라고 적고 있다)[7].

그렇다면 이번에는 『빈곤의 경제』가 안고 있는 진짜 문제에 대해 이야기해보자.

에렌라이히의 경제학

경제와 관련된 내용을 보도할 때, 기자가 기사화하고자 하는 내용과 관련된 **실화**를 들려주어 독자들에게 깊은 인상을 주는 경우가 있다.

그러나 대부분의 경제 관련 기사들을 보면 단순한 일화를 증거와 혼동하는 경우가 많다. 『빈곤의 경제』가 그 대표적인 경우다. 에렌라이히가 주장하는 핵심 내용은 저임금 노동자들은 "점점 더 가난해지고 빚은 늘어만 간다"[8]는 것이다. 이 주장을 증명하기 위해서는 동일한 조건의 노동자들을 대상으로 오랜 기간에 걸쳐 연구를 실시해야 한다.

노스웨스턴 대학의 노동경제학자 트리샤 글래든과 크리스토퍼 태버는 2000년에 유사한 내용을 담고 있는 「비숙련 노동자의 임금 상승」이라는 논문을 발표했다. 글래든과 태버는 국립청소년연구소에서 발표하는 데이터를 바탕으로 고등학교 중퇴자 및 졸업자의 임금 수준이 어떻게 변해왔는지 추적했다. 이들이 임금을 추적한 기간인 1978년부터 1993년까지 15년 동안의 미국 노동시장은 상황이 좋지 않았고 1990년대 말보다 일자리를 찾기가 훨씬 어려운 상황이었다. 그러나 두 경제학자의 연구 결과에 의하면 미국 흑인 여성이 지속적인 노동을 제공한 대가로 받은 임금은 물가 상승률보다 5퍼센트 더 증가했다.

태버가 말했듯이 이 부류의 노동자들이 받는 임금은 실질적으로 상승했으며 5퍼센트라는 수치는 다른 임금 계층의 임금 상승과는 차별되는 것이었다.[9] 노동시장이 한층 경색되어 전체 노동자의 실질 임금이 매년 3퍼센트씩 증가한 데에 반해, 시급으로 10달러 남짓한 돈을 받던 노동자의 실질 임금은 10년 만에 두 배로 증가했던 것이다.

이 연구 결과를 바탕으로 글래든과 태버는 "비숙련 노동자들이 일을 하도록 격려해야 한다"[10]는 평범한 결론을 내놓았다.

에렌라이히는 개인적인 감상들로 책을 가득 채웠을 뿐, 이런 연구 결과들은 전혀 검토하지 않았다. 에렌라이히가 노동통계청의 홈페이지에 가서 성별, 인종별로 세부적인 정보(여성, 유색 인종, 라틴아메리카인, 아시아인)를 제공하는 연령 및 임금 데이터를 검색해보았더라면 나이가 많은 노동자가 젊은 노동자에 비해 많은 돈을 벌며, 젊은 노동자가 저임금 노동자층에서 차지하는 비중이 터무니없이 높다는 사실을 알 수 있었을 것이다. 나이가 많은 노동자가 경험이 많기 때문일까?

저임금 노동자의 임금이 결정되는 방식에 대한 에렌라이히의 분석 결

250

과를 살펴보기 전에, **가격** 결정 방식에 대한 에렌라이히의 생각을 살펴보자. 앞에서 언급한 바와 같이, 에렌라이히는 빈곤선을 정하는 방식에 대해 근거도 없이 자기 멋대로 1960년대 초에는 식비가 한 가족의 생활비의 24퍼센트를 차지했던 반면 1999년에는 식비가 한 가족의 생활비의 16퍼센트 수준이었다고 주장하며 식비는 물가 상승에 상대적으로 덜 민감하게 반응한다고 주장했다.[11]

에렌라이히는 월마트에서 판매직원으로 일했던 경험 덕분에 이미 의류의 가격 수준을 알고 있었다. 『빈곤의 경제』의 내용 일부를 살펴보자. "각 브랜드별로 수많은 품목이 있고, 각 **품목별**로 또 수많은 종류의 옷이 있다. 가령 올 여름에는 7부 바지나 전통적인 스타일의 바지, 멜빵 바지 또는 통바지가 유행한다고 생각해보자.[12] 중동인, 아시아인, 흑인, 러시아인, 유고슬라비아인, 촌스런 미네소타에 사는 백인 등 인종을 막론하고 누구라도 월마트에서 파는 옷을 부담 없이 살 수 있다."[13]

그러나 에렌라이히는 옷이나 음식의 가격이 저렴한 데 대해서는 아무런 설명도 하지 않고 주택 임대료에 대한 설명만 늘어놓고 있다. "경제학자가 아니라 하더라도, 심지어 거의 교육을 받지 못한 저임금 노동자라 하더라도 임대료에 관한 문제를 이해할 수 있다. 문제는 바로 시장이다. 부유한 사람과 가난한 사람이 집을 구하기 위해 공개시장에서 경쟁을 하게 되면, 가난한 사람은 집을 구할 기회를 얻을 수 없다. 부유한 사람이 항상 가난한 사람보다 높은 가격을 제시하기 때문이다."[14]

마지막 부분에서 "집"을 "옷과 음식"으로 바꾸어 적어보면 다음과 같다. "부유한 사람과 가난한 사람이 옷과 음식을 구하기 위해 공개시장에서 경쟁을 하게 되면, 가난한 사람은 옷과 음식을 구할 기회를 얻을 수 없다. 부유한 사람이 항상 가난한 사람보다 높은 가격을 제시하기 때문이다."

그렇다면 부자들은 왜 각종 브랜드의 바지 및 시리얼, 빵, 치즈를 모조리 사들이지 않을까? 에렌라이히처럼 지나치게 교육을 많이 받은 사람보다 "거의 교육을 받지 못한" 사람들이 더 쉽게 답을 찾을 수 있을 것 같다. 문제는 바로 시장이다.

토지는 유한하기 때문에 다른 재화들과 성격이 다르다고 주장하는 사람이 있을지도 모르겠다. 그러나 고층 빌딩을 지으면 유한한 **면적**을 늘릴 수 있다는 점을 생각해보면 토지 이용에 대한 규제, 부동산세, 대출금 이자에 대한 정부의 보조금과 같은 **비시장** 요인들이 임대료의 문제를 야기하는 진짜 원인이 아닐까 하는 의구심이 생긴다. 경제학자가 아닌 사람이라도 누구나 이해할 수 있는 사실인지, 에렌라이히는 몇 페이지 뒤에서 "임대인보다 훨씬 부유한 집 소유주에게는 여전히 많은 금액의 주택 관련 보조금이 지급되고 있다"[15]고 기록하고 있다.

그러나 바로 다음 단락에서 에렌라이히는 "임대료는 **시장의 변화에 극도로 민감하게 반응하지만, 임금은 분명히 그렇지 않다**"고 주장한다.[16]

에렌라이히의 메시지는 분명하다. 얼마 되지도 않는 돈을 위해 일하는 것은 좀더 나은 삶을 위해 일하는 것이라기보다 바보들이나 하는 짓이라는 것이다. 다음은 『빈곤의 경제』에서 발췌한 내용이다.

열심히 일하는 것만이 성공의 비결이라는 소리를 귀에 못이 박히도록 들으며 자랐다. 예를 들어 "열심히 일하면 남들보다 앞서게 될 거야"라든가 "우리가 지금 이렇게 살 수 있는 건 열심히 일을 했기 때문이란다" 등의 이야기 말이다. 그 누구도 상상을 초월할 만큼 열심히 일을 하면 점점 더 가난해지고, 빚은 쌓여만 갈 거라고 이야기해준 사람은 없었다.[17]

에렌라이히가 이 같은 현실이 심각하게 받아들여지길 바라고 글을 썼다는 데에는 한 치 의심도 없다. 그리고 에렌라이히는 『빈곤의 경제』 마지막 장에서 각종 연구 결과 및 통계 자료들을 인용함으로써 그 주장에 신뢰감을 실으려 했다. 《뉴욕 타임스》는 『빈곤의 경제』에 대해 "저자는 그 동안 자랑스럽게 여겨져왔던 노동이야말로 가난에서 벗어나는 지름길이라는 이상을 분석하여 이 지름길은 알고 봤더니 가난으로 되돌아가는 길이었다는 사실을 밝혀냈다"[18]고 평가하며 에렌라이히의 뜻을 높이 샀다.

그러나 에렌라이히가 잠깐 동안 저임금 노동자로 일하면서 이 같은 사실을 깨달은 것은 아니다. 게다가 에렌라이히는 동료들에 대해 잠깐씩 언급은 하고 있지만 이들이 점점 더 가난해지고, 빚은 쌓여만 갔다는 증거를 전혀 제시하지 못했다. 물론 간혹 가난에 대한 언급은 있었지만 빚에 대한 이야기는 전혀 없었다. 에렌라이히가 찾아낸 증거는 마지막 장에 모두 들어 있었다.

에렌라이히는 저임금 노동자의 임금이 올라가지 않는 이유에 대해 다음과 같이 설명했다. "고용주들은 생각해낼 수 있는 모든 방법과 동원할 수 있는 갖은 압력 행사를 통해 임금 인상을 막는다."[19] 에렌라이히는 근거라고 볼 수도 없는 일화를 들어 자신의 주장을 뒷받침한다.

메인 주에서 일할 때 고용주에게 질문을 할 수 있는 기회가 생겼다. 메이즈에서 일을 할 때 나의 상사였던 테드가 나를 차에 태운 채 40분이나 달려가 일손이 딸리는 직원들을 돕게 했던 일화를 기억하는지 모르겠다. 테드는 자신의 고단한 삶에 대해 불평을 늘어놓으며 믿을 만한 직원들만 찾을 수 있다면 하룻밤 만에 사업을 두 배로 키울 수 있겠다고 했다. 나는 최대한 공손한 말투로 그렇다면 왜 임금을 올려주지 않느냐고 물었다. 테드는 기분이 좀 상한 듯 마치 모든 일이 세 시면 끝난다는 듯한 말투로 "아이들이랑 놀아

줄 시간도 충분하잖아"라고 얘기했다. 테드가 진짜 하고 싶어한 말은 "이렇게 큰 혜택을 주는데 누가 감히 임금에 대해 불만을 가져?"인 것 같았다.[20]

이런 식의 이야기가 안고 있는 문제는 아무것도 증명할 수 없다는 점이다. 테드는 임금이 올라가면 개별 노동자들로 인해 자신이 벌어들이는 수익은 줄어들 수도 있지만, 직원을 두 배로 늘리면 회사 전체의 수익은 올라갈 수 있다는 사실을 몰랐을 수도 있다(테드는 하룻밤 사이에 사업을 두 배로 늘릴 수 있다고 하지 않았던가). 이것이 바로 경제학의 기본 원칙 중 하나인 규모의 경제다. 어쩌면 테드는 그저 에렌라이히에게 자신의 고단한 삶에 대해 이야기하고 싶었는지도 모른다. 에렌라이히의 제안을 받아들이지 않은 까닭이 무엇이든 간에, 그녀를 수익 개선 전문가로 대하기보다는 자신이 임금을 주는 많은 직원들 중 한 사람에게 자신이 제공하는 임금이 얼마나 괜찮은 수준인지 이야기하고 싶었는지도 모른다.

고용주들이 임금 상승을 싫어한다며 에렌라이히가 늘어놓은 글은 도매업자에게도 그대로 적용될 수 있다. "도매업자들은 생각해낼 수 있는 모든 방법과 동원할 수 있는 갖은 압력을 행사해 가격 하락을 막는다." 자본가들은 임금 상승을 꺼리는 것만큼이나 가격 하락을 싫어한다. 그럼에도 불구하고 주기적으로 가격을 낮춘다는 사실은 이들이 주기적으로 임금을 인상한다는 설명을 더욱 설득력 있게 만든다.

에렌라이히는 임금 상승을 나타내는 **실제** 데이터에 대한 설명을 해야만 했다. 그러나 관련된 숫자 몇 개를 나열하더니 "이런 논쟁은 컵에 물이 반밖에 없느냐, 반이나 있느냐 하는 것과 유사하다. 많은 경제학자들을 안심시키는 임금 증가 데이터가 내게는 별 의미가 없게 느껴진다"[21]고 하기에 이르렀다. 물론 그럴 수도 있다. 그러나 고용주가 잔을 비우기 위해 안간힘을 쓴다면 어떻게 물컵이 반이나 차 있을 수 있을까 하는 질문도 던져야 한다.

에렌라이히는 은근슬쩍 두 가지 질문을 모두 피해버렸다.

내가 계속해서 볼멘소리를 해대면, 경제학자들은 슬그머니 주장을 철회하여 **최저임금** 계층에서도 임금이 **상승하긴** 하지만 그 속도가 빠르진 않다는 것을 인정한다. 경제정책연구소의 로렌스 미쉘은 대화 초반에는 마치 유리잔이 절반이나 차 있다는 듯한 태도를 보이더니 임금과 이론적으로 밀접한 관계에 놓여 있는 생산성이 지속적으로 증가한 만큼 "노동자들이 더 많은 돈을 벌고 있는 것이 틀림없다"는 발언을 하여 의문을 증폭시켰다.[22]

곧이어 에렌라이히는 실제로 임금이 상승했음을 나타내는 각종 연구 결과를 모두 잊어버린 채 노동자들이 더 많은 돈을 벌고 있지 못한 이유를 자세하게 설명하기 시작했다.

고용주들은 임금 상승을 피하기 위해 경제적인 관점에서 본다면 논리적인 방식으로 행동한다. 그들이 사업을 하는 목적은 직원들이 좀더 안락하고 걱정 없는 삶을 영위할 수 있도록 만들어주는 것이 아니라 이윤의 극대화인 것이다. 그렇다면 직원들도 고용주들과 똑같이 논리적으로 행동하지 못할 이유가 어디 있겠는가? 직원들은 임금 인상을 요구하거나 임금이 더 높은 일자리를 찾으면 된다.

자, 위 단락을 아래와 같이 바꾸어보자.

소매업자들은 **가격 하락**을 피하기 위해 경제적인 관점에서 본다면 논리적인 방식으로 행동한다. 그들이 사업을 하는 목적은 **고객**이 좀더 안락하고 걱정 없는 삶을 영위할 수 있도록 만들어주는 것이 아니라 이윤의 극대화인 것이다. 그렇다면 고객들도 소매업자와 똑같이 논리적으로 행동하지 못할 이유가 어디 있겠는가? 고객들은 단골로 드나드는 가게에 가격을 낮추어줄 것을 요구하거나 다른 가게를 찾으면 된다.

에렌라이히는 지금껏 그래온 것처럼 경제학과는 전혀 관계 없는 논리로 자신이 던진 질문에 답을 하고 있다. 그러나 에렌라이히의 대답은 전혀 와닿지 않을 뿐 아니라 충분한 정보를 담고 있지도 않다. 에렌라이히의 대답을 들어보자. "경제학의 법칙이 제대로 작동하려면, 각 주체들에게 어떤 선택을 할 수 있는지에 대한 충분한 정보가 주어져야 한다."[23] 그러나 대부분의 고객과 노동자들에게 주어지는 정보는 기껏해야 선택 가능한 여러 조항 중 일부에 불과하기 때문에 에렌라이히는 가격이 지속해서 떨어지고 임금이 지속해서 증가할 것인가에 대해서도 의문을 제기했어야만 한다.

에렌라이히가 언급했던 로렌스 미쉘이 몸담고 있던 경제정책연구소는 같은 무렵 "대부분의 노동자들은 승진, 이직을 포함한 각종 직업상의 변화를 겪는데, 이런 변화들이 발생할 경우 임금 상승이 동반되곤 한다"[24]고 발표했다.

에렌라이히는 별다른 기술이 필요치 않은 비숙련직 일자리임에도 많은 기술을 요구하는 경우가 있었다고 지적하며[25] 자신이 만난 상사 중에는 전직 요리사나 전직 판매직원이었던 사람도 있었다고 얘기했다.[26] 아마도 에렌라이히는 실제로 저임금을 받고 노동을 제공하는 사람들은 유리잔에 물이 반이나 차 있다고 여길 수도 있다는 사실을 몰랐던 것 같다.

책의 끝부분에서 에렌라이히는 저임금 노동자로 생활하는 동안 "결코 게으른 동료를 보지 못했으며, 오히려 그들이 쥐꼬리만 한 월급밖에 받지 못하는 일에 대해 엄청난 자부심을 갖고 있어서 놀랐고, 그 사실이 가끔은 슬프기까지 했다"고 적었다.[27] 나는 사람들을 속여서 그들이 응당 받아야 할 보상을 직간접적으로 착취하는 시스템에 대해 생각해본다. 예를 들어 가난한 사람들이 제대로 된 집에서 살지 못하도록 막는 토지 이용 규제, 임금의 마지막 한 푼에 대해서도 부가되는 세금, 자녀들이 그 어떤 실질적인 선택도 하지 못하도록 막는 학교 제도 등이 그것이다. 비슷한 예는 수도 없이 많지만, 에렌라이허는 이런 문제들에 대해 전혀 언급하지 않았다. 미국에서 노동을 통해 그나마 많은 기회를 얻을 수 있다는 점을 고려해볼 때, 저임금 노동자들이 자신의 직업에 대해 갖고 있는 깊은 열정은 존경받아 마땅하다.

16장

어느 인기 앵커와
일자리

다음 내용은 2005년 12월 8일에 CNN에서 방송된 〈루 답스 투나잇〉에서 방영됐던 내용의 일부를 글로 옮겨본 것이다.

루 답스 : 공산국가 중국은 미국 소비자들을 대상으로 엄청난 공격을 계획하고 있습니다. 올해 미국의 대중 무역적자는 사상 최초로 2,000억 달러를 넘을 것으로 예상됩니다. 그러나 중국 정부는 이 어마어마한 숫자도 충분치 않다고 여기나 봅니다. 중국은 자체 브랜드를 단 더욱 저렴한 중국산 제품으로 미국의 소비자들을 직접 공략할 채비를 하고 있습니다. 빌 터커 기자가 전해 드립니다.

터커 : 현재 100개의 중국 기업이 뉴욕에 진출해 있습니다. **중국의 공산 정부**는 자국의 기업을 미국으로 진출시키기 위해 많은 대가를 치렀습니다. 그러나 중국 기업들이 만들어내는 몇몇 제품들은 장식용 시계나 명품 피아노 등 미국에서 제조되는 일부 상품들을 위협하고 있습니다. 이 제품들을 미

국에서 제조하는 데에는 엄청난 비용이 소요됩니다.

　루 답스 : 그러니까 중국은 중개업자를 없애버리겠다는 거군요. 중국 기업들이 저렴한 가격으로 물건을 판다면 누가 월마트에 가겠습니까?

　터커 : 바로 그렇습니다.[1]

미국 소비자들을 대상으로 하는 중국의 공격은 중국산 수입품의 주요 유통경로인 월마트가 주기적으로 취해온 더 큰 규모의 학살에 비하면 아무것도 아니라는 사실도 함께 발표했더라면 좀 나았을지도 모르겠다.

다음은 2005년 12월 14일에 방송된 내용이다.

　루 답스 : **공산국가 중국** 및 다른 나라들과의 교역에서 무역적자가 다시금 치솟고 있습니다. **공산국가 중국**과의 무역적자가 올해에만 무려 1조 달러의 25퍼센트 수준인 2,000만 달러에 달했습니다. 키티 필그림 기자를 연결합니다.

　필그림 : 의회에서는 무역적자 급등의 원인으로 무역 정책 실패 및 **공산국가 중국**을 지목하고 있습니다. 상원의원들은 즉각적으로 "엄청난 숫자의 일자리가 외국으로 넘어갔기 때문에 무역적자가 치솟고 있다"[2]는 내용의 보도자료를 배포했습니다.

중국을 묘사하면서 이제는 더 이상 쓰지 않는 **공산국가**라는 표현을 거듭 강조하는 것은 시청자들에게 무역적자 해소 방안을 알려주는 것과는 아무 상관이 없다. 단지 시청자들로 하여금 증오의 감정을 불러일으킬 뿐이다. 특히 "공산국가 중국"이 "엄청난 공격을 계획"하고 있기 때문에 말이다. 답스는 환율에 대해 언급하던 중 전문가의 말을 빌려 계속 무역적자가 발생하면 달러화 가치가 급락할 것이라고 경고했다. 그러나 달러 가치 급락을 경고했던 그 전문가는 곧 위안화 대비 달러의 가치가 급격히 떨어질 필요가 있다고 얘기했다. 보도 내용 중 마지막 부분을 살펴보자.

루 답스 : 한마디로 무역 위기입니다. 중국의 화폐는 달러화에 연동되어 움직입니다. 현재 중국의 위안화는 40퍼센트나 저평가되어 있습니다. 미국 재무부가 그 정도의 배짱이나 지적 정직성이 없다면, 향후 무역 협상에서 우리는 어떻게 해야 할까요?

필그림 : 최근 들어 사람들이 가장 많은 관심을 보이는 것이 바로 무역적자일 겁니다. 미국이 환율 문제에 있어서 좀더 강하게 나갈 필요가 있습니다. 지금이 적기입니다.

루 답스 : 강하게 나가는 건 좋습니다만, 정직한 모습도 좀 보고 싶습니다.[3]

다음 내용은 홍콩에서 있었던 세계무역기구의 회의에 관한 내용이다.

루 답스 : 세계무역기구의 영향력이 점점 강해져서 미국의 민주적인 발전과 주권을 위협하게 되지는 않을까 하는 두려움이 생겨나고 있습니다. 리사 실버스터 기자가 전합니다.

실버스터 : 월마트는 매장의 규모나 높이에 대한 정부 규제를 철폐하고 좀더 많은 매장을 짓기 위해 세계무역기구에 로비를 하고 있습니다. 월마트의 바람이 이루어진다면 지역 주민의 반대가 있다 하더라도 작은 마을로 시장을 넓혀나갈 수 있습니다.

리즈 피게로아(캘리포니아 주 상원의원) : 세계무역기구의 결정이 우리의 판단을 대신할 수 있다면, 시의회가 왜 있으며 주정부가 왜 있습니까?

실버스터 : 전국소매연합은 시의회나 주정부가 아닌 **시장**에서(이 대목에서 실버스터 기자의 목소리는 경멸하는 듯한 말투로 반 옥타브 정도 높아졌다) 매장의 규모 및 위치 등을 결정해야 한다고 주장하고 있습니다. 그러나 정책 입안가

들은 지역사회의 납세자들은 관련 문제에 대해 어떠한 결정을 내릴 권리도 없다고 얘기합니다. 그렇다면 대형 소매업체들이 대로 한가운데 자리를 잡아도 괜찮은 건가요?

루 답스 : 민주주의, 이 나라의 **참여민주주의의** 사명이 미국의 중산층 및 지역사회의 우려와 맞아떨어지지 않을 때 기업과 경제학자들, 그리고 정치인들은 정말 난감하겠군요. **어떻게 보더라도 지나친 감이 있는데요.**

실버스터 : 이것이야말로 왜 무역 협상이 무역 그 자체보다 더 커다란 영향력을 갖는지 잘 보여주는 것입니다. 무역 협상 담당자들의 결정이 지역사회에 직접적인 영향을 미치는 겁니다.

루 답스 : 우리 모두에게 실질적인 영향을 미치는 거로군요. 특히 미국에서 일자리를 잃어가고 있는 사람들에게는 엄청난 영향을 미치겠군요.[4]

답스가 1960년대에나 사용했던 "참여민주주의"라는 말을 사용하는 까닭은 이해하기 힘들다. 답스는 대표민주주의는 한두 개의 이익집단에 의해 좌지우지될 수 있기 때문에 국민의 요구사항을 대변하지 못한다는 뜻을 전하기 위해 "참여민주주의"라는 표현을 사용했다. 답스와 실버스터가 참여민주주의에 함축되어 있는 뜻을 잘 파악했다면 아래와 같은 대화가 이루어지지 않았을까.

실버스터 : 이번 사례는 참여민주주의가 어떻게 대형 소매업체들을 영원히 무너뜨릴 수 있는지 잘 보여줍니다. 지역 주민들로 하여금 이들 대형 소매업체에서 물건을 사지 말도록 하면 어떨까요?

루 답스 : 옛날 방식대로 보이콧을 해서 소매업체들에 타격을 주자는 뜻입니까?

실버스터 : 예. 바로 그렇습니다.

루 답스 : 강하게 나가는 건 좋습니다만, 정직한 모습도 좀 보고 싶습니다. 몇몇 이익단체들은 경쟁을 피하기 위해 토지 이용법 등의 방법을 동원하겠지만 지역 주민들은 직접 발품을 팔고 돈을 들여 투표를 할 겁니다. 시의회나 주정부가 아니라 시장에서 매장의 크기나 위치를 결정하는 상황이 되면, 페기로아 주 상원의원이 마치 공산국가 중국에서 온 사람처럼 느껴지지 않겠습니까?

실버스터 : 그렇습니다. 이런 생각들은 어떻게 보더라도 지나친 감이 있습니다.

주요 쟁점

답스의 이 같은 주장이 그의 인기 상승에 기여하지 않았다면 그저 웃긴 소리라며 넘어가면 된다. 다행스럽게도 답스가 2004년에 출판한 『미국을 수출하다 : 왜 탐욕스러운 기업가들은 미국의 일자리를 해외로 수출하는가』는 베스트셀러가 되지 못했다. 그러나 2003년 초부터 자신의 이름을 단 프로그램에서 '미국을 수출하다'라는 코너를 진행하자 시청 가구 수가 50만 가구나 늘어났다.[5]

사실 답스는 그리 일관성 있게 주장을 펼치는 사람이 아니어서, 그의 생각을 일목요연하게 정리하기란 쉽지 않다. 그러나 답스가 중국, 월마트, 무역적자, 이주노동, 서비스 아웃소싱 등에 대한 주장을 펼칠 때 일관되게 내세우는 주장은 바로 외국인들이 아무런 대가도 주지 않으면서 미국인들의 일자리를 앗아간다는 것이다. 그는 미국인의 일자리를 앗아가는 상대가 중국인일 때는 심지어 그들이 "미국 소비자들을 공격한다"고까지 표현하고 있다.

소비자들은 저렴한 가격으로 물건을 구매할 때보다 오히려 답스의 책을 구입하거나 답스가 출연하는 텔레비전 프로그램을 볼 때 공격을 당한다. 물건을 사고파는 모든 행동은 '그 누구도 설득을 제외한 강압적인 방식으로 타인의 선택에 끼어들 권리는 없다'는 성인들간의 합의하에 이루어진다. 그러나 답스는 설득이 먹히지 않을 때는 강압적으로 간섭을 한다. 답스가 주장하는 바는 매우 명료하다. 미국인 노동자가 참여해야 할 생산활동을 외국인 노동자가 대신해서는 안 된다는 것이다.

뿐만 아니라 답스는 이러한 관행이 생긴지 얼마 안 됐다고 생각하는 것 같다. 답스의 생각이 옳지 않다는 사실은 그리 널리 알려져 있지 않다. 답스는 기자에게 다음과 같이 얘기했다.

내가 말하고자 하는 것은 바로 미국 회사들이 미국에 있는 일자리를 없애고 해외로 일자리를 수출한 뒤 똑같은 재화 및 서비스를 미국으로 가지고 온다는 겁니다. 무척 독특하고 지금까지의 관행과 무척 다릅니다. 이러한 관행은 당장 중지되어야 합니다. 기업의 이러한 관행을 법으로 규제할 수 있습니다. 물론 그 전에 미국 기업들이 양심을 찾을 수 있다면 더 좋겠지요. 그러나 그렇지 않다면 규제가 반드시 필요합니다. 자유무역주의자에게는 미안하지만 저는 규제를 가해야 한다는 데 전적으로 찬성합니다.[6]

답스에게 다음과 같은 질문을 던져보고 싶다. 이미 사라진 일자리를 되살리기 위해서 신발이나 의류 같은 한때 미국에서 만들어졌던 재화들을 다시 미국에서 만들어야 한다고 생각하는가? 그렇다면 어떤 제조품은 수입해도 괜찮은가? 특정한 재화가 미국에서 만들어진 적이 없다는 걸 증명해 보인다면 어떨까? 언제라도 미국에서는 해당 재화를 만들어낼 수 있지 않은가? 해외에서 채굴하는 원자재를 제외한다면 농산품은 어떤가?

답스의 논리를 따르자면, 미국에서 설탕을 만드는 것이 수입하는 것보다 훨씬 비싼데도 불구하고, 정부는 납세자들로 하여금 국내 설탕 산업에 보조금을 지급하도록 강요해야 한다. 보조금을 없애고 답스의 표현처럼 "미국에 있는 일자리를 없애고 해외로 일자리를 수출한 뒤 똑같은 제품을 미국으로 가지고 와야 할까"[7] 아니면 자유 무역주의자에게 또다시 사과를 하고 미국의 커피 산업 및 코코아 산업에도 똑같은 방식으로 보조금을 주어야 할까?

이 같은 질문을 갖고 답스와 건설적인 대화를 할 수 있을 거라고 생각하는 사람은 답스의 책에 나와 있는 800개 이상의 기업 리스트를 살펴봐야 한다. 다음은 답스의 저서에서 인용한 내용이다.

'미국을 수출'하는 업체의 리스트는 다음과 같다. 이 리스트에 포함되어 있는 미국 기업들은 미국에 있는 일자리를 해외로 수출하거나 **미국인 노동자가 아니라 좀더 인건비가 저렴한 해외 노동자를 고용하는 기업들이다.**[8]

답스의 리스트에는 알코아, 아메리칸익스프레스, AT&T, 보잉, 캐터필라, 엑손모빌, 코카콜라, 포드, GM, 홈디포, IBM, 크래프트푸드, 마이크로소프트, 내셔널세미컨덕터, 프랫&휘트니, P&G, 월풀, 제니스 등이 포함되어 있다. 이 리스트를 보면서 이런 질문이 떠올랐다. 미국을 수출하는 활동이 GDP에서 차지하는 비중이 이토록 크다면 그것이 왜 잘못된 것일까?

16장에서 내가 주장하고자 하는 것은 바로 수입, 이주노동, 아웃소싱 등을 통해 외국인 노동력을 활용함으로써 대다수의 미국 시민들이 실로 엄청난 혜택을 누리고 있다는 점이다. 다른 사람들에게 이 같은 거래를 할 권리가 있다고 얘기하는 사람에게는 증거를 제시해야 할 부담이 있다.

264

이 문제에 대한 가장 손쉬운 접근 방식은 바로 미국이 50개의 주로 이루어진 하나의 나라가 아니라 50개의 각기 다른 나라라고 상상해보는 것이다. 각 주의 경계를 넘어 재화, 서비스, 자본이 자유로이 이동하는 것이 더 이상 당연하지 않게 된다. 예를 들어 "미시간 주가 뉴욕 주에 자동차를 수출할 수 있도록 허용해야 할까?"라든가 "네브래스카 사람들이 텍사스 사람들의 일자리를 빼앗아가는 것을 허용해야 할까?"라는 등의 질문이 생겨날 수 있다. 이 경우, 공정한 환경에서 경쟁을 해야 한다는 원리를 새롭게 적용할 수 있다. 가령 플로리다에서 무역 장벽을 없애기 전에는 캘리포니아에서도 무역 장벽을 없앨 수 없다"는 등의 주장이 나올 수 있다.

답스는 『뉴저지를 수출하다』라는 제목의 책도 낼 수 있을 것이다. 미국 경제의 성장 및 발전 속도는 지금보다는 현저하게 더딜 것이다.

답스의 주장에 반박하기 위해 눈덩이처럼 불어나는 미국의 무역적자로 인해 발생하는 불안감이 미치는 영향이라든가, 미국 내에서 생활하며 근로 활동을 하고 있는 수백만 명의 이주노동자들을 두고 벌어진 국회의원들간의 논쟁과 같은 복잡한 주제에 대한 해답을 내놓을 필요는 없다. 이주노동자를 두고 논쟁을 벌이는 사람은 우선 미 당국에 등록조차 되어 있지 않은 사람들이 미국 내에서 1,000만에 달하는 일자리를 차지하고 있다는 사실을 인정해야 한다. 뿐만 아니라 이들을 추방하는 것은 어려운 일이 아니지만 실제로 이들을 추방할 경우 이주노동자들에 대한 잔인함은 차치하고라도 미국 경제에 엄청난 타격이 올 수 있다는 사실을 인정해야 한다. 어쨌든 답스는 무역적자가 일자리에 미치는 영향에 대해 우려를 표하고 있다.

실제로 일자리가 얼마나 줄어들었나

미국은 일자리를 무한히 만들어낼 수 없다. 기존의 일자리를 해외의 저렴한 노동력이나 생산성 증가, 소비자의 구매 습관 변화 등으로부터 지켜내야 한다는 구태의연한 생각이 얼마나 잘못되었는지 이해하려면 미국 경제가 실제로 몇 개의 일자리를 창출했으며 몇 개의 일자리가 실제로 사라졌는지를 살펴보면 된다.

답스는 1994년에 북미자유무역협정을 옹호한 것을 깊이 후회하고 있다. 그 원인은 북미자유무역협정으로 인해 "최소한 75만 개의 일자리"가 사라졌다고 믿기 때문이다.[9] 그는 2005년 2월에 한 인터뷰에서 "매년 40~50만 개 정도의 일자리가 인건비가 저렴한 해외로 빠져나가는 것으로 추정된다"[10]고 주장했다. 답스가 주장하는 수치와 노동통계청에서 발표하는 연간 민간 부문에서 사라지는 일자리 수를 비교해보자. 1994년 이후 매년 1,200~1,600만 개의 일자리가 사라졌다.[11] 매년 해외로 수출되는 50만 개의 일자리는 사라지는 전체 일자리 중 3~4퍼센트에 불과하다.

이토록 많은 일자리가 사라짐에도 불구하고 거의 매해 민간 부문의 일자리가 늘어나는 까닭은 일자리가 증가하는 속도가 그보다 더 빠르기 때문이다. 답스보다 앞서 비슷한 주장을 했던 로스 페롯은 1993년에 북미자유무역협정으로 인해 "일자리가 남미 쪽으로 흘러나가는 거대한 소리가 들릴 것"이라고 주장했다. 아마도 페롯은 이미 미국 내에서 일자리를 파괴하는 무시무시한 기계가 내는 소리가 워낙 거대해서 남미로 흘러가는 소리 따위는 묻혀버릴 거라는 건 몰랐던 것 같다. 그와 마찬가지로 답스 또한 매년 50만 개의 일자리가 해외로 흘러나간다고 얘기하면서 그렇다 하더라도 별로 걱정할 필요가 없다는 건 몰랐던 것 같다. 매달 적어도 100만 개의 일자리가 생겨나지 않으면 민간 부문의 경제는 위축되게 마련이다.

일자리는 사라지기도 하지만 소비자의 요구사항은 무한하기 때문에 새로운 일자리도 창출된다.

오랜 기간 동안 제조 부문의 고용이 전체 고용에서 차지하는 비중이 줄어들어온 만큼, 제조 부문의 일자리 감소가 미국 경제를 어렵게 한다면 지난 45년간 미국 경제는 조금씩 궁핍해졌어야 마땅하다.

무역적자를 기준으로 미국 경제의 역사를 나눈다면 1940년대 말부터 1970년대 중반에 이르는 29년 동안의 흑자기와 이후 29년 동안의 적자기로 나눌 수 있다.[12] 실업률의 증가나 고용증가율 중 무엇을 기준으로 하더라도 무역 적자기 동안의 성과가 흑자기의 성과에 비해 전혀 떨어지지 않는다.

다음은 답스의 저서에서 발췌한 내용이다. "미국은 1992년 유럽과의 교역에서 흑자를 내지 못했다. 10년이 넘는 기간 동안 유럽연합은 미국에서 사 가는 것보다 더 많은 재화와 서비스를 팔아온 것이다."[13] 답스의 말은 사실이다. 그러나 해당 기간 동안 미국과 유럽 중 어느 쪽이 더 나은 경제 성과를 보였는가? 생산성과 고용 모두 미국에서 더 가파르게 성장했다. 2005년 미국의 실업률은 5퍼센트 수준에 불과했지만, 프랑스와 독일의 실업률은 10퍼센트에 달했다.[14]

답스는 미국의 대미 적자에 대해 중국에서 미국에 판매할 물건을 만드는 사람이 반대의 경우보다 훨씬 많다며 말도 안 되는 불평을 늘어놓았다. 답스는 이 같은 교역 관계를 통해 미국이 얻는 이득을 전혀 이해하지 못하는 것 같다. 만일 미국이 중국에서 수입하는 것만큼 중국으로 수출을 한다 하더라도, 노동의 불균형은 여전히 해소될 수 없다.

그 원인은 바로 생산성이다. 미국의 노동자들은 중국의 노동자들에 비해 교육 및 기술 수준이 높기 때문에 생산성이 높다. 따라서 양국간의 교역이 균형을 이룬다 해도 미국에 수출할 제품을 만드는 중국인이 반대의 경우보다 많을 수밖에 없다. 생산성은 떨어지지만 경쟁을 해야 하기에 중국의 노동자들은 낮은 임금을 받고도 일을 하는 것이다. 이것이 바로 답스가 보지 못한 이 같은 교역 관계에서 발생하는 이점이다.

아웃소싱

이번에는 이 식상한 이야기의 최신 버전을 살펴보자. 인터넷의 발달로 전세계가 하나로 이어지자 국내의 숙련공들이 제공해오던 서비스가 점점 해외의 숙련공들에게로 넘어가게 되었다. 그다지 많은 돈을 벌지 못하는 대다수의 미국인들이 저렴한 가격으로 서비스를 이용할 수 있게 되니 그야말로 환영할 만한 변화라 할 수 있다. 그러나 답스의 논리대로라면 이러한 변화 또한 "미국 소비자들에 대한 공격"으로 여겨질 수밖에 없다. 답스는 이러한 변화가 고임금 노동자들에게 미치는 영향에만 관심을 두고 있을 뿐이다. 그러나 노동통계청의 조사 결과를 보면 아웃소싱으로 인해 숙련공들이 할 일을 잃게 된다 하더라도 곧 다른 일거리가 생긴다고 하니 답스는 걱정할 필요가 없을 것 같다. 당연하게도 숙련공들이 전체 고용에서 차지하는 비중은 점점 증가하고 있다.

아웃소싱의 바람이 몰아닥친 해이자 호황이 절정에 이르렀던 해이기도 한 2000년과 2005년의 고임금 노동자를 비교해보면 쉽게 이해할 수 있다.

우선 아웃소싱으로 인해 숙련공들이 기존의 업무에서 해방되어 어떤 일을 하게 되었는지 살펴보자. 2000년 250만 명이었던 컴퓨터 부문의 고임금 노동자(지원 전문가, 데이터 기반 행정 담당자, 네트워크 분석가는 제외)의 수가 2005년에는 240만 명으로 줄어들었으며 실업률은 같은 기간 동안 1.6퍼센트에서 1.9퍼센트로 증가했다.[15] 2005년의 고용 수준은 1995년의 두 배에 달했으며[16], 어떤 기준으로 보더라도 실업률도 훨씬 낮았다.

2005년, 엔지니어의 수는 2000년에 비해 40만 명 줄어든 250만 명이었고 실업률은 증가하여 2퍼센트를 넘어섰다.[17] 아웃소싱이 원인이 아니라 하더라도 이런 직군의 일자리가 줄어드는 것을 보면 누구라도 우려와 불만의 목소리를 높일 수 있다.

그러나 이 모든 징후들은 숙련공들이 자신의 능력에 맞는 새로운 일자리를 찾았다는 것을 나타내고 있다. 컴퓨터 전문가 및 엔지니어의 수가 50만 명이나 줄어들었지만 과학자 등은 모두 60만 명이 늘어났다.[18] 전문직에 종사하는 사람은 모두 220만 명 늘어났으며 관리직종에 종사하는 사람은 100만 명이 늘어났다.[19] 이 기간 동안 관리직 및 전문직 종사자가 전체 고용에서 차지하는 비중은 증가하였으며, 이 같은 추세는 여러 해 동안 지속되고 있다.[20]

고임금 노동자만을 대상으로 문제를 바라보는 것은 도덕적으로 불쾌한 일일 뿐 아니라 미성숙한 행동임에 틀림없다.

답스는 정직한가

노동통계청의 경제학자 대니얼 헤커는 2004년 2월에 발표한 「2012년 직업별 고용 전망」이라는 보고서에서 다음과 같은 예측을 내놓았다. "전문직이 가장 빠른 속도로 성장하여 일자리 증가 수준이 가장 높을 것이다. 교육 수준 및 수입에 있어서 전문직과는 정반대인 서비스직군이 두 번째로 빨리 성장할 것이다.[21] 관리직종도 전체 평균보다는 빠른 속도로 성장할 것으로 예측되어, 관리직 및 전문직 종사자가 전체 고용에서 차지하는 비중이 증가할 것으로 보인다(헤커는 최신 자료를 첨가하여 2005년 11월에 「2014년 직업별 고용 전망」을 발표했다).

이와 비교해 답스가 자신의 저서 『미국을 수출하다』에서 어떻게 기록하고 있는지 살펴보자.

부가가치가 높은 일자리에 대한 전망은 그리 고무적이지 않다. 2004년 2월에 노동통계청에서 내놓은 미국 내 고용 증가에 관한 10년 예측 결과를 보면, 일자리가 가장 많이 증가할 것으로 예측되는 10개 직군 중 7개는 육체노동 및 저임금 서비스직종이었다. 노동통계청의 전망을 살펴보자.[22]

1. 웨이터 및 웨이트리스
2. 경비원 및 청소부
3. 식품 조리원
4. 간호 조무사, 병원 잡역부, 안내원
5. 출납원
6. 고객 지원 담당자
7. 소매 판매업자
8. 간호사
9. 일반 관리자 및 영업 관리자
10. 교사(고등교육)

노동통계청에서 발표한 리스트를 보면 하위 세 개의 직종인 8위 간호사, 9위 일반 관리자 및 영업 관리자, 10위 교사(고등교육)만이 상대적으로 고임금 직종에 해당된다는 것을 알 수 있다.

도표 16-1 **성장세가 가장 클 것으로 예측되는 직종에 관한
노동통계청과 답스의 순위 비교**

노동통계청의 순위[a]	성장세가 가장 클 것으로 예상되는 직종	답스의 순위[b]
1	간호사	8
2	교사	10
3	소매 판매업자	7
4	고객 지원 담당자	6
5	식품 조리원	3
6	출납원	5
7	경비원 및 청소부	2
8	일반 관리자 및 영업 관리자	9
9	웨이터 및 웨이트리스	1
10	간호 조무사, 병원 잡역부, 안내원	4

a 노동통계청
b 루 답스, 『미국을 수출하다 : 왜 탐욕스러운 기업가들은 미국의 일자리를
해외로 수출하는가』, 105쪽

순진한 독자라면 답스가 노동통계청의 연구 결과를 잘못 전달하고 있
다는 사실을 미처 깨닫지 못할 수도 있다. 답스가 보고서 두 번째 페이지
에 나오는 다음 내용을 놓쳤을 리가 없다. "다른 주요 직종에 비해 전문
직 및 관련 직종의 고용이 가장 빠른 속도로 증가하여 650만여 명이 늘
어날 것이다."[23] 답스는 자신의 주장을 그럴듯하게 포장하기 위해 '도표
3 : 가장 빠른 속도로 증가하는 직종'[24]을 건너뛰고, 다음 장에 있는 '도표
4 : 직종별 최근 성장 추세'에 초점을 맞추었다.[25]

그러나 전망 보고서의 저자인 대니얼 헤커가 분명하게 지적하고 있듯
이 "가장 빠른 속도로 증가한다"는 것은 곧 위에 언급된 직종들이 이미
충분히 규모가 크다는 것을 나타낸다. 출납원을 예로 들어보자. 이미 이
직종에 종사하는 사람의 수가 많기 때문에 출납원의 성장률 예상치가 평

균보다 낮다 하더라도 실제 "일자리의 증가 규모"를 볼 때에는 5위가 될
수 있는 것이다. 하지만 그렇다 하더라도 위 리스트에 나와 있는 일곱 개
의 비숙련 직종에서는 310만 개의 일자리가 증가할 것으로 예상되어 전
문직 종사자의 예상 증가 규모인 650만 명에는 전혀 미치지 못한다.[26]

자, 이제 답스가 노동통계청의 연구를 얼마나 심하게 왜곡했는지 살펴
보자. 답스는 두 개의 고임금 직종을 최하위 수준으로 내려다놓았다. 도
표 16-1을 보면 답스가 매긴 순위와 노동통계청에서 매긴 순위를 비교해
볼 수 있다. 헤커는 간호사와 교사(고등교육)의 순위를 가장 높게 매긴 반
면, 답스는 최하위라고 표시하고 있다.

전화로 인터뷰를 요청했을 때 답스는 순위를 왜곡한 점에 대해 전적으
로 책임을 지려는 듯했다.

　　루 답스(커다란 목소리로) : 이건 인터뷰가 아니죠. 이건 공격이 아닙니까!
　　나 : 아닙니다. 사전에 양해를 구하고 인터뷰를 하는 거지요.

답스의 말을 그대로 인용하여 한 마디만 덧붙이고 싶다. "강하게 나가
는 건 좋습니다만, 정직한 모습도 좀 보고 싶습니다."[27]

강연을 하거나 기사를 쓸 때마다 미처 하지 못하는 얘기가 많아 항상 좌절감을 느끼곤 한다. 그래서 중요한 내용을 빠짐없이 담을 수 있는 책을 쓰자고 생각했다. 서문에서 언급했던 것처럼 드디어 책을 썼는데도 여전히 해야 할 말을 다 하지 못한 것 같은 생각이 든다.

이 책에서 마무리할 수 없었던 이야기 중 중요한 비중을 차지하는 것 중 하나는 소득 불균형에 관한 것이다. 따라서 이 주제에 대한 언론의 잘못된 보도 사례를 설명하는 데 이 지면을 할애하고자 한다. 이야기를 간결하게 전달하기 위해 각 기사가 다루고 있는 내용을 깊이 파고들어가는 대신 보도된 내용 자체만을 다루도록 하겠다.

컴퓨터, GDP, 생산성

이 책에는 GDP 및 생산성을 계산하는 방식에 대한 잘못된 생각을 파헤치는 내용도 있었으면 좋았을 것이다. 2003년 9월에 발간된 《U.S. 뉴스&월드 리포트》에서 모르티머 B. 저커맨은 정부에서 통계를 집계하는 괴상한 방식만 아니었더라면 2분기의 GDP 증가율이 보도된 수치보다 훨씬 낮았을 거라고 비난했다.[1]

드레스드너 은행의 수석 경제학자였던 커트 리처바처도 2003년 9월 4일자 《파이낸셜 타임스》를 통해 같은 주장을 했다.[2] 《파이낸셜 타임스》는 리처바처가 주장하는 수치가 잘못되었다는 것을 알고서 기사로 싣기를 거부하고 독자의견란에 싣도록 했는지도 모른다. 그러나 저커맨은 《U.S. 뉴스》의 편집자이자 발행자이기 때문에 어떤 글을 실을지 선택할 수 있는 권한이 있다. 두 저자는 컴퓨터에 대한 투자가 GDP 증가에 기여한 정도가 과대평가되어 있다고 믿고 있다. 이들의 생각은 옳지 않다. 두 저자가 잘못된 주장을 하는 이유는 바로 경제분석청에서 GDP 등의 지표 계산을 위해 1996년에 도입한 새로운 계산 방법을 모르기 때문이다.[3]

민간 부문을 생각해보자. GDP의 각 구성요소에는 가격 가중치가 적용된다. 따라서 빵은 컴퓨터보다 가중치가 낮고, 컴퓨터는 자동차보다 가중치가 낮다. 그렇다면 가중치는 얼마나 자주 바뀔까 하는 질문이 생길 수밖에 없다. 즉 2006년에 각 개별 품목에 가중치를 둔다고 할 때 1993년의 가격을 기준으로 하느냐, 2006년의 가격을 기준으로 하느냐의 문제인 것이다.

1996년에 새로운 계산 방법을 도입하기 전까지는 경제분석청에서 한두 해를 기준으로 삼아 가중치를 적용했다. 당시 각 해의 GDP는 1992년의 상대가격을 기준으로 계산했다. 그러나 앞에서 언급한 컴퓨터에 관한 내용을 보고 '고정 가중치'로 인한 문제가 발생했음을 추리할 수 있었는지도 모르겠다. 컴퓨터 가격은 매년 하락한 반면, 생산은 급증했다. 만일 1992년의 상대가격을 기준으로 2002년의 GDP의 가중치를 계산한다면 1992년의 가격을 기준으로 2002년 컴퓨터 생산량의 가중치를 계산하는 셈이 된다. 따라서 컴퓨터가 GDP에 미치는 영향력을 계산한 수치는 실제로 컴퓨터가 GDP에 미치는 영향력과는 다르게 나타난다.

해결책은 바로 가중치를 더욱 자주 갱신하는 것이다. 결국 과거의 가중치에 얽매이지 않게 되는 것이다. 경제분석청에서는 이같이 뛰어난 방식을 활용하기로 결정했다. 1996년 이후에는 해당 년도의 가격을 가중치로 삼아 GDP를 산출했다. 즉 2003년의 GDP는 2003년의 가격에 의해 결정되고, 1993년의 GDP는 1993년의 가격에 따라 결정된다.

생산성은 특정 부문 노동자의 노동 시간당 산출량을 뜻한다. 생산성을 계산할 때에도 GDP를 계산할 때와 같은 문제가 발생할 수 있다. 따라서 매년, 컴퓨터를 포함한 산출량을 구성하는 각 요소 역시 해당 년도의 상대적인 가격을 기준으로 계산한다.

리처바처와 저커맨은 경제분석청에서 가중치 적용 방법을 바꾼 사실을 몰랐던 것이다. 따라서 이 두 사람은 경제분석청에서 이미 문제를 방지하기 위해 조치를 취한 줄도 모르고 컴퓨터가 GDP에 미치는 영향력이 과대평가된다고 믿었던 것이다. 저커맨 이후로는 이 같은 실수를 하는 사람이 다시 나타나지 않았기 때문에 이 주제에 대해서는 따로 본문을 할애하지 않았다. 아마도 언론에서는 많은 교훈을 얻은 것 같다.

소득 분배

여러 장에서 『빈곤의 경제』를 비롯한 임금에 대한 이야기를 했는데 그 중에 한 장 정도는 소득 분배를 주제로 삼을 수도 있었다. 사실 처음 계획은 소득 분배에 대해 한 장 정도를 할애하는 것이었는데 주제가 책 한 권을 따로 써도 될 만큼 너무 방대해서 그냥 넘어가기로 했다.

이 주제에 관한 책이라면 지난 반 세기 동안의 진행 상항에 대한 자세한 내용을 담고 있어야 한다. 소득 불균형이 심해진 것은 사실이지만 여성이나 소수민족 등 과거에는 기회조차 가질 수 없었던 계층의 기회가 신장되었으며, 이민의 제약이 완화되면서 아시아나 남미 등지에서 몰려오는 수백만 명의 노동자에게 새로운 기회가 주어졌고, 전반적으로 볼 때 빈곤이 줄어들었다.

위에서 언급한 변화의 추세와 크루그먼이 《뉴욕 타임스 매거진》에서 발표한 "더 많은 부를 위해"라는 제목의 소득 불균형에 대한 기사에 실린 내용을 비교해보자. 크루그먼은 50년 전의 "중산층 사회"가 계급 격차가 큰 오늘날의 사회로 어떻게 몰락해왔는지 적고 있다.

내가 유년기와 청소년기를 보냈던 1950년대와 1960대의 미국은 중산층 사회였다. 실제로도 그랬고 느끼기에도 그랬다. 남북 전쟁 이후 호황기 시절에 발생한 소득 불균형이나 부의 불평등한 분배는 사라지고 없었다. 물론 가난하게 살아가는 빈민층도 있었다. 그러나 당시에는 빈곤을 경제적인 문제가 아닌 사회적 문제로 여기는 것이 통념이었다. 물론 일부 부유한 사업가나 엄청난 재산을 상속받은 사람들은 평균적인 미국인에 비해 훨씬 부유하게 살았다.[4]

빈곤층이 얼마나 철저하게 외면당했는지 보여주기 위해 일부러 이 기사를 인용했다. 1960년의 빈곤율은 22.2퍼센트였으며 크루그먼이 글을 쓸 당시의 최신 데이터인 2001년의 빈곤율은 11.7퍼센트였다(2005년 빈곤율은 12.5퍼센트).[5] 빈곤층에 속하는 사람들은 자신들이 처한 문제를 경제적인 문제로 여겼을 수도 있는데, 당시 빈곤을 경제적인 문제가 아니라 사회적인 문제로 여기는 것이 통념이었다고 해서 빈곤층의 불만이 적었을까?

크루그먼의 주장을 좀더 들어보자.

일상적인 경험들을 바탕으로 생각해보면 당시는 정말 평등한 사회였다. 사람들이 지각할 수 있던 빈부 격차의 모습은 거의 드러나지 않았다. 고등교육을 받은 중간급 관리자나 대학교수, 변호사들이 노동조합을 결성한 생산직 노동자들보다 돈을 적게 번다는 주장이 나오는 경우도 종종 있었다. 매우 부유하다고 여겨지는 사람들도 다른 사람들과 거의 다를 바 없이 소박한 집에 살곤 했다.[6]

누가 봐도 명백한 "정말 평등한 사회"의 문제점들이 크루그먼에게는 나타나지 않은 모양이다. 기회의 균등이라는 측면에서 볼 때, 흑인, 남미 출신, 게이, 아시아인, 여성들이 크루먼이 꿈꾸는 환상 속의 세상에 살고 싶어할까?[7]

뿐만 아니라 크루그먼이 주장하는 "정말 평등한 사회"는 남미와 아시아에서 건너온 수백만 명의 빈곤층이 존재하던 사회였다. 린든 B. 존슨 대통령이 1965년 자유의 여신상 아래에서 이민 법안에 서명했던 당시에는 그 법안의 실질적인 효과보다는 상징적인 의디가 더 컸다. 만일 미국이 이후 35년 동안 2,000만 명이 넘는 이민자들이 몰려올 거라고 조금이나마 예상을 했더라면 1965년의 이민법은 결코 통과되지 못했을 것이다 (전체 이민자 중 3분의 1 가량이 아시아계이며 절반 가량이 남미에서 온다).

그러나 이 또한 책 한 권 분량에 해당하는 주제다.

그들이 이 책을 본다면……

끝으로, 일반적인 독자들을 위한 조언으로 한 장을 꾸며볼 계획을 세웠었다. 아마도 독자 여러분들은 앞으로 경제가 어떻게 될지 궁금하겠지만 너도 나도 사실을 왜곡하고 있는 세상이다. 어떤 대처 방안이 있을까?

이번 경우는 처음에 생각했던 것만큼 할 말이 **많지 않아서** 한 장을 따로 할애할 수가 없었다. 대신 독자 여러분들에게 이런 말을 들려주고 싶다. 이 책에서 비판의 대상이 된 사람들이 이 책을 본다면, 앞으로는 좀 더 괜찮은 글을 쓰지 않을까.

서문

1. George J. Stigler, *The Intellectual and the Marketplace* (Cambridge, MA: Harvard Universitiy Press, 1984).

2. Paul Krugman, *The Great Unraveling* (New York: Norton, 2004), p. xxxvii.

3. 주석 2 참조.

4. Daniel Okrent, "13 Things I Meant to Write About but Never Did," *New York Times* (May 22, 2005)

5. Jonathan Chait, "Okrent's Last Word," *New Republic* (May 31, 2005), http://www.tnr.com/etc.mhtml?pid=2694.

6. Quote is from an e-mail sent by Krugman to Okrent on Sunday, May 22, 2005.

7. Lewis Carroll, *Sylvia and Bruno* (New York: Dover, 1998).

8. Eric Alterman, *What Liberal Media? The Truth About Bias and the News* (New York: Basic Books, 2003), p. xv.

9. 주석 8 참조, p. 121.

10. 주석 8 참조, pp. 121~122.

11. Paul Krugman, "New Public Editor Hosts Paul Krugman—Daniel Okrent

Debate: Krugman Lays Out Why He Believes Okrent Was Wrong," *New York Times Public Editor Web Journal*, no. 2 of 27 (May 31, 2005), http://forums.nytimes.com/top/opinion/readersopinions/forums/thepubliceditor/publiceditorswebjournal/index.html?offset=2.

1장 실업률을 측정하는 두 가지 방법

1. Paul Krugman, "Delusions of Triumph," *New York Times* (May 25, 2004).

2. 주석 1 참조.

3. Daniel Okrent et al., "New Public Editor Hosts Paul Krugman-Daniel Okrent Debate," *New York Times Public Editor Web Journal*, no. 2 of 27 (May 31, 2005), http://forums.nytimes.com/top/opinion/readersopinions/forums/thepubliceditor/publiceditorswebjournal/index.html?offset=2.

4. Quote is from e-mail sent by Krugman to Daniel Okrent and Editorial Page Editor, Gail Collins, on Sunday, May 22, 2005.

5. 주석 3 참조.

6. 주석 3 참조.

7. 주석 1 참조.

8. Bureau of Labor Statistics, U.S. Department of Labor, "BLS Handbook of Methods" (1997), Chapters 1 and 8.

9. 주석 8 참조, Chapters 2, 5, 6, and 7.

10. Bureau of Labor Statistics U.S. Department of Labor, "The Employment Situation: April 2004," USDL 04-818 (2004), p. 1.

11. 주석 10 참조, p. 1.

12. 주석 1 참조.

13. 주석 1 참조.

14. 주석 10 참조, p. 7.

15. 주석 10 참조, p. 3.

16. 주석 10 참조, p. 1.

17. 주석 10 참조, p. 1.

18. 주석 10 참조, Table B-1.

19. 주석 1 참조.

20. Paul Samuelson and William Nordhaus, *Economics*, 16th ed. (New York: McGraw-Hill, 1998), p. 747.

21. Brad DeLong, "Why Oh Why Can' t We Have a Better Press Corps? (Danny Okrent Jumps the Shark Once Again Edition)," *Brad DeLong' s Semi-Daily Journal* (March 31, 2005), http://delong.typepad.com/sdj/2005/05/why_oh_why _cant_12.html.

22. 주석 21 참조.

23. 주석 10 참조, p. 3.

24. U.S. Census Bureau, "Monthly Population Estimates for the Unites States: April 1, 2000 to March 1, 2006," National Tables, http://www.census.gov/popest/national.

25. 주석 1 참조.

26. 주석 3 참조.

2장 보수주의자들의 경제학

1. Editorial, "Missing Jobs Found," *Wall Street Journal* (October 11, 2004).

2. Bureau of Labor Statistics, U.S. Department of Labor, "Table A-1: Employment Status of the Civilian Population by Sex and Age," http://www.bls.gov/webapps /legacy/cpsatab1.htm.

3. Paul Krugman, "Still a Baby Boom," *New York Times* (August 16, 2000).

4. Paul Krugman, "Spin the Payrolls," *New York Times* (August 10, 2004).

5. Paul Krugman, "Too Low A Bar," *New York Times* (October 24, 2003).

6. Editorial, "The Economy Unspun," *New York Times* (October 13, 2004).

7. Bureau of Labor Statistics, U.S. Department of Labor, "Table A-5: Employed

Persons by Class of Worker and Part-Time Status," http://www.bls.gov/webap-
ps/legacy/cpsatab5.htm. Last date of access: May 24, 2006.

8. Steven Hipple, "Self-Employment in the United States: An update," *Monthly Labor Review*, vol. 127, no. 7 (2004), p. 13.

9. Bureau of Labor Statistics, U.S. Department of Labor, "Current Employment Statistics Report Form-Service Providing: Instructions For Completing This Form," (revised July 2005).

10. Jon E. Hilsenrath, "The Outlook: Self-Employed Boost the Economic Recovery," *Wall Street Journal* (December 1, 2003).

11. 주석 10 참조.

12. Tim Kane, "Diverging Employment Data: A Critical View of the Payroll Survey," Heritage Foundation (March 4, 2004).

13. 주석 12 참조.

14. Allan H. Meltzer, "A Jobless Recovery?" *Wall Street Journal* (September 26, 2003).

15. 주석 14 참조.

16. 주석 14 참조.

17. Bureau of Labor Statistics U.S. Department of Labor, "Assessing the Timeliness of Business Births in BLS Establishment Statistics," (April 7, 2004), p. 2.

18. 주석 17 참조, p. 2.

19. 주석 1 참조.

3장 장기 실업에 대한 오해

1. Personal correspondence by Paul Krugman on May 24, 2005, in response to Daniel Okrent's column published in the *New York Times* (May, 22, 2005).

2. As produced, these three quotes omit the other reasons Krugman gave for objecting to the unemployment rate, which are quoted and discussed in later

chapters.

3. Paul Krugman, "Our So-Called Boom," *New York Times* (December 30, 2003).

4. Paul Krugman, "Jobs, Jobs, Jobs," *New York Times* (February 10, 2004).

5. Paul Krugman, "No More Excuses on Jobs," *New York Times* (March 12, 2004).

6. Paul Krugman, "A Whiff of Stagflation," *New York Times* (April 18, 2005).

7. Anne Polivka and Stephen Miller, "The CPS After the Redesign: Refocusing the Economic Lens," Bureau of Labor Statistics, rev. (March 1995), p. 6.

8. Katherine Abraham and Robert Shimer, "Changes in Unemployment Duration and Labor Force Attachment," Bureau of Labor Statistics (August 29, 2001).

9. Paul Krugman, "Reckonings: Reality Bites Again," *New York Times* (May 7, 2000).

10. 주석 7 참조, p. 23.

11. Paul Krugman, "Campaign 2004: Paul Krugman v Ben Stein," *Capital Report*, CNBC (August 6, 2004).

12. 주석 8 참조, p. 5.

13. 주석 8 참조, P. 4.

14. Data compiled from BLS Series ID's LNU01000001 (Civilian Labor Force), LNU03000001 (Unemployed Level-Men), and LNU03008552(Number of Unemployed for 15 Weeks and Over, Men).

15. 주석 14 참조.

16. Daniel Okrent et al., "New Public Editor Hosts Paul Krugman—Daniel Okrent Debate," no. 2 of 27, http://forums.nytimes.com/top/opinion/readersopinions/forums/thepubliceditor/publiceditorswebjournal/index.html?offset=9&page=previous.

17. See http://www.bls.gov/webapps/legacy/cpsatab5.htm

18. 주석 1 참조.

19. 주석 7 참조, p. 41.

4장 숨겨진 실업의 진실

1. Bureau of Labor Statistics, U.S. Department of Labor, "Table A-12: Alternative Measures of Unemployment," and "Table A-13: Persons Not in the Labor Force and Multiple Jobholders by Sex, Not Seasonally Adjusted," http://www.bls.gov/cps/cpsatabs.htm. Last date of acess: May 24, 2006.

2. Daniel Okrent et al., "New Public Editor Hosts Paul Krugman—Daniel Okrent Debate," *New York Times Public Editor Web Journal*, no. 2 of 27(May 31, 2005), http://forums.nytimes.com/top/opinion/readersopinions/forums/thepubliceditor/publiceditorswebjournal/index.html?offset=2.

3. Paul Krugman, "Our So-Called Boom," *New York Times* (December 30, 2003).

4. Paul Krugman, "No More Excuses on Jobs," *New York Times* (March 12, 2004).

5. 주석 4 참조.

6. Paul Krugman, "The Vision Thing," *New York Times* (September 20, 2002).

7. Paul Krugman, "Twilight Zone Economics," *New York Times* (August 15, 2003).

8. 주석 3 참조.

9. 주석 4 참조.

10. Paul Krugman, "A Whiff of Stagflation," *New York Times* (April 18, 2005).

11. 주석 4 참조, Paul Krugman, "Checking the Facts, in Advance," New York Times (October 12, 2004), with actual data derived in an article from the Economic Policy Institute, "Job Watch" (March 2004), http://www.epinet.org/content.cfm/webfeatures_viewpints_job_creation_numbers.

12. 주석 4 참조.

13. Paul Krugman, "Checking the Facts, in Advance," *New York Times* (October 12, 2004).

14. Anne Polivka and Jennifer Rothgeb, "Redesigning the CPS Questionnaire," *Monthly Labor Review*, vol. 116, no. 9 (1993), p. 24.

15. Monica D. Castillo, "Persons Outside the Labor Force Who Want a Job,"
Monthly Labor Review, vol. 121, no. 7 (1998), p. 35.

16. 주석 15 참조.

17. Anne Polivka and Stephen Miller, "The CPS After the Redesign: Refocusing the
Economics Lens," p. 41 and Bureau of Labor Statistics, U.S. Department of
Labor (Revised March 1995), "Table A-13: Persons Not in the Labor Force and
Multiple Jobholders by Sex, Not Seasonally Adjusted."

18. Bureau of Labor Statistics, U.S. Department of Labor, "Report 864: How the
Government Measure Unemployment" (last modified October 16, 2001),
http://www.bls.gov/cps/cps_htgm.htm. Last date accessed: May 24, 2006.

19. 주석 17 참조, p. 42.

20. 주석 1 참조.

21. 주석 14 참조, p. 24.

22. Paul Krugman, "The Dropout Puzzle," *New York Times* (July, 18, 2005).

23. 주석 17 참조, pp. 31~32.

24. 주석 17 참조, p. 41, and see note 18.

25. 주석 10 참조.

26. "A Strange Recovery," *Economist* (August 7, 2003).

27. Media Matter Action Network, *Misstating the State of the Union* (New York:
Akashic Books, 2004), p. 28.

28. 주석 15 참조, p. 37.

5장 노동인구 참여율에 대한 잘못된 주장

1. Paul Krugman, "The Dropout Puzzle," *New York Times* (July 18, 2005).

2. 주석 1 참조.

3. Bureau of Labor and Statistics, U.S. Department of Labor, "Employment
Situation," http://www.bls.gov/schedule/archives/empsit_nr.htm#2006. Last date

of access: May 24, 2006.

4. 주석 1 참조.

5. Katherine Bradbury, "Additional Slack in the Economy: The Poor Recovery in the Labor Force Participation during This Business Cycle," Federal Reserve Bank of Boston (2003), p. 1.

6. John Bregger and Steven Haugen "BLS Introduces New Range of Alternative Unemployment Measures," *Monthly Labor Review*, vol. 118, no. 10, October 1995, p. 23.

7. "Economics Focus: It's the Taking Part That Counts," *Economist* (July 28, 2005).

8. Jay Stewart, "What Do Male Nonworkers Do?" Bureau of Labor Statistics, U.S. Department of Labor, working paper 371 (April 2004), p. 2.

9. Bureau of Labor Statistics, U.S. Department of Labor, "Table A-12: Alternative Measures of Labor Underutilization," http://www.bls.gov/webapps/legacy/cpsa-tab12.htm. Last date of access: may 24, 2006.

10. 주석 5 참조.

11. Robert F. Szafran, "Chart 4: Age-Adjusted Labor Force Participation Rates, 1960-2045," *Monthly Labor Review*, vol. 125, no. 9 (2002).

12. Bureau of Labor Statistics, U.S. Department of Labor, "Table A-1: Employment Status of the Civilian Population by Sex and Age," http://www.bls.gov/webapps/legacy/cpsatab1.htm. Last date of access: May 24, 2006.

13. 주석 1 참조.

14. Stephanie Aaronson, Bruce Fallick, Andrew Figura, Jonathan Pingle, and William Wascher, "The Recent Decline in Labor Force Participation and Its Implications for Potential Labor Supply." Preliminary Draft, Division of Research and Statistics Board of Governors of the Federal Reserve Sytem (March, 2006), p. 3~4.

15. 주석 14 참조, p. 4.

16. Lawrence Katz and Alan Krueger, "High-Pressure U.S. Labor Market of the
1990s," working paper 416 (Princeton, NJ: Princeton University, 1999), p. 1.

17. 주석 16 참조, p. 35.

18. 주석 12 참조.

6장 고용률은 무엇을 의미하는가

1. Paul Krugman, "Bye-Bye Bush Boom," *New York Times* (July 6, 2004).

2. General Glut, "Four Out of Five Indicators Say the Job Market is Weak," *Brad
DeLong' s Semi-Daily Journal* (July 12, 2004), http://delong.typepad.com/sdj
/2005/07/four_out_of_fiv.html.

3. 주석 2 참조.

4. 주석 2 참조.

5. Bureau of Labor Statistics, U.S. Department of Labor, "Table A-1: Employment
Status of the Civilian Population by Sex and Age," http://www.bls.gov/webapps
/legacy/cpsatab1.htm. Last date of access: May 24, 2006.

6. 주석 5 참조.

7. Brad DeLong, "The Employment/Population Ratio" *Brad DeLong' s Semi-Daily
Journal* (July 16, 2004), http://www.j-bradford-delong.net/movable_type/2004
_archives/001212.html.

8. 주석 1 참조.

9. 주석 1 참조.

7장 시간당 평균 임금에 관한 논란

1. Testimony of Treasury Secretary John W. Snow before the House Financial
Services Committee on the International Financial System and the Global
Economy (May 17, 2006), http://www.treas.gov/press/releases/js4267.htm.

2. Bureau of Labor Statistics, U.S. Department of Labor, "Real Earnings," press release (January 18, 2006), http://www.bls.gov/news.release/realer.toc.htm.

3. Paul Krugman, "Summer of Our Discontent," *New York Times* (August 26, 2005).

4. Paul Krugman, "The Joyless Recovery," *New York Times* (December 5, 2005).

5. Bureau of Labor Statistics, U.S. Department of Labor, "Current Employment Statistics Report Form: Service Providing," http://www.bls.gov/ces/bls790e.pdf. Last date of access: May 24, 2006.

6. Based on interviews with Bureau of Labor Statistics Supervisory Statistician and Branch Chief Kirk Mueller.

7. Bureau of Labor Statistics, U.S. Department of Labor, "Changes to the Current Employment Statistics Survey," press release(January 18, 2006), http://www.bls.gov/ces/cesww.htm.

8. As explained by Bureau of Labor Statistics Research Assistant Michael Gorum: The data is easily available, but requires a bit of maneuvering to put it all together. First, the BLS' s wage-and-salary data in the Quarterly Census of Employment and Wages is actually assembled by the Bureau of Economic Analysis' s (BEA' s) data under the "Personal Income and Outlays" tab (http://www.bea.gov/bea /dn/nipaweb/SelectTable.asp?Selected=N), Tables 2.2A and 2.2B. Then, I subtracted from the totals the earnings of agriculture, fishery, forestry, and hunting workers: Tables 6.3A through 6.3a. Next, I retrieved the Average Weekly Establishment data for Total, Private, and Service Employment http://data.bls.gov/PDQ). I multiplied each category by the total workers in each category (data for production workers, http://data.bls.gov/PDQ/outside. jsp?survey=ce). Finally I divided the BEA data with the Establishment data to find the percentage share. The Household Survey also reports wage-and-salary data for all workers. But in this case, if you

288

multiply the mean for all workers by the total number of employed workers
(http://www.bls.gov/webapps/legacy/cpsatab1.html), you find it coms ton only
84% of the total reported by the BEA (which is in turn taken from the BLS's
Quarterly Census) in 2004-2005. The data for number of part-time workers
came from BLS Economist Joseph Meisenheimer.

8장 시급과 실업률

1. Brad DeLong, "Four Out of Five Indicators Say the Job Market Really Is Weak,"
   Brad DeLong's Semi-Daily Journal (July 12, 2005),
   http://delong.typepad.com/sdj/2005/07/four_out_of_fiv.html.

2. Bureau of Labor Statistics, U.S. Department of Labor, "Changes to the Current
   Employment Statistics Survey," press release (January 18, 2006),
   http://www.bls.gov/ces/cesww.htm. Last date of access: May 24, 2006.

3. Bureau of Labor Statistics, U.S. Department of Labor, "Major Sector Productivity
   and Costs," http://data.bls.gov/cgi-bin/surveymost?pr. Last date of access: May
   24, 2006.

4. Interview with BLS economist David Hiles, January 2, 2006.

9장 임금과 생산성

1. David Nicklaus, "Paychecks Finally Are Getting Fatter," *St. Louis Post-Dispatch*
   (May 7, 2006).

2. Bill Barnhart, "Workers Reaping Little from Rising Profit Margins," *Chicago
   Tribune* (May 5, 2006).

3. There is another problem with comparing output and compensation figures
   through first quarter 2006 with the same data from much earlier periods: The
   more recent data is still subject to revision.

10장 기업 이윤, 최고치를 기록하다

1. "Breaking Records," *Economist* (February 10, 2005).

2. "A World Awash with Profits," *Economist* (February 10, 2005).

3. Louis Uchitelle, "A Recovery for Profits, but Not for Workers," *New York Times* (December 21, 2003).

4. Louis Uchitell, "U.S. Growth May Hinge on Businesses," *New York Times* (December 30, 2005).

5. Paul Krugman, "The Joyless Economy," *New York Times* (December 5, 2005).

6. 주석 2 참조.

7. National Income and Product Accounts Table, "Gross Value Added of Domestic Corporate Business in Current Dollars and Gross Value Added of Nonfinancial Domestic Corporate Business in Current and Chained Dollars," "Table 1.14: U.S. Bureau of Economic Analysis," p. 3. Http://www.bea.gov/bea /dn/nipa-web/SelectTable.asp?Selected=N. Last date of access: May 24, 2006.

8. 주석 7 참조, Table 1.1.5.

9. 주석 7 참조.

10. 주석 7 참조.

11. 주석 7 참조.

12. 주석 7 참조.

13. 주석 7 참조.

14. 주석 2 참조.

15. 주석 1 참조.

11장 임금 고용 데이터의 변화

1. *Squawk Box*, CNBC (November 5, 2005, 8:24 A.M. EST).

2. Bureau of Labor Statistics, U.S. Department of Labor, revision data is from latest B-table series, "Table B-1: Employees on Nonfarm Payrolls by Industry Sector,"

http://www.bls.gov/webapps/legacy/cesbtab1.htm.

3. See the "Reliablity of Estimates" under "Explanatory Note" in any Employment Situation Release, http://www.bls.gov/schedule/archives/empsit_nr.htm.

4. 주석 1 참조, 7:28 A.M. EST.

5. 주석 1 참조, 8:36 A.M. EST.

6. 주석 1 참조, 8:37 A.M. EST.

7. Bernard Baumohl, *The Secrets of Economic Indicators* (Upper Saddle River, NJ: Wharton School Publishing, 2005).

8. 주석 2 참조.

9. Bureau of Labor Statistics, U.S. Department of Labor "Employment Situation: January 2006" (February 3, 2006), http://www.bls.gov/news.release/archives /empsit_02032006.pdf.

10. Bureau of Labor Statistics, U.S. Department of Labor, "Employment Situation: April 2003" (May 2, 2003), http://www.bls.gov/news.release/archives/empsit_ 05022003.pdf.

11. Eduardo Porter, "October Hiring Set Strong Pace of 337,000 Jobs," *New York Times* (November 6, 2004).

12. "New Jobless Claims Sink: Total Claims Lowest in 4 Years," *USA Today* (August 25, 2005), http://usatoday.com/money/economy/employment/2005-08-25-jobless_x.htm.

13. Kemba J. Dunham, "U.S. Payrolls Continue to Rise. But Pace of Hiring Slackens: Businesses Create Half as Many Jobs as Expected—Economists Are Unruffled," *Wall Street Journal* (December 6, 2004).

14. Joshua C. Pinkston and James R. Spletzer, "Annual Measures of Gross Job Gains and Gross Job Losses," *Monthly Labor Review* vol. 127, no. 11 (November 2004), p. 5 http://www.bls.gov/opub/mlr/2004/11/art1full.pdf.

15. Gerard Baker, "Job and Wage Rises Put Pressure on Fed," *Financial Times*

(February 6, 1999).

16. Louis Uchitelle, "U.S. Jobless Rate Hit 4.5% in April: 223,000 Jobs Lost," *New York Times* (May 5, 2001).

12장 실업률을 둘러싼 소동은 이제 그만

1. Mark Gongloff, "U.S. Job Growth Soars," CNNMoney.com (April 2, 2004), http://money.cnn.com/2004/04/02/news/economy/jobs/index.htm.

2. Louis Uchitelle, "Defying Forecast, Job Losses Mount for a 22nd Month," *New York Times* (September 6, 2003).

3. Greg Ip "Pace of Job Growth Picks up but Remains Less Than Robust," *Wall Street Journal* (February 9, 2004).

4. Bureau of Labor Statistics, U.S. Department of Labor, "Employment Situation: January 2003, July 2003, March 2004" (January 9, 2003), http://www.bls.gov/schedule/archives/empsit_nr.htm.

5. Bureau of Labor Statistics, U.S. Department of Labor, "Employment Situation Explanatory Note," last modified April 07, 2006, http://www.bls.gov/news.release/archives/empsit.tn.htm.

6. Transcript of the National Press Club Meeting (December 18, 2003), Washington DC.

7. 주석 6 참조.

8. John Berry, "Job Creation Picks Up Speed; Growth Is Called Sign of Sustainable Economic Expansion," *Washington Post* (November 9, 2003).

9. Bureau of Labor Statistics, U.S. Department of Labor, "Employment Situation: October 2003" (November 07, 2003), http://www.bls.gov/news.release/archives/empsit_11072003.pdf.

10. Louis Uchitelle, "Growth in Jobs Came to a Halt during December," *New York Times* (January 10, 2004).

11. Bureau of Labor Statistics, U.S. Department of Labor, "Employment Situation: December 2003" (January 9, 2004), http://www.bls.gov/news.release/archives/empsit_01092004.pdf.

12. 주석 11 참조.

13. Bernard Baumohl, *The Secrets of Economic Indicators* (Upper Saddle River, NJ: Wharton School Publishing, 2005), p. 30.

14. "Wharton School Publishing: Editorial Board Members," http://www.Wharton-sp.com/markets/detail.asp?st=46063.

15. 주석 13 참조, p, 30.

16. Bureau of Labor Statistics, U.S. Department of Labor, "The Employment Situation: March 2006" (April 7, 2006), http://www.bls.gov/news.release/archives/empsit_04072006.pdf.

17. Joseph Goldberg and William T. Moye, *The First Hundred Years of the Bureau of Labor Statistics* (Washington, DC: U.S. Government Printing Office, 1985).

18. Eileen Shanahan, "Reporting on Economy," *New York Times* (March 23, 1971).

19. Edwin Dale Jr. "Jobless Rate off Sharply, but Doubt Is Cast on Data," *New York Times* (July 3, 1971).

20. 주석 19 참조.

21. 주석 19 참조.

22. Nixon Presidential Material (June 17, 1971), cassette no. 775, Nixon and Haldeman, 2:42 P.M., Oval Office conversation.

23. Nixon Presidential Material (July 3, 1971), cassette no. 871, Nixon and Haldeman, 10:41 A.M., Oval Office conversation.

24. Nixon Presidential Material (July 5, 1971), cassette no. 876, Nixon, Haldeman, and Ziegler, 4:03 P.M., Oval Office conversation.

25. "The White House Memorandum for H.R. Haldeman from Fred Malek" (July 27, 1971).

26. Frank Porter, "Nixon Ousting Labor Analysts," *Washington Post* (September 29, 1971).

27. 주석 19 참조.

28. Nixon presidential materials: Memorandum for H.R. Haldeman from Charles Colson (December 8, 1971).

29. 주석 18 참조.

30. Conversation interview on May 19, 2004, with Joel Popkin, who was an assistant commissioner at the Bureau of Labor Statistics. Now, he is the president of economic consultants, Joel Popkin and Company.

13장 그린스펀에 대한 맹목적인 숭배

1. Greg Ip, "Fed Chief's Style: Devour the Data, Beware of Dogma," *Wall Street Journal* (November 18, 2004).

2. 주석 1 참조.

3. 주석 1 참조.

4. David Wessel, "Greenspan Sees an End to Rate Increases: Fed Chief Hints Restraint despite Some Inflation, Cheering Wall Street" *Wall Street Journal* (February 23, 1995).

5. Alan Blinder, *Central Banking in Theory and Practice* (Cambridge, MA: MIT Press, 1998), p. 19.

6. 주석 1 참조.

7. 주석 1 참조.

8. Federal Reserve, *Semi-Annual Monetary Policy Report*, testimony of Chairman Alan Greenspan before the Committee on Banking, Housing, and Urban Affairs, U.S. Senate (February 22, 1995).

9. 주석 1 참조.

10. 주석 1 참조.

11. Alan Greenspan at the Annual Dinner and Francis Boyer Lecture of the
American Enterprise Institute for Public Policy Research, Washington, DC
(December 5, 1996), http://www.federalreserve.gov/BOARDDOCS/SPEECHES
/19961205.htm.

12. Federal Reserve, *Semi-Annual Monetary Policy Report*, testimony of Chairman
Alan Greenspan before the Committee on Banking, Housing, and Urban Affairs,
U.S. Senate (July 22, 1997), http://www.federalreserve.gov/boarddocs/hh/1997
/july/testimony.htm

13. 주석 11 참조.

14. Andrew Balls, "Greenspan's Record: An Activist Unafraid to Depart from the
Rules," *Financial Times* (August 21, 2005).

15. 주석 13 참조.

16. 주석 1 참조.

14장 베스트셀러 해부 : 괴짜경제학

1. "Unconventional Wisdom: Curiouser and Curiouser," *Economist* (May 12, 2005),
http://www.economist.com/books/displayStory.cfm?story_id=3960469.

2. Roger Lowenstein, "A Romp through Theories More Fanciful than Freaky," *New
York Times* (June 19, 2005).

3. Steven E. Landsburg, "When Numbers Solve a Mystery," *Wall Street Journal*
(April 15, 2005).

4. Cass R. Sunstein, "Super Freak," *New Republic* (July 21, 2005).

5. Steven D. Levitt in discussion with the author (June 9, 2005).

6. John J. Donahue III and Steven D. Levitt, "The Impact of Legalized Abortion on
Crime," *Quarterly Journal of Economics*, Vol. 116, no. 2 (May 2001), p. 1.

7. 주석 6 참조, p. 4.

8. 주석 6 초록 참조.

9. 주석 6 참조, p. 9.

10. 주석 5 참조.

11. 주석 6 참조, pp. 13~14.

12. 주석 6 참조, p. 4.

13. 주석 6 참조, pp. 16~17.

14. 주석 6 참조, p. 17.

15. The data for the entire period (1989 through 2010) looks as follows:

Offspring of Black Unmarried Teenagers Who

Would Have been Ages 17 to 24 per 100,000

of the U.S. Population

1989	325.5	1995	386.6	2001	364.5	2007	354.8
1990	342.6	1996	387.5	2002	358.2	2008	358.0
1991	356.5	1997	384.7	2003	353.7	2009	360.4
1992	368.6	1998	380.2	2004	348.8	2010	361.6
1993	377.2	1999	375.5	2005	347.9		
1994	385.0	2000	370.7	2006	351.9		

16. 주석 6 참조, pp. 8~9.

17. Steven D. Levitt, "Understanding Why Crime Fell in the 1990s: Four Factors That Explain the Decline and Six That Do Not," *Journal of Economic Perspectives*, vol. 18, no. 1 (Winter 2004), pp. 181~182.

18. 주석 5 참조.

19. Steven D. Levitt and Stephen J. Dubner, *Freakonomics* (New York: arperCollins, 2005), p. 138.

20. 주석 19 참조, pp. 138~139.

21. 주석 19 참조, p. 139.

22. 주석 19 참조, p. 139.

23. 주석 19 참조, p. 72.

24. Steven D. Levitt and Chad Syverson, "Market Distortions When Agents Are Better Informed: The Value of Information in Real Estate," National Bureau of Economic Research (January 2005).

25. 주석 24 참조, p. 1.

26. 주석 24 참조, p. 1.

27. 주석 24 참조, p. 8.

28. 주석 24 참조, p. 3.

29. 주석 24 참조, p. 4.

30. 주석 24 참조, p. 1.

31. 주석 24 참조, p. 4.

32. 주석 24 참조, p. 9.

33. 주석 24 참조, p. 9.

34. 주석 24 참조, p. 4.

35. 주석 24 참조, p. 8.

36. 주석 24 참조, p. 9.

37. 주석 24 참조, p. 4.

38. 주석 24 참조, p. 3.

39. 주석 24 참조, p. 3.

40. 주석 24 참조, p. 3.

41. Office of Federal Housing Enterprise Oversight, the Latest House Price Index, "4Q 2005 Manipulatable Data for the Census Divisions and U.S.," http://www. ofheo.gov/media/pdf/4q05_hpi_reg.txt Last date of access: May 24, 2006.

42. 주석 24 참조, p. 19.

43. 주석 24 참조, Abstract: "Agents Are Often Better Informed than the Clients Who Hire Them."

44. 주석 24 참조, p. 19.

45. 주석 24 참조, p. 19.

46. 주석 24 참조, p. 19.

47. 주석 24 참조, p. 1.

48. 주석 5 참조.

49. Jane Smiley, *Good Faith* (New York: Knopf, 2003), p. 9.

50. 주석 49 참조, p. 9.

51. 주석 49 참조, p. 10.

52. 주석 49 참조, pp. 64~65.

53. 주석 49 참조, p. 71.

54. 주석 49 참조, p. 72.

55. 주석 49 참조, p. 72.

56. 주석 49 참조, p. 67.

15장 베스트셀러 해부 : 빈곤의 경제

1. Barbara Ehrenreich, *Nickel and Dimed* (New York: Holt, 2001), p. 200.

2. 주석 1 참조, p. 200.

3. 주석 1 참조, p. 221.

4. 주석 1 참조, p. 165.

5. 주석 1 참조, p. 166.

6. 주석 1 참조, p. 178.

7. 주석 1 참조, pp. 220~221.

8. 주석 1 참조, p. 220.

9. Conversation with Christopher Taber on June 13, 2001.

10. Tricia Gladden and Christopher Taber, "Wage Progression among Less Skilled Workers," JCPR working paper 72 (Chicago: Northwestern University, University of Chicago Joint Center for Poverty Research, February 9, 1999), p. 20, http://www.jcpr.org/wp/WPprofile.cfm?ID=72.

11. 주석 1 참조, p. 200.

12. 주석 1 참조, p. 115.

13. 주석 1 참조, p. 165.

14. 주석 1 참조, p. 199.

15. 주석 1 참조, p. 201.

16. 주석 1 참조, p. 201.

17. 주석 1 참조, p. 220.

18. "And Bear in Mind," *New York Times* (May 20, 2001).

19. 주석 1 참조, p. 203.

20. 주석 1 참조, pp. 203~204.

21. 주석 1 참조, p. 202.

22. 주석 1 참조, p. 203.

23. 주석 1 참조, p. 206.

24. Lawrence Mishel, "The State of Working America 2000-01," Economic Policy
    Institute, http://www.epinet.org/content.cfm/books_swa2000_swa2000.

25. 주석 1 참조, p. 193.

26. 주석 1 참조, p. 22.

27. 주석 1 참조, p. 212.

16장 어느 인기 앵커와 일자리

1. *Lou Dobbs Tonight*, CNN (December 8, 2005, 6:00 P.M. EST), http://transcripts.
    cnn.com/TRANSCRIPTS/0512/08/ldt.01.html.

2. *Lou Dobbs Tonight*, CNN (December 14, 2005, 6:00 P.M. EST),
    http://transcripts.cnn.com/TRANSCRIPTS/0512/14/ldt.01.html.

3. 주석 2 참조.

4. 주석 2 참조.

5. Rachel L. Swarns, "Dobbs's Outspokenness Draws Fans and Fire," *New York
    Times* (February 15, 2006).

6. Jeff Fleischer, "Exporting America: An Interview with Lou Dobbs" (February 7, 2005), http://www.motherjones.com/news/qa/2005/02/lou_dobbs.html.

7. 주석 6 참조.

8. Lou Dobbs, *Exporting America: Why Corporate Greed Is Shipping American Jobs Overseas* (New York: Warner Books, 2004), p. 167.

9. 주석 8 참조, p. 73.

10. 주석 6 참조.

11. Joshua C. Pinkston and James R. Spletzer, "Annual Measures of Gross Job Gains and Gross Job Losses," *Monthly Labor Review*, vol. 127, no. 11 (November 2004), http://www.bls.gov/opub/mlr/2004/11/art1full.pdf.

12. Bureau of Economic Analysis, "Trade in Goods and Services," http://www.bea.gov/bea/di/home/trade.htm. Last date of access: May 24, 2006.

13. 주석 8 참조, p. 67.

14. Bureau of Labor Statistics, U.S. Department of Labor, "Employment Status of the Civilian Noninstitutional Population, 1940 to Date," http://www.bls.gov/cps/cpsa2005.pdf. Last date of access: May 24, 2006.

15. 주석 14 참조.

16. 주석 14 참조.

17. 주석 14 참조.

18. 주석 14 참조.

19. 주석 14 참조.

20. 주석 14 참조.

21. Daniel Hecker, "Occupation Employment Projections to 2012," *Monthly Labor Review* (February 2004), p. 80.

22. 주석 8 참조, p. 105.

23. 주석 21 참조, p. 81

24. 주석 21 참조, p. 100

25. 주석 21 참조, p. 101.

26. 주석 21 참조, pp. 101~102.

27. Conversation Interview with Lou Dobbs on September 15, 2004.

에필로그

1. Mortimer B. Zuckerman, "So Where Are All the Jobs?" *U.S. News & World Report*, vol. 135, no. 9 (2003), p. 86.

2. Kurt Richebacher, "America's Recovery Is Not What It Seems," *Financial Times* (September 4, 2003).

3. For more information see the testimony of Gordon R. Richards before the Subcommittee on the Census, "On the Quality of GDP Data, and the Bureau of Economic Analysis," Committee on Government Reform, United States Congress, http://www.bea.gov/bea/about/test-grr.pdf.

4. Paul Krugman, "For Richer," *New York Times Magazine* (October 2002), p. 62.

5. U.S. Census Bureau, "Table 2: Poverty Status of People by Family Relationship, Race, and Hispanic Origin: 1959 to 2004," http://www.census.gov/hhes/www/poverty/histpov/hstpov2.html.

6. 주석 4 참조.

7. 주석 4 참조.

경제는 어떻게 조작되는가
경제와 미디어, 그 새빨간 거짓말

1판 1쇄 발행 2012년 5월 2일

지은이 진 엡스타인
옮긴이 김현정
펴낸이 김찬

펴낸곳 도서출판 아고라
출판등록 제2005-8호(2005년 2월 22일)
주소 경기도 고양시 일산동구 장항2동 865 웨스턴타워1차 407호
전화 031-948-0510
팩스 031-948-4018
홈페이지 www.agorabook.co.kr

ⓒ 아고라, 2012
ISBN 978-89-92055-35-2 03320

* 책값은 뒤표지에 있습니다.